# अरबपति होना हर भारतीय का हक है।

## अब समय आ गया, इसे प्राप्त करें।

## देवेन्द्र दत्त शर्मा

# अध्याय

# नित्य प्रार्थना

परम शक्ति की असीम कृपा बरस रही है। परम शान्ति है। परम आनन्द है। परम प्रसन्नता है। परम प्रफुल्लता है। परम साहस है। परम जोश–जुनून है। परम आरोग्य है। परम सुख सम्पत्ति है। परम सहयोग है। परम सौंदर्य है व परम माधुर्य है।

हम असीम कृपा के लिये हृदय से कृत–कृत है, कृतज्ञ है।

सभी को शुभेच्छा व आर्शीवाद।

टीम 360 ग्रुप

# प्रस्तावना 1

प्रिय पाठको,

आपको पूर्व में पठन हेतु 'कृतज्ञता की संजीवनी', 'पुस्तक पढ़े और अमीर बने', 'कैसे बने मीलिनियर ? (छठी इन्द्री का जागरण, एक प्रभावी उपाय)' व 'कैसे बने बहु–करोड़पति ? (सातवी इन्द्री का जागरण, एक प्रभावी उपाय)' पठन हेतु प्रस्तुत की गई थी। आपके द्वारा बहुत ही उत्साह पूर्वक उनका पठन किया गया और आपने उन पुस्तको से बहुत कुछ सीखा है व अपने जीवन में उतारने का प्रयास किया है।

जब मुझें इस प्रकार के ईमेल प्राप्त होते है कि मेरी पुस्तकों को पढ़कर आपके जीवन में सकारात्मक परिवर्तन हो रहे है, तो मैं और मेरी टीम गोरवान्वित महसूस करते है कि हम पाठको के सही अर्थ में कुछ काम आ सके।

अब मैं पूरे भारतवर्ष के लोगों की जरूरत को ध्यान में रखते हुए एक पुस्तक आपकी सेवा में पुनः प्रस्तुत कर रहा हूं जिसका नाम है **'बीलिनियर बनना हर भारतीय का हक है (अब समय आ गया है, इसे प्राप्त करें)'**।

भारत के लोगों का अतीत बड़ा गोरवशाली रहा है। भारत प्राचीनकाल में एक समृद्ध व सम्पन्न राष्ट्र रहा है, जहां पर दूध–दही की नदियां बहती थी। विदेशी लोग भारत को **सोने की चिड़िया** कहा करते थे।

भारत में वो सब संसाधन मौजूद है, जिनसे कि भारत पुनः समृद्ध और सम्पन्न बन सकता है तथा हर भारतीय बीलिनियर बन

सकता है। मैं मानता हूं कि बीलिनियर होना हर भारतीय का पुश्तैनी अधिकार है।

कालचक्र की गति के कारण भारत वर्षो तक गुलाम रहा और गुलामी के अंदर देशवासियों की वित्तीय चेतना लगभग कम ही नही हुई, बल्कि पूरी तरह गायब ही हो गई। लेकिन अब समय आ गया है कि उस दबी हुई वित्तीय चेतना रूपी चिंगारी को पुनः प्रज्ज्वलित किया जाए और देश का हर नागरिक बीलिनियर बने। इस हेतु सार्थक उपाय खोजे जावें। ऐसे ही सार्थक उपाय मैनें इस पुस्तक में रखे है।

मैनें भारत के स्वतंत्रता संग्राम का इतिहास पढ़ा है। कुछ जिम्मेदार नेताओं ने अपना पक्ष प्रस्तुत किया कि हमें पूर्ण स्वराज्य चाहिए, इस पर कोई समझौता नही होगा। उनकी इस दृढ़ता के कारण देश राजनीतिक रूप से स्वतंत्र हुआ है।

अब समय आ गया है कि हम आर्थिक प्रगति को करने हेतु अपने को फोकस्ड़ करें, ताकि हर भारतीय बीलिनियर बन सके। इस हेतु आवश्यक मनोवैज्ञानिक, आध्यात्मिक, प्रबन्धकीय तथा तकनीकी उपाय इस पुस्तक में बड़े व्यवहारिक रूप से दिये गये है। अधिकांश उपाय तो इस हेतु आयोजित वर्कशॉप में भाग लेने वाले सहभागियों द्वारा आजमाये हुए है।

इसमें अनेक तरकीबे व उपाय बीलिनियर बनने हेतु दिये हुए है। जो आपको उचित लगे, उसे आप अपनाये और बीलिनियर बनने की यात्रा का शुभारम्भ करें।

मैं **विनीत सर व विपुल सर** का आभारी हूं कि उन्होनें मुझें यह पुस्तक लिखने में जहां जब जिस चीज की जरूरत पड़ी, तहेदिल से मदद की है। उनके सहयोग बिना यह पुस्तक आप तक पहुंचना सम्भव नही थी तथा मैं उन सभी का आभार प्रकट करता हूँ जिन्होनें इस पुस्तक को लिखने में मेरी मदद की है। विशेषकर मेरी टीम के

सहयोगी यथा अंजली अजाडीवाल (प्रबन्ध निदेशक), अंजु जांगिड़ (परियोजना निदेशक), सपना सैनी (मार्केटिंग मैनेजर) उनका तहेदिल से शुक्रगुजार हूँ। उनके सक्रिय सहयोग के बगैर इस पुस्तक का पूर्ण होना सम्भव ही नही होता।

इस सम्बंध में मैं **राजेश शर्मा** की भी प्रसंशा करना चाहूंगा कि उन्होनें टाईप कार्य को यथा समय सुन्दर तरीके से पूर्ण किया। उनका भी मैं आभार प्रकट करना चाहूंगा।

मेरा आप सभी को आर्शिवाद।

साभार,

डी.डी. शर्मा

**Chairman & CEO Team 360 Group**

# प्रशंसा

**श्री डी.डी. शर्मा** ने एक बार फिर अपने चिंतन का कमाल दिखाया है। यह पुस्तक यह पता लगाने के बारे में है कि आप यहां क्यों है और आप चाहे तो बीलिनियर बन सकते है। आप जहां है, वहीं से शुरूआत कर सकते है।

**श्री शर्मा** ने अपने क्रान्तिकारी चिंतन से हमारी आत्माओं को झकझोड़ दिया है कि हमारा देश जब **सोने की चिड़िया** कहलाता था तो आज क्यों गरीबों से बसा हुआ देश कहलाता है। श्री शर्मा की बताई हुई बीलिनियर बनने की तकनीक मुझें बड़ी व्यवहारिक लगती है। हर भारतवासी को इसे अपना कर कदम दर कदम प्रयास करना चाहिए ताकि वो शीघ्र से शीघ्र यथासमय बीलिनियर बन सके।

**श्री शर्मा** का यह वाक्य तो मेरे दिल को छू गया कि 50 साल बाद हर भारतीय बीलिनियर होगा तथा इस पुस्तक का उपयोग हर भारतीय को बीलिनियर बनाने में प्रभावी उपाय होगा। यह पुस्तक आप जरूर पढ़े। आप में नई वित्तीय चेतना जगेगी और आप बीलिनियर बनने का विश्वास भी अपने में जागृत कर सकेंगे और बताये गये तरीको को अपनाकर

डॉ. के.डी. शर्मा

(सेवानिवृत प्राचार्य)

राजकीय महाविद्यालय,

राजस्थान सरकार

**श्री शर्मा** के द्वारा लिखी गई इस पुस्तक को मैं सर्वाधिक सार्थक व आम आदमी के लिए उपयोगी पाता हूं। हर हिन्दुस्तानी बीलिनियर बने यह कल्पना किसी दिव्य शक्ति की ही प्रेरणा हो सकती है। अतः जब कोई   शक्ति हर भारतीय को बीलिनियर बनाना चाह रही है, तो हमे स्वागत करना चाहिए।

**श्री शर्मा** ने बड़ी रोचक कहानियां लिखी है और प्रत्येक कहानी पाठक के सबकोन्सियस माइंड में वित्तीय चेतना की चिंगारी प्रज्जवलित करेगी।

मुझें यह कहते हुए गर्व हो रहा है कि श्री शर्मा की यह पुस्तक भारतीय अर्थव्यवस्था में एक सकारात्मक क्रान्ति का काम करेगी।

आर.सी. खण्डेलवाल

(सेवानिवृत विभागाध्यक्ष)

रसायल शास्त्र, बी.एन. कॉलेज,

उदयपुर महाविद्यालय, उदयपुर

इस पुस्तक की कहानियां, कहानियां नही है, जादुई मंत्र है जो किसी भी भारतीय को बीलिनियर बनाने का स्पष्ट रास्ता दिखाते है।

डॉ. पूजा त्रिपाठी

(व्याख्याता, रसायन शास्त्र)

उदयपुर यूनिवर्सिटी, उदयपुर

**श्री शर्मा** की पुस्तक बड़ी प्रेरणादायक है। हर भारतीय इसका लाभ उठा सकता है। अतः इसे पढ़े और इसमें बताये गये उपायों को काम में लेवे और बीलिनियर बनें।

**डॉ. एन.के. शर्मा**

(पूर्व उपप्राचार्य)

बियानी गर्ल्स कॉलेज फॉर

मैनेजमेन्ट, जयपुर

व्यक्ति के जीवन में आर्थिक स्वतंत्रता आये, इस हेतु **श्री शर्मा** की यह पुस्तक एक पनेशिया है।

**भूपेन्द्र सिंह राठौड़**

मोटिवेशन स्पिकर एण्ड लेखक

मेजिक ऑफ थिंकिंग रिच,

किशनगढ़ (अजमेर)

मजा आ गया, कहानियां पढ़ कर। अंदर से दिल आन्दोलित हो उठा कि इन उपायों को अपनाकर क्यों ना हर भारतीय को बीलिनियर बनाने में मैं भी सहयोग करू।

**उदयशंकर**

(सेवानिवृत अधिशाषी अधिकारी)

विद्युत विभाग, राजस्थान सरकार,

जोधपुर विद्युत वितरण निगम लि.

Your words have positive vibrations. Thanks.

**डॉ. प्रशान्त कुमार चोटिया**

रामगढ़ शेखावाटी, राजस्थान

इस पुस्तक में दी गई **श्री शर्मा** की कहानियां को हर भारतीय के लिए बीलिनियर बनने हेतु अचूक मंत्र है। हर व्यक्ति इसे पढ़े और लाभ उठावे। इस पुस्तक को पढ़कर मैं हर्षित व गर्वित हूं।

**एस.पी. अरोड़ा**

(सेवानिवृत लेखाधिकारी)

राजस्थान सरकार, जयपुर

# MISSION BILLIONAIRE
### (To Achieve 12 Riches as Described by Napoleon Hill)
### Motivation & Activation Mantra

## अध्याय – 1
# एक्सफेक्टर की कहानी

—◆◆◆—

(औद्योगिक संगठन में सभी सावधानियाँ रखने के बावजूद फैक्टर एक्स–1 एवं एक्स–2 का ध्यान रखना भी जरूरी है।)

छोटी कक्षाओं में गणित के सवाल करते थे तब कल्पना की जाती थी मानों कि वो संख्या एक्स है। फिर सवालों के निर्देशो की पालना की जाती और अंत में एक्स गायब हो जाता व उसके स्थान पर सवाल का उत्तर आ जाता था।

यानी उस एक्स को किसी ने देखा नही। एक्स का कोई वजूद नही था। लेकिन सवाल का हल खोजने में वो सहायक हो गया।

इसी तरह से चाहे पारिवारिक संगठन हो, चाहे व्यापारिक प्रतिष्ठान अथवा राजनैतिक संगठन हो या एन.जी.ओ. हो। सभी में कुछ लोग मिलकर काम करते है। प्रत्येक व्यक्ति के द्वारा दी गई

परफोरमेन्स को यदि जोड़ा जाये तो वो सामूहिक परफोरमेन्स के मुकाबले कम रहती है।

बड़े विचित्र आंकड़े आते है जब इंडिविजुअल आदमियों की आमदनियों को जोड़ा जाता है और राष्ट्रीय आय निकाली जाती है। यानी कि कुल का जोड़ टुकड़ो के जोड़ से ज्यादा होता है। क्यों होता है ? इसका कोई कारण आज तक मालूम नही चला।

पांच व्यक्ति मिलकर व्यापार चलाते है और पांच व्यक्ति अलग—अलग अपना व्यापार चलाते है। तो जहाँ पांच व्यक्ति मिलकर अपना व्यापार चलाते है। उनका टर्नओवर व्यक्तिगत व्यापारियों के जोड़ से अधिक होता है।

मैं इसको एक्स—1 फैक्टर का नाम देना चाहता हूँ जिसे कि **इफेक्ट ऑफ कलेक्टिवनेस** कहा जा सकता है।

इसी प्रकार से जब दो समूह मिलकर काम करते है तो भी कुल परफोरमेन्स दोनों समूहों के जोड़ से अधिक होती है। इस तरह से अनेकोनेक समूह इस विश्व में काम कर रहे है और उन सबकी कुल परफोरमेन्स जो है वो इंडिविजुअल परफोरमेन्स के योग से कहीं अधिक है। इसे मैं एक्स फैक्टर—2 कहता हूँ।

समुद्र में करोड़ो—अरबों पानी की बूंदे है। लेकिन समुद्र में जो तुफान आते है वो उन करोड़ो—अरबों बूंदो के वेग से भी अधिक शक्तिवान व ऊर्जावान होते है।

## उपनिषद की कहानी

भारतीय संस्कृति का गौरव है, उपनिषद। भगवद्गीता का गौरव भी इसलिये स्वीकार किया गया है कि वो उपनिषद के रूप में कही गई है। उसका नाम गीतोपनिषद है।

1. **व्यक्तिगत सृष्टिः–** उपनिषदों में वर्णन है कि इस सृष्टि की रचना तीन स्तर पर हुई है। पहली रचना हर इंसान के द्वारा की जाती है। हर इंसान ब्रह्मा है। हर इंसान रचनाकार है। उसे अपने स्तर की रचना करने का स्वतंत्र अधिकार है। एक इंसान कई पुत्र–पुत्रीयों को जन्म देता है, वो रचनाकार है। इसी तरह से वो किसी भी वस्तु व स्थान की रचना कर सकता है। रचना करने का प्रत्येक व्यक्ति को मौलिक अधिकार दिया गया है। और यह उससे कभी भी छिना नही जाता। जब तक जीवन है तब तक वो व्यक्ति रचयिता है। मुसीबत कब होती है जब व्यक्ति अपनी रचना करने की शक्ति को भूल जाता है। और जो परिस्थितिवश घटनाक्रम आता है उसके बारे में अच्छा–बुरा बताने की मशक्कत करने लगता है। यानी वो जज बना रहता है। जबकि ईश्वर ने उसे क्रियेटर बनाया है। और अधिक सशक्त शब्दों में कहें कि ईश्वर ने उसे मालिक बनाया है। जबकि वो अपने आपको नौकर ही मान बैठता है।

भगवान कृष्ण ने गीता के **18वें** **अध्याय** में **अर्जुन** से कहा है कि मैंने तुम्हे सभी प्रकार का गुह्य से गुह्य ज्ञान बतला दिया है। तू अब इस पर विमर्श कर और फिर तेरी जो इच्छा हो वो निर्णय कर। यानी कि इंसान रूपी अर्जुन की निर्णय करने की  शक्ति को भगवान कृष्ण ने भी प्रतिबन्धित नही किया है।

2. **सामूहिक सृष्टिः–** समाज में जितने लोग रहते है वो मिलकर एक नई सृष्टि की रचना करते है। जो कि व्यक्तिगत लोगों की सृष्टि से मेल खाये जरूरी नही है। पेन्ट–शर्ट पहनने की फैशन चल पड़ी तो सभी लोग पहन

रहे है। खाटूश्यामजी के मेले में लोग जा रहे है। समूह जिधर ले जा रहा है। उधर लोग जा रहे है। तो ये समूह भी सृष्टि कर्ता है जिसे कि सामूहिक सृष्टि कहा जाता है।

मैं गोवर्नमेन्ट में अधिकारी था। हम विकास कार्यो को पूर्ण करवाते थे तो प्रायःकर दो तरह के विकास कार्य करवाये जाते थे।

1. **व्यक्तिगत लाभ की योजना** (Individual Beneficiary Scheme)

2. **सामुदायिक विकास योजना** (Community Development Scheme)

ये जो सामुदायिक विकास योजनाएँ है वे सामूहिक सृष्टि का ही रूप है।

## सामूहिक सृष्टि के बारे में स्टीफन आर कोवी के विचार

स्टीफन आर कोवी अपनी विश्व प्रसिद्ध पुस्तक "7 हेबिट्स ऑफ हाईली पीपुल" में छठी आदत को बतलाते है कि लोगों में मतभेद हो सकते है। लेकिन वो मिलकर काम करेंगे तो इंडिविजुअल कार्यो के जोड़ के मुकाबले कुल के कार्यो का जोड़ अधिक होगा।

एक्स–1 = एस–1 + एस–2 + एस–3 + ............... 11, 111, 1111

**स्टीफन** ने इसे **सीनर्जी** कहा है। यानी कि टुकड़ो के जोड़ से कुल का जोड़ अधिक होता है। यदि किसी बिजनस में अलग–अलग विभाग काम कर रहे है तो उन विभागों की परफोरमेन्स को यदि जोड़ा जाये तो उससे अधिक उस व्यापारिक प्रतिष्ठान की जो कुल परफोरमेन्स है, वो होगी।

मैनें इसे यहाँ एक्स फैक्टर कहा है। जब एक्स का सहयोग लेंगे। सब मिलकर काम करेंगे तो काम में तरक्की व परफोरमेन्स अच्छी होगी।

मैं यदि एक्स को एक कल्पित स्वरूप कहूँ तो ये बिल्कुल वैसा ही है जैसा कल्पित स्वरूप परमात्मा का कहा जाता है। परमात्मा हैं या नही है। मैं इस विवाद में नही पड़ता लेकिन जैसे एक्स की गणना करके गणित के सवालों को हल कर लिया जाता है। वैसे ही परमात्मा का उपयोग करके जिंदगी की समस्याओं का हल निकाला जा सकता है। इसलिये मैं परमात्मा के सहयोग लेने की क्रिया को भी एक्स फैक्टर कहता हूँ।

3. **परम सृष्टिः–** इसे उपनिषदों में **हिरण्यगर्भ** कहा है। ये वो सृष्टि है जो सर्वप्रथम पैदा हुई। जिसने चांद–सितारे बनायें, सौरमण्डल बनाया, आकाश गंगाए बनाई। इस परम तत्व को मैं एक्स–2 फैक्टर कहता हूँ।

अतः हम एक समीकरण बना सकते है कि किसी के काम को पूर्ण करने हेतु आवश्यक **शक्तियाँ = एस–1 (व्यक्तिगत प्रयास) + एक्स–1 सामूहिक योगदान + एक्स–2 (हिरण्यगर्भ का योगदान)**

चूंकि एस–1 (व्यक्तिगत प्रयास) भौतिक स्वरूप में दिखाई देते है। अतः ये मैटर के पार्ट है। तथा एक्स–1 एवं एक्स–2 अदृश्य शक्तियों का योगदान है जिसे कि ऊर्जा योगदान अथवा डिवाईन कोन्ट्रयूबूशन है। जिसे कि परमात्मा की कृपा कहा जा सकता है।

चूंकि ऊर्जा सर्वत्र व्याप्त है। अतः एक्स–1 एवं एक्स–2 शक्तियॉ सदैव योगदान देने की स्थिति में बनी रहती है। और बराबर योगदान देती रहती है। साधारण शब्दों में कहे तो परमात्मा की कृपा व सामूहिक अदृश्य शक्तियों की कृपा हर वक्त बनी रहती है। बस फर्क पड़ता है तो एस–1 (व्यक्तिगत प्रयास) के कारण।

इसीलिये **स्टीफन आर कोवी** कहते है **You are the creator of your future.** अतः जिस किसी भी बड़े कार्य को किया जाये तो उसमें अपने प्रयासों के साथ–साथ एक्स–1 व एक्स–2 की मदद को स्वीकार करते हुए उनके प्रति कृतज्ञता प्रकट करते हुए कार्य किये जावेंगे तो बड़ी अधिक सफलताएँ सुनिश्चित है।

इस प्रकृति में अनेक ऐसे सिद्धांत है जिनकी अभी तक वैज्ञानिकों को जानकारी नही हुई है। एक छोटा सा सिद्धांत है कि पांचो अंगुलियों का अपना महत्व है। और जब पांचो अंगुलियों को मिलाकर पंजा बनाया जाये तो उसका अपना महत्व है।

मैं प्रत्येक व्यक्ति की जो यूनिकनेस है, उसका आदर किये जाने के पक्ष में हूँ। हर व्यक्ति कुछ यूनिक टेलेन्ट लेकर पैदा हुआ है। अतः उसे अपनी यूनिकनेस के अनुसार कार्य करने का मौका मिलना चाहिये। ताकि वो अपने चुने हुए क्षेत्र में कीर्तिमान स्थापित कर सके।

आजकल इसका डी.एम.आई. टैस्ट द्वारा ज्ञान किया भी जाने लगा है। लेकिन यूनिक इनबोर्न टैलेन्ट के साथ–साथ समूह के साथ मिलकर कार्य करने की इंसानी प्रकृति यानी टूगेदरनेस का अपना महत्व है।

आसान शब्दों में कहा जाये तो,

**I + T + G = Whole Personality**

**स्टीफन आर कोवी** इस होल पर्सनलिटी को निम्न प्रकार बतलाते है:–

**Whole Personality = PQ + IQ + SQ + EQ**

अतः अपने व्यक्तित्व को उन्नत बनाने हेतु शारीरिक बुद्धिमता, मानसिक बुद्धिमता, आध्यात्मिक बुद्धिमता व भावनात्मक बुद्धिमता के क्षेत्र में प्रयास करने की आवश्यकता है। इन बुद्धिमताओं में थोड़ी सी भी वृद्धि हो गई तो आपकी वर्तमान बुद्धिमता कई गुणा बढ़ जायेगी

और आपकी अपने कार्य करने की क्षमता भी कई गुणा बढ़ जायेगी। परिणामतः आपकी आमदनी भी कई गुणा बढ़ जायेगी। और आप मल्टिमिलिनियर बनने की दिशा में अग्रसर हो सकेंगे।

**स्टीफन आर कोवी** अपनी **सांतवी हेबिट** में यह बतलाते है कि जो छः प्रकार की हेबिट है उनका प्रतिदिन अभ्यास किया जाना चाहिये। मैं छहों हेबिट्स को एक बार फिर दोहरा देता हूँ।

1. Habit of Pro-activity

2. Habit of Begin with End in Mind

3. $1^{st}$ Thing $1^{st}$

4. Mentality of Win-Win

5. Listen first then to be listened

6. Synergize

अंत में सांतवी हेबिट **Sharpen the saw** यानी कि आरी की धार को तेज करना।

संगठनों में व्यक्ति कार्य करते है। बड़ी कुशलता से करते है। लेकिन उनका त्रेमासिक, अर्द्धवार्षिक एवं वार्षिक प्रशिक्षण किया जाना जरूरी है ताकि उनकी कार्य क्षमता पर जो धूल जम गई है। उसे हटाया जा सके व उनकी कार्य क्षमता को और ज्यादा पैना बनाया जा सके।

मल्टिमिलिनियर बनने हेतु व्यक्ति यदि इन सांतो आदतों को पढ़े, समझे व जीवन में उतारे तो उसको कामयाबी सुनिश्चित है।

# NOTES (जो बातें आपके हृदय को छू गई है)

1. _______________________________________________

2. _______________________________________________

3. _______________________________________________

4. _______________________________________________

5. _______________________________________________

6. _______________________________________________

7. _______________________________________________

8. _______________________________________________

9. _______________________________________________

10. ______________________________________________

11. ______________________________________________

12. ______________________________________________

13. ______________________________________________

14. ______________________________________________

15. ______________________________________________

16. ______________________________________________

17. ______________________________________________

18. ______________________________________________

19. ______________________________________________

20. ______________________________________________

21. _______________________________________

22. _______________________________________

23. _______________________________________

24. _______________________________________

25. _______________________________________

**NOTES** (जो निर्णय आपने अपने जीवन में लेने हेतु तय किये है)

26. _______________________________________

27. _______________________________________

28. _______________________________________

29. _______________________________________

30. _______________________________________

31. _______________________________________

32. _______________________________________

33. _______________________________________

34. _______________________________________

35. _______________________________________

36. _______________________________________

37. _______________________________________

38. _______________________________________

39. _______________________________________

40. ___________________________________________

41. ___________________________________________

42. ___________________________________________

43. ___________________________________________

44. ___________________________________________

45. ___________________________________________

46. ___________________________________________

47. ___________________________________________

48. ___________________________________________

49. ___________________________________________

50. ___________________________________________

# MISSION BILLIONAIRE
## (To Achieve 12 Riches as Described by Napoleon Hill)
## Motivation & Activation Mantra

## अध्याय – 2
# तुम पगड़ियों की कीमत जानते हो,
# मैं इंसानो की कमजोरियाँ– एक कहानी

(उच्च भावनात्मक बुद्धिमता से ही लोगों में मधुर
सम्बंध रह सकते है
व लोग मल्टिमिलिनियर बन सकते है।)

एक बादशाह बड़े पारखी थे और अपने दरबार में भी कई विषयों के विशेषज्ञ रखते थे, जिन्हे वो नवरत्न कहते थे। उनका एक नवरत्न तो उनका वजीर भी था।

एक बार एक व्यक्ति जनहित में कार्य करता हुआँ बादशाह के राज्य में पहुँचा और देखा कि यहाँ के लोगों का भावनात्मक स्तर बहुत गिरा हुआ है। लोग अपने अहम को पोषित करने हेतु किसी का भी निरादर कर देते है और किसी का भी शोषण कर डालते है। अतः यहाँ के बादशाह को ही थोड़ा समझाना चाहिये।

इस क्रम में वो एक कबूतर का छोटा पक्षी लेकर बादशाह के दरबार में पहुँचा। बादशाह उसको देखकर हैरान हुए कि इतना सुन्दर पक्षी यह व्यक्ति क्यों लाया है ? तो बादशाह ने बताया आपने तो तोते ही बोलते हुए सुने है। मैं यह कबूतर लाया हूँ, यह न केवल सुन्दर बल्कि बोलता भी है। वजीर ने कहा दरबार का समय खराब न करो। ऐसा कोई कबूतर नही होता। तभी कबूतर बोल पड़ा 'स्वतंत्रता–स्वतंत्रता'। बादशाह यह सुनकर हैरान हुआ कि हमने आज कभी कोई कबूतर को बोलते हुए नही सुना।

नमस्कार करके वो व्यक्ति जाने लगा तो बादशाह ने कहा, ठहरों यह कबूतर हमें दे दो। इसकी क्या कीमत है ? उसने कहा एक हजार रूपये। बादशाह ने कहा कि कबूतर की कीमत एक हजार। ऐसा तो कहीं नही होता। कबूतर तो मुश्किल से सौ रूपये का होगा।

वो व्यक्ति बोला हाँ जहाँपनाह। आप सही फरमाते है कि कबूतर सौ रूपये का ही होता है। लेकिन मैं इसे बादशाहों के बादशाह को बेच रहा हूँ। इसलिये आपसे सौ रूपये लेते हुए व आपको कबूतर बेचते हुए अच्छा नही लगता।

बादशाह ने कहा कि हम बहुत खुश हुए। तुमने हमारी वाकई में कद्र जानी है, हम है ही खानदानी बादशाह।

बादशाह ने वजीर की और इशारा किया तो वजीर ने हजार रूपये पकड़ा दिये। बादशाह ने कहा कि फिर कोई अच्छी चीज हो तो लेकर आना।

## मनोवैज्ञानिक भूख तो बादशाहों की भी अतृप्त रहती है।

कुछ दिन बाद वो व्यक्ति एक बार फिर उसी बादशाह के दरबार में पहुँचा। इस बार उसने एक शानदार पगड़ी बीस रूपये में खरीदी थी। खरीदी भी उसी राज्य से थी जहाँ एक मेला लगा हुआ था।

देखने में तो पगड़ी अच्छी थी लेकिन उसकी कीमती बीस रूपये थी। उसने वो पगड़ी अपने सिर पर लगाई और अपने चेहरे पर रंग–रोगन किया जिससे कि चेहरा चमकने–दमकने लगा। शानदार कुर्ता, चूड़ीदार पजामा पहना, हाथ में छड़ी ली और छड़ी से ठक–ठक करता हुआ बादशाह के दरबार में पहुँचा। वजीर ने सोचा कि फिर आ गया, फिर कोई चकमा देकर जायेगा।

बादशाह को उस व्यक्ति ने झूक कर सलाम किया। इतना झूका कि पगड़ी के अन्दर जो ईत्र लगाया हुआ था। उस ईत्र की खुशबु बादशाह तक पहुँच गई और बादशाह को खुशबु बहुत पसंद आई।

बादशाह ने उससे कहा कि बैठिये श्रीमान, बताइए कि कैसे आना हुआ ?

उस व्यक्ति ने कहा मैं आपके राज्य में एक स्कूल खोलना चाहता हूँ। कृपया मुझें एक जमीन निःशुल्क अलॉट करें। मैं आपके राज्य के लोगों को पारस्परिक रूप से सम्मान करना सीखाऊंगा। मैं यह जनहित का कार्य करना चाहता हूँ।

बादशाह को बड़ा बूरा लगा कि मैनें तो यहाँ नवरत्न तक रखे है। हमारे यहाँ ऐसे स्कूल की क्या जरूरत है ? लोग सबको आदर देते है और जनता मुझें भी आदर देती है। बादशाह ने इस प्रस्ताव को सिरे से खारिज कर दिया।

वो व्यक्ति अपने स्थान से उठा और बादशाह को झुक कर सलाम किया और जाने की इजाजत मांगी। इस बार फिर वो नीचे तक झूका और एक शानदार खुशबु बादशाह की नासिका तक पहुँची। खुशबु बादशाह को बड़ी अच्छी लगी।

बादशाह ने पूछा कि इस पगड़ी में तरह–तरह की खुशबु कैसे आती है ? व्यक्ति ने कहा कि यह अद्भुत पगड़ी है जो मुझें एक बड़े बादशाह ने उपहार में दी थी। जब मैनें वहाँ भावनात्मक बुद्धिमता बढ़ाने का स्कूल चलाया और जनहित का कार्य उनके राज्य में किया था।

बादशाह ने कहा कि जनहित कार्यो को तो छोड़िये। आपकी पगड़ी हमे पसंद आ गई। आप इसकी कीमत बोलिये। इतने में वजीर बोल पड़ा कि मुश्किल से सौ रूपये की होगी। उस व्यक्ति ने कहाँ कि जहाँपनाह आपके वजीर ठीक कहते है। आपके वजीर पचास प्रतिशत सही कह गये। यह पगड़ी सौ स्वर्ण अशर्फियों की ही है। बादशाह ने कहा कि यह कीमत तो बहुत ज्यादा है। इतनी अशर्फियाँ तो नही दी जा सकती।

व्यक्ति ने कहां कि कोई बात नही है। मान्यवर, मुझें तो एक व्यक्ति ने कहा था कि एक बड़े बादशाह है जो इसकी कीमत सौ स्वर्ण अशर्फियाँ दे सकते है। वही विश्व के सबसे बड़े बादशाह है। अगर आप सबसे बड़े बादशाह नही है तो रहने दीजिए। मैं दूसरे किसी बड़े बादशाह को ढूंढूंगा जो इसकी कीमत सौ अशर्फिया दे सके।

बादशाह के गैरत पर आंच आई कि हमसे बड़ा दूसरा बादशाह कौन हो सकता है ? तुमने हमारी शान में कोताही कैसे की ? बादशाह गुस्साएँ और बोले वजीर इनको सौ स्वर्ण अशर्फियाँ दे दो और तत्काल यह पगड़ी हमारे सिर पर सुशोभित करों।

वजीर ने तत्काल सौ स्वर्ण अशर्फियाँ उस व्यक्ति को दे दी। वो व्यक्ति विदा हुआ। वजीर उस व्यक्ति के पीछे–पीछे आया और उससे पूछा कि एक बात बताओं। इस पगड़ी की कीमत बीस रूपये से ज्यादा है क्या ? यह तो मेले में बीस–बीस रूपये में खुली बिक रही है।

उस व्यक्ति ने कहां कि आप ठीक कहते है, **श्रीमान।** आप पगड़ियों की कीमत **बखूबी** जानते है। लेकिन मैं इंसानो की कमजोरियाँ।

## जिन लोगो के खाने–पीने का बन्दोबस्त हो जाता है। उन्हें फिर अपनी प्रतिष्ठा की भूख सताने लगती है।

इंसान को अपना सम्मान सबसे ज्यादा अहम् नजर आता है। यदि इंसान बड़ा हो उसको तो सम्मान और ज्यादा प्रिय लगता है। अधिकांश लोग तो इज्जत, आबरू और सम्मान के लिये ही जीते है।

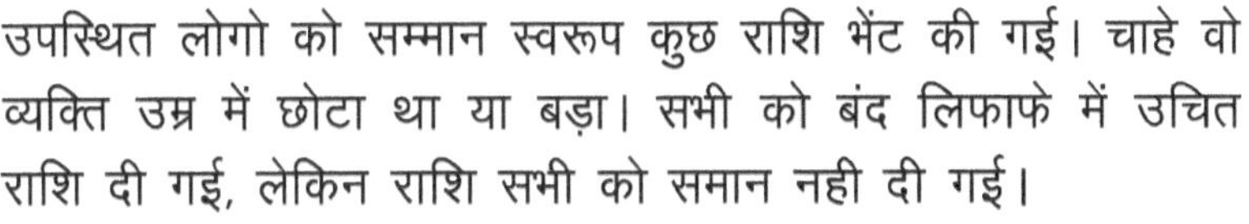

एक मेरे परिचित व्यक्ति है। उनके बच्चे का सगाई समारोह था, सगाई समारोह में सभी उपस्थित लोगो को सम्मान स्वरूप कुछ राशि भेंट की गई। चाहे वो व्यक्ति उम्र में छोटा था या बड़ा। सभी को बंद लिफाफे में उचित राशि दी गई, लेकिन राशि सभी को समान नही दी गई।

उस समारोह में कई पोते अपने दादाओं के साथ आये थे, पोते को भी सम्मान स्वरूप लिफाफा मिला और दादा को भी मिला। दोनों ने लिफाफा घर जाकर खोला तो दोनो के लिफाफे में समान राशि मिली।

इस पर दादा तो गुस्से में आ गये कि मैं दादा हूं, मुझें ज्यादा सम्मान मिलना चाहिये लेकिन मुझें तो पोते के बराबर खड़ा कर दिया। अब आगे से मैं इनके किसी भी समारोह में नही जाऊंगा। बस इतना सुनना था कि दादी भी बोल पड़ी कि मुझें भी वैसी ही साड़ी दी है, जैसे बहू को दी है। यानी दादी और बहू को भी समान गिन लिया। यह तो हमारा सरासर अपमान है, मैं तो यह बात सबके सामने सुनाकर आने वाली हूँ। सम्मान नही दे, उनकी मर्जी। लेकिन हमें अपमानित नही कर सकते।

इस घटना से लगता है कि दादा और पोते के बीच में अंतर रहना ही चाहिये। इसका एक दूसरा पहलु भी समझा जा सकता है कि पोते को गोरवान्वित कर दिया व दादे के समान सम्मानित कर दिया। लेकिन यह बात दादा को कहां रास आती है।

मजेदार बात यह है कि लिफाफे देने वाले व्यक्ति वधु पक्ष के थे, अतः दुल्हे के पिता का तो कोई दोष भी न था, लेकिन नाराजगी दुल्हे के परिवार से हो गई।

यानी कि दादा की भावनात्मक बुद्धिमता कमजोर थी, इसलिये उसके हृदय को ठेस लग गई।

## भावनात्मक एकता अगर विकसित न हो तो क्या—क्या गड़बड़ियाँ हो सकती है?

1. दो भाइयों के बीच मन—मुटाव हो सकता है, बिना किसी तार्किक कारण के। जैसे विवाह आदि में प्रायःकर होता है।

2. दो दोस्तों के बीच किसी बात पर आपस में कहासुनी हो सकती है।

3. कोई व्यक्ति किसी की टिप्पणी से अपने आपको हताहत समझ सकता है।

4. पीठ पीछे कही गई बात दिल पर चोट कर सकती है।

5. सामान्य बातें जिनमें हम एक दूसरे की तुलना करते है, वो किसी के दिल को ठेस पहुँचा सकती है।

6. दिल बड़ा नाजुक है। इसलिये इसको सम्भाल कर रखे, इसके स्वभाव में ही ठेस लगना व लगाना है।

7. एक शायर ने कहा कि 'सड़क पर पड़े हर पत्थर को दिल ना कहे, दिल को दिल बनाने में बरसो गुजर जाती है'।

8. परिवारों के बीच में जो रिश्तों में कड़वाहट है, उन सभी का कारण भावनात्मक बुद्धिमता का कमजोर होना है।

9. संगठनों में भी यदि प्रबन्धको की भावनात्मक बुद्धिमता ऊंचे स्तर की न हो तो अधिनस्थ स्टॉफ की बातें उन्हें जख्म लगा सकती है।

10. सम्भव है आपने अपनी और से तारीफ की हो, लेकिन अगले को वो अवहेलना नजर आई हो। इसलिये सावधानी से तारीफ के शब्दों का चयन करना जरूरी है।

भावनात्मक एकता को बढ़ाने हेतु युट्यूब पर मेरे विड़ियोज उपलब्ध है। आप उन्हे देख सकते है और अपनी भावनात्मक बुद्धिमता को बढ़ा सकते है।

भावनात्मक बुद्धिमता में अपने आपको पहचानने की जरूरत है। यदि आपकी सेल्फ ईमेज अच्छी है तो लोगों के कहने की चोटे आपके दिल को नही लगेंगी। यदि आपको सुरक्षा अन्दर से प्राप्त होती है। मार्गदर्शन अन्दर से प्राप्त होता है। समर्थन अन्दर से प्राप्त होता है तो आपकी आत्म छवीं उच्च स्तर की रहेगी। परिणामस्वरूप भावनात्मक बुद्धिमता भी आपकी उच्च स्तर की होगी। आप लोगों के द्वारा की गई टीका टिप्पणियों में भी नियंत्रित रख सकेंगे।

आप अपने भावों पर विवेक पूर्वक नियंत्रण रख पायेंगे और किसी भी घटना विशेष पर विवेक पूर्ण रेस्पोन्स देंगे। आप में कोई संवेदन ऊठा और आपने उस पर कोई प्रतिक्रियाँ व्यक्त की। इन दोनो के बीच एक स्पेस है जहाँ आप ठहर सकते हो और विचार करके अपने रेस्पोंस और प्रतिक्रियाँ को चुन सकते हो।

यह स्पेस होता सभी में है, किसी में कम तो किसी में ज्यादा। अगर अभ्यास किया जाये तो धीरे–धीरे यह स्पेस बढ़ जाता है और व्यक्ति घटनाओं व अन्य व्यक्ति के द्वारा किये गये व्यवहारों पर सोच–विचार कर टिप्पणी करता है।

इससे वह लोगों के बीच में न केवल लोकप्रिय बनता है, बल्कि लोगों के समूह को नेतृत्व देने में भी समर्थ हो जाता है व मल्टिमिलिनियर बनने की यात्रा पर न केवल आरूढ़ हो सकता है बल्कि बुलंदियों को भी भी छू सकता है।

## NOTES (जो बातें आपके ह्रदय को छू गई है)

1. _______________________________________

2. _______________________________________

3. _______________________________________

4. _______________________________________

5. _______________________________________

6. _______________________________________

7. _______________________________________

8. _______________________________________

9. _______________________________________

10. ______________________________________

11. ______________________________________

12. ______________________________________

13. ______________________________________

14. ______________________________________

15. ______________________________________

16. ______________________________________

17. ______________________________________________

18. ______________________________________________

19. ______________________________________________

20 ______________________________________________

21. ______________________________________________

22. ______________________________________________

23. ______________________________________________

24. ______________________________________________

25. ______________________________________________

**NOTES** (जो निर्णय आपने अपने जीवन में लेने हेतु तय किये है)

26. ______________________________________________

27. ______________________________________________

28. ______________________________________________

29. ______________________________________________

30 ______________________________________________

31. ______________________________________________

32. ______________________________________________

33. ______________________________________________

34. ______________________________________________

35. ______________________________________________

36. _______________________________________

37. _______________________________________

38. _______________________________________

39. _______________________________________

40. _______________________________________

41. _______________________________________

42. _______________________________________

43. _______________________________________

44. _______________________________________

45. _______________________________________

46. _______________________________________

47. _______________________________________

48. _______________________________________

49. _______________________________________

50. _______________________________________

## अध्याय – 3
# कर्ण और अर्जुन की लड़ाई – एक कहानी

(कौन अदृश्य शक्ति तुम्हे लाभ दे रही है ?
इसका भी ख्याल रखें व कृतज्ञ रहें)

महाभारत की बात है। **अर्जुन** युद्ध के मैदान में था और सामने **कर्ण**। दोनों ही श्रेष्ठ धर्नुधर थे। अर्जुन के सारथी **श्रीकृष्ण** थे व कर्ण के सारथी पाण्डवों के मामा **मद्रराज शल्य** थे।

दोनो वीर आपस में धर्नुविद्या का उत्कृष्ठ प्रदर्शन कर रहे थे। ज्योहीं अर्जुन तीर चलाते और कर्ण के रथ को पीछे खदेड़ देते। त्योहीं कृष्ण अर्जुन की तारीफ करते। वांह–वांह क्या खूब। धर्नुधर हो तो तुम जैसा। चाहे अर्जुन गलत करता या सही करता, कृष्ण सदैव उसकी तारीफ करते, उसे प्रोत्साहित करते। अर्जुन हर वक्त उत्साहित व पराक्रम युक्त रहता।

लेकिन कर्ण के यहाँ मामला विपरीत था। क्योंकि शल्य नरेश ने कर्ण के सारथी बनने से पहले वादा किया था कि मेरा कहना मानना या न मानना पर मैं जो सलाह दू, उसे सुनना अवश्य। ज्योंहीं कर्ण का रथ अर्जुन के बाणों से पीछे आ पड़ता। त्योंहीं शल्य कहता कि कर्ण तुममें काबिलियत नही है। तुम अर्जुन को नही जीत सकते और कर्ण को बार–बार निरूत्साहित करते रहते।

इस कहानी के इस प्रथम चरण से यह सीख मिलती है कि अगर किसी व्यक्ति को प्रोत्साहित किया जाये तो वो अधिक अच्छी परफोरमेन्स देता है और यदि किसी को निरूत्साहित किया जाये तो उसकी परफोरमेन्स गिर जाती है।

कहानी का दूसरा चरण जो कि एडवांस स्टेज है। इसका वर्णन निम्न प्रकार विस्तार से करते है।

श्रीकृष्ण ने अर्जुन को यथार्थ दिखाना उचित समझा। अब जब भी अर्जुन का रथ पीछे की और धकेला जाता। चाहे वो दो फीट ही धकेला गया हो तो श्रीकृष्ण कर्ण की तारीफ करते कि धनुधर तो वाकई में कर्ण ही है।

जब अर्जुन तीर चलाता और कर्ण का रथ पांच फीट पीछे खदेड़ दिया जाता तो भी श्रीकृष्ण कहते कि धनुधर तो कर्ण ही है।

## अर्जुन का यक्ष प्रश्न

अर्जुन ने श्रीकृष्ण से कहा कि मैं जब तीर चलाता हूँ तो कर्ण का रथ पांच फीट खदेड़ दिया जाता है और जब कर्ण तीर चलाता है तो मेरा रथ सिर्फ दो फीट पीछे सरकता है। मैं स्पष्ट रूप से विजयी हूँ। स्पष्ट रूप से अच्छी परफोरमेन्स दे रहा हूँ। फिर भी आप कर्ण की तारीफ कर रहे हो। आप तथ्यों

को नकारे नही। अगर मैनें ज्यादा कर्ण के रथ को खदेड़ा है तो मेरी तारीफ होना बनती है और मैं श्रेष्ठ धर्नुधर हूँ।

श्रीकृष्ण ने कहा सारा श्रेय तू ही ले। यह उचित नही है। क्योंकि तू वही देख रहा है जो तुझे सूझ पड़ रहा है। जबकि मैं वो देख रहा हूँ जो तथ्य है। तेरी दृष्टी मायोपिक (अल्प दृष्टि) है। तेरे पास सम्पूर्ण दृष्टि नही है।

अर्जुन ने कहा मैं समझा नही। क्या पहेलियाँ बुझा रहे हो ? वो भी युद्ध के समय। कृष्ण कुछ तो शर्म करों।

श्रीकृष्ण ने कहा। सुनो अर्जुन तुम्हारे रथ पर मैं बैठा हुआ हूँ जो सम्पूर्ण जगदीश्वर है तथा तुम्हारे रथ के ध्वज पर हनुमान जी बैठे हुए है। जिस हनुमान की पूंछ हिलाने हेतु तुम्हारे भाई भीम को पसीना आ गया था, वो बैठे हुए है। इतना सबकुछ होते हुए भी अगर कर्ण के तीर द्वारा तुम्हारा रथ दो फीट पीछे धकेल दिया जाता है, तो कर्ण से बेहतर कौन धर्नुधर है ?

## अदृश्य शक्तियों के प्रति कृतज्ञ रहना व धन्यवाद देना

अर्जुन को यह अदृश्य बातें दिखाई नही दे रही थी। वो यह समझ रहा था कि मेरे बल व कौशल से ही कर्ण का रथ पीछे धकेला जा रहा है। जबकि अदृश्य में अर्जुन की सुरक्षा हेतु कृष्ण व हनुमान दोनों साथ खड़े थे।

मैं यहाँ ये आग्रह करना चाहता हूँ कि जीवन में हमे सफलताएँ मिलती है तो उनका पूरा श्रेय व्यक्ति विशेष न लेकर अपने आस पड़ोस के लोगों को, अपनी टीम के सदस्यों व अदृश्य शक्तियों को जिनके कारण सफलता मिली है, उन्हें भी श्रेय देना चाहिये।

## कृतज्ञता से ही शोर्य बढ़ता है, समृद्धि बढ़ती है व मधुर रिश्ते बनते है।

उपरोक्त कहानी से दूसरी सीख यह मिलती है कि कृतज्ञता ही महत्वपूर्ण है। अतः जिन लोगों की मदद से सफलता मिली है। उन दृश्य–अदृश्य सभी का कृतज्ञ रहना लाजमी बनता है।

अतः जो व्यक्ति मल्टीमिलिनियर होने का **इच्छुक** है उसे प्रकृति के निम्न दृश्य–अदृश्य नियमों को सीखना चाहिये व जीवन में उतारना चाहिये।

1. **कृतज्ञता का नियमः–** जो व्यक्ति ईश्वर ने जो दिया है, समाज ने जो दिया है, माता–पिता, मित्रों ने जो दिया है, गुरूजनों ने जो दिया है। उसके लिये कृतज्ञ है तो उसे और दिया जायेगा।

   यह बात मैं नही कह रहा हूँ। यह बात बाईबिल में लिखी हुई कि जो कृतज्ञ है उसे और दिया जायेगा और जो कृतज्ञ नही है, उससे जो है वह छीन लिया जायेगा।

2. **प्रचुरता की मानसिकताः–** प्रकृति में हर चीज प्रचुर मात्रा में उपलब्ध होती है। जैसे किसी पेड़ का एक बीज है। उसमें हजारों फल लगते है और हजारों फलो में हजारो बीज होते है। इसी तरह नदियों मे व समुंद्र में बेतहासा पानी होता है। वायुमण्डल में बेशुमार ऑक्सिजन होती है। पृथ्वी के गर्भ में बेशुमार खनिज पदार्थ होते है।

3. **ग्रहणशीलता का सिद्धान्तः–** प्रकृति में अनेक प्रकार की कृपाएँ बरस रही है, पर जो व्यक्ति अपनी ग्रहणशीलता को बढ़ा लेता है। वो कृपा पाकर अभिभूत हो जाता है, आनंदित हो जाता है और लाभान्वित हो जाता है।

4. **स्वीकारिता का नियमः–** जीवन में जो भी घटनाएँ घटती है, उनको स्वीकार करों। जज मत बनो, तुलना मत करों।

अगर कोई चीज मिली है तो उसे प्रेमपूर्वक स्वीकार करों। अगर उसमें तबदीली करनी है तो प्रेमपूर्वक करों।

5. **सृजन का सिद्धांतः–** प्रकृति ने हर व्यक्ति को सृजन करने का अधिकार दिया है। वो अपनी पसंद के अनुसार मनवांछित चीजे सृजन कर सकता है। अतः अपनी सृजन शक्ति पर गौर करो व इसे बढ़ाओं और इसका प्रयोग करों। यह परमात्मा का बहुत बड़ा उपकार इंसान को दिया गया है।

6. **शुभकामनाएँ व आर्शीवाद का सिद्धांतः–** अपने लिए, दूसरो के लिए अच्छी भावनाएँ व्यक्त करो। उन्हें आर्शीवाद दे, उनके लिए शुभकामनाएँ करें ताकि आपके जीवन में भी सकारात्मकता की परिस्थितियाँ बनती रहे।

7. **फोकसिंग का सिद्धांतः–** जिन कार्यो करना चाहते है, उन्ही पर फोकस करे। जो नही चाहते, उनसे ध्यान हटा ले। Where is intention, there goes energy. एक फिल्मी गाना है ''कि तेरा ध्यान किधर है, ये तेरा हीरो इधर है।''

8. **नेगेटिविटी भी महत्वपूर्ण हैः–** इस सत्य को स्वीकार करें कि नेगेटिव माहौल में ही आपको पोजिविटी का सृजन करना है ताकि आपकी पोजिविटी में और अधिक निखार आ सके।

9. **प्रेम का सिद्धांतः–** अपना सम्मान करें, अपने को प्यार करें व साथ ही लोगो का सम्मान करें व उन्हें प्रेम प्रेषित करें। यह प्रकृति प्रेम के आकर्षण से ही चलायमान है। स्वयं की तारफी करें व लोगों की भी तारीफ करने की हिम्मत जुटाएँ। कम से कम एक व्यक्ति की नित्य तारीफ करने की आदत तो डाल ले।

10. **होश में रहने का सिद्धांतः–** आत्म जागरूक रहें व हर घटना पर विचार कर प्रतिक्रिया करें। **Self Awareness is**

**a fur in your cap.** आत्म जागरूकता ही व्यक्तित्व को और अधिक आकर्षक, प्रखर व प्रतिभा सम्पन्न बनायेगी।

## NOTES (जो बातें आपके ह्रदय को छू गई है)

1. _______________________________________________

2. _______________________________________________

3. _______________________________________________

4. _______________________________________________

5. _______________________________________________

6. _______________________________________________

7. _______________________________________________

8. _______________________________________________

9. _______________________________________________

10. _______________________________________________

11. _______________________________________________

12. _______________________________________________

13. _______________________________________________

14. _______________________________________________

15. _______________________________________________

16. _______________________________________________

17. _______________________________________________

18. _______________________________________________

19. ______________________________________________

20 ______________________________________________

21. ______________________________________________

22. ______________________________________________

23. ______________________________________________

24. ______________________________________________

25. ______________________________________________

**NOTES** (जो निर्णय आपने अपने जीवन में लेने हेतु तय किये है)

26. ______________________________________________

27. ______________________________________________

28. ______________________________________________

29. ______________________________________________

30 ______________________________________________

31. ______________________________________________

32. ______________________________________________

33. ______________________________________________

34. ______________________________________________

35. ______________________________________________

36. ______________________________________________

37. ______________________________________________

38. ______________________________

39. ______________________________

40. ______________________________

41. ______________________________

42. ______________________________

43. ______________________________

44. ______________________________

45. ______________________________

46. ______________________________

47. ______________________________

48. ______________________________

49. ______________________________

50. ______________________________

# MISSION BILLIONAIRE
## (To Achieve 12 Riches as Described by Napoleon Hill)
## Motivation & Activation Mantra

अध्याय – 4

# अपनी आमदनी का 3 प्रतिशत दान दे – एक कहानी

**◆◆◆**

**(युनिवर्स को लौटाना समृद्धि विकसित करने की तकनीक है)**

अर्थशास्त्र में फार्मिंग का नियम बड़ा लोकप्रिय है। जिसका अर्थ है कि पहले जमीन में कुछ खुदाई आदि करके जमीन को बीजाई करने के काबिल बनाया जाता है। फिर ज्योहीं बारिश होती है अथवा पानी की व्यवस्था होती है। उसके बाद उसमें बीज बोए जाते है। इसका अर्थ है कि आपको फसल लेने से पहले जमीन को सुधारना है तथा जमीन में बीज ड़ालना है। यानी कुछ आपको कीमत चुकानी है, उसके परिणामस्वरूप फिर प्रकृति आपको फसल प्रदान करती है।

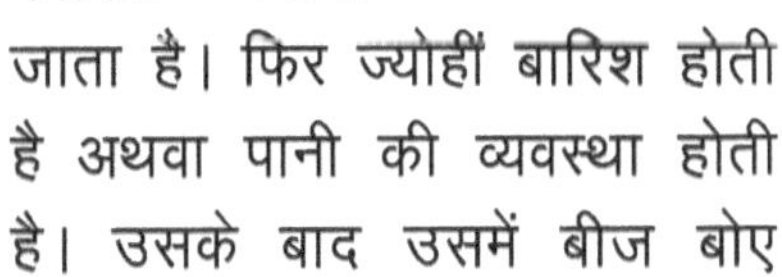

अगर कोई ये सोचे कि मैं बीज जमीन में तब डालूंगा जब फसल मुझें मिल जायेगी, तो फसल मिलना सम्भव नही है। यानी

पहले बीज पड़ेगा, फिर पौधा उगेगा फिर उसमें बीज लगेंगे। यही नियम फार्मिंग का नियम कहलाता है। इसी क्रम की पालना जरूरी है।कुछ धार्मिक पुस्तकों में यह कहा गया है कि जो आपको वार्षिक लाभ प्राप्त हो, उसका 10 प्रतिशत आप दान कर दे। इसका अर्थ यह हुआ कि आप व्यक्तिगत लाभ में से 10 प्रतिशत लाभ युनिवर्स के वापिस लौटायें।

## प्रकृति का अद्भुत नियम

प्रकृति में प्रायःकर चमत्कार होते रहते है, प्रकृति के कार्य करने का तरीका निराला है। जबकि व्यक्ति विशेष तार्किक बुद्धि से काम करता है। आप जहाँ मुख्य रूप से फोकस होकर काम कर रहे हो, वहाँ हो सकता है कि प्रकृति आपको घाटा दे दे। जहाँ आपने गैर गम्भीरता से काम किया, वहाँ आपको मालामाल कर देती है।

## जयदयाल जी गोयनका (विश्व प्रसिद्ध उद्योगपति व गीता प्रेस गोरखपुर के सहसंस्थापक) की कहानी

जयदयाल जी गोयनका जी की फैक्ट्री के अंदर एक बार हड़ताल हो गई। जयदयाल जी व उनके चचेरे भाई हनुमान प्रसाद जी पोद्दार दोनो ही उस समय कहीं सत्संग आदि में बाहर गये हुए थे।

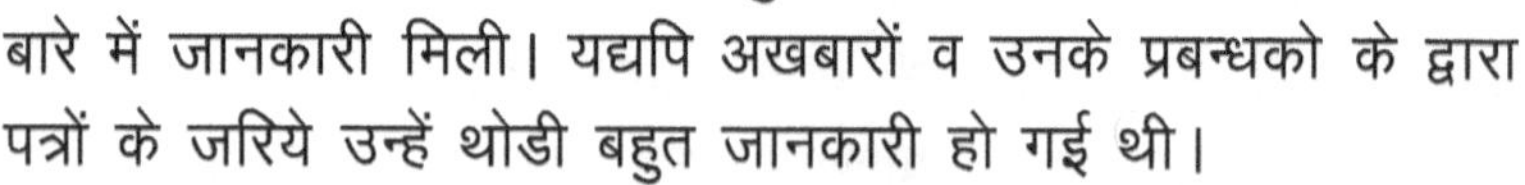

वो करीबन दो महिने बाद लौटे तो उन्हे फैक्ट्री के हालात और वहाँ पर हुई हड़ताल के बारे में जानकारी मिली। यदपि अखबारों व उनके प्रबन्धको के द्वारा पत्रों के जरिये उन्हें थोड़ी बहुत जानकारी हो गई थी।

जब उन्होनें इस बारे में अपने प्रबन्धको से बात की तो प्रबन्धको ने बड़े इठलाते हुए बतलाया कि हमने मजदूरों को सेट कर दिया और स्थिति पर काबू पा लिया व हड़ताल खत्म करवा दी है। जो

मजदूर ज्यादा उत्पात कर रहे थे उनमें से कई को नौकरी से निकाल दिया। कईयो को जेल भिजवा दिया है।

## इस पर जयदयाल जी गोयन्का ने निम्न कहानी उन्हें सुनाई—
## गाय व उसके मालिक को दूध मिलने की कहानी

जयदयाल गोयनका जी बोले कि किसी वक्त हम ज्यादा अमीर नही थे। उस वक्त दाल–रोटी, घर का खर्चा निकालने के लिये हमारे पास एक गाय होती थी। उस गाय का आधा दूध तो हम घर के काम में लेते थे व आधा बेच देते थे। जबकि उन दिनो दूध का बेचना सामाजिक रूप से बड़ा असम्मानजनक काम था, लेकिन क्या करते हम रतनगढ़, चुरू में रहते थे, जहाँ अन्य कोई आमदनी का साधन नही था ?

हमने थोड़ी हिम्मत करके तीन–चार गायें और खरीद ली। हमारे पास करीबन पांच गायें दूध देने वाली हो गई और हम एक डेयरी चलाने लगे। अपनी गायों का दूध एक गोशाला को बेचने लगे, लेकिन गायों का दूध तीन–चार महिने बाद धीरे–धीरे कम होने लगता है। अतः अब हमारा लाभ कम होने लगा। कुछ लोगों ने हमें सलाह दी कि दूध में पानी मिला दिया करो, किसको पता चलता है ? लेकिन यह बात हमारे गले नही उतरी, फिर हमने बछड़ो को दूध पिलाना कम कर दिया ताकि हमें दूध ज्यादा मिल सके। बछड़े जब भूखे रह जाते तो वो जोर–जोर से रेंगते। यह बात हमारी दादी को पसंद नही आती। जब हमने उन्हें बताया कि इन बछड़ो के हक का दूध भी हम ले लेते है, तो दादी ने हमें निम्न प्रकार से समझाया।

दादी ने कहा कि मैं तुम्हें खबरदार करती हूँ। गाय दूध देती है, अपने बछड़ो के

लिये, तुम्हारे लिये नही। हाँ तुम उसे चारा आदि खिलाते हो तो थोड़ा बहुत दूध ले सकते हो, लेकिन मूल में ज्यादा हक उसके बछड़े–बछड़ियों का है। हमें खबरदार किया कि जब तक बछड़ो को पूरा पेट ना भर जाये तब तक तुम दूध नही निकालोगे। जब उनका पेट भर जाये तो तुम बचा दूध निकाल लेना। तुम्हारे लालच और पेट को भरने के लिये परमात्मा दूसरी व्यवस्था करेगा।

दादी ने कहा कि अगर परमात्मा को यह मंजूर नही है कि तुम्हे पूरा दूध मिले तो तुम लोग कोई और काम कर लो, तुम घास बेचने लग जाओं। तुम ग्वार बेचने लग जाओं। तुम गेहूं बेचने लग जाओ। तुम सोना बेचने लग जाओं। लेकिन खबरदार अगर बछड़ो को भूखा रखा तो।

दादी की जब डांट पड़ी तो हमने भी तय किया कि कुछ और काम करके देखते है। हमने ग्वार की पांच बोरी खरीदी कि यदि यह नही बिकी तो हमारी गायें खा लेगी और खेत में ग्वार की ही बुवाई की। परिणाम यह हुआ कि खेत में ग्वार भी बहुत हुआ और जो बोरिया खरीदी थी वो भी तत्काल बिक गई, लेकिन समस्या एक हो गई कि ग्वार इतना अधिक हो गया कि अब उसे खरीदे कौन ? तो हमने हिम्मत करके सरकार से बात की और एक ग्वार गम बनाने की फैक्ट्री खोल ली। बस जो ग्वार बच जाता वो तो गायों को खिलाते, बाकि फैक्ट्री में काम में लेते।

वो फैक्ट्री ऐसी चली कि चलती ही गई और हमें आर्थिक शिखर तक पहुंचाने में मिल का पत्थर साबित हुई।

यह कहते–कहते **जयदयाल गोयनका व हनुमान प्रसाद पोद्दार** दोनो की आंखो में आंसू आ गये और उन्होनें कहा कि परमात्मा ने यह फैक्ट्री खोलने की जो प्रेरणा हमें दी वो मजदूरों को रोजगार देने के लिये दी थी। मजदूरों को रोजगार देते हुए तथा उपभोक्ताओं की सेवा करते हुए जो बॉय प्रोडक्ट के रूप में जो प्रोफिट हमें मिल जाये, उसमें हमें संतुष्टि है। अतः आप लोगों ने

कामगारो को नौकरी ने निकाल कर या जेल भेजकर ठीक नही किया।

अब आप एक सर्वेक्षण करों कि किन–किन लोगों को कितना–कितना नुकसान हुआ है ? हम उन सब लोगो की भरपाई करेंगे। क्योंकि मजदूरों के भाग्य से ही हमे मिल रहा था, परमात्मा का देने का तरीका बड़ा ही अद्भुत है।

सर्वे किया गया, करीबन ढाई करोड़ रूपये देने का हिसाब बनाया गया। **जयदयाल जी गोयनका व हनुमान प्रसाद जी पोद्दार** ने सरकार से बात की कि हम ये पैसा लौटाना चाहते है। अगर कुछ मंत्री आये तो हम उनके सामने यह पैसा लौटा दे, इस हेतु एक बड़ा जलसा आयोजित किया गया। जलसे में सभी लोग उपस्थित हुए। जब **हनुमान प्रसाद जी पोद्दार** को लोगो को चैक देने के लिये खड़ा किया गया। साथ ही **तत्कालीन कृषि मंत्री गोविन्द वल्लभ पंथ** को खड़ा किया गया तो माजरा देखकर दंग रहे गये कि बार–बार नाम पुकारने के बाद भी कोई भी मजदूर चैक लेने आया ही नही।

मजदूरों के नेता का नाम लिया गया, उन्हें सम्मानित करने हेतु मंच पर बुलाया गया। वो सम्मान प्राप्त करने हेतु मंच पर तो आ गये लेकिन चैक उन्होने भी नही लिया। कर्मचारी के नेताओं ने कहा कि जिन मजदूरों के घरों में अन्न नही होता था तो **जयदयाल जी** उसके घर पर गाड़ी में गेहूँ लेकर जाते थे और गेहूँ की बोरी रखकर आते थे। कड़ाके की ठण्ड में जाड़ों के दिनों में जिन मजदूरों के घर में गर्म कपडे नही होते थे, ओढ़ाने के कम्बल नही होते थे उनके यहाँ कम्बल रख कर आते थे। ऐसे महापुरूषों से हम चैक नही ले सकते। इन्होनें हमें पहले से ही बहुत दे रखा है।

विचार हुआ कि इस राशि का अब क्या किया जाए ? तो फिर सद्शास्त्र प्रकाशन हेतु एक प्रोजेक्ट बनाया गया। जिसके तहत **गीता प्रेस, गोरखपुर** की स्थापना हुई। सनातन धर्म के जितने भी

ग्रन्थ है, उन ग्रन्थो को प्रकाशित व प्रचारित किया जाये तथा नो प्रोफिट, नो लोस पर इस कार्य को किया जाए।

आज जो कोई सनातन धर्म के ग्रन्थ देखने को मिल रहे है। वो इन्ही महापुरूषों की देन है जिन्होनें **गीता प्रेस, गोरखपुर** को जन्म दिया तथा उन गुप्त कर्मचारियों को श्रेय ही है जिन्होनें चैक्स लेने से इंकार किया।

आप जितना कमाते हो उसका यदि 3 प्रतिशत युनिवर्स को वापिस कर दो तो यह 3 प्रतिशत कई गुना होकर आपके पास लौटकर आयेगा। यह प्रकृति का अदृश्य सिद्धांत है, जरूरी नही कि आपके व्यापार से लौटकर आये। किसी अन्य तरीके से भी कई गुना राशि आपके पास आ सकती है।

## मध्यमवर्गीय और धनाढ्य वर्ग की मानसिकता में फर्क

मध्यमवर्गीय व्यक्ति यह सोचता है कि जब तनख्वाह आयेगी तो उसमें जरूरी खर्चे करूंगा और अंत में कुछ बचेगा तो उसको दान करूंगा। यानी कि वो दान को वरियता सूची में सबसे अंत में रखता है। परिणाम यह होता है कि उसके पास दान करने के लिये कुछ बचता ही नही, इसलिये वो दान नही कर पाता।

जबकि धनाढ्य वर्ग के लोग साल के आरम्भ में ही यह तय कर लेते है कि कितना दान इस वर्ष में देना है। उस दान के अनुसार ही अपनी योजनाएँ बनाते है। यानी पैसा कमाना जितना महत्वपूर्ण है, उतना ही दान दिये जाने को महत्व देते है।

# मारवाड़ी सेठों के यहाँ एक परम्परा

जब कोई मारवाड़ी नवयुवक व्यापार आरम्भ करता था तो उसे यह सीखाया जाता था कि यह **गल्ला (तिजोरी)** है। इसके मालिक गणेश जी है। इसमें एक न्यूनतम राशि रखी जायेगी तथा जो भी प्रोफिट होगा उसके यह 3 प्रतिशत के साझेदार है। ज्योहीं कोई विक्रय होता तो मारवाड़ी युवक सबसे पहले गल्ले में ड़ालता। उसके बाद में जो कोई बचा हुआ हुआ पैसा होता उसे वो व्यापार के काम में लेता या घर खर्च के काम में लेता, परिणाम यह होता था कि व्यापार बढ़ता ही चला जाता था। क्योंकि वो गणेश जी के साथ की गई 3 प्रतिशत की साझेदारी अदृश्य रूप में फलने–फूलने लग जाती तथा यह एक सतत् प्रक्रिया होती थी। हर भुगतान पर जो पैसा प्राप्त हुआ है उसका 3 प्रतिशत पहले गणेश जी के गल्ले में जायेगा।

# मारवाड़ी परिवारों में रसोई की व्यवस्था

मारवाड़ी लोग दूर–दूर तक व्यापार के सिलसिले में जाते रहे है। जैसे सिक्ख लोग जहाँ भी जाते है, वहाँ गुरूद्वारा व लंगर लगाते है। अगर एक भी गांव में कोई सिक्ख है तो वहाँ पर गुरूद्वारा व लंगर मिलेगा, यही वजह है कि कोई सिक्ख कभी भीख मांगता नही मिलता।

इसी तरह से मारवाड़ी जब दूर–दराज में कही व्यापार करता था। तो सबसे पहले वो **रसोबड़ा** बनाता। जिसमे वो खाना खाता और उसके यहाँ जो काम करते थे वो भी वही खाना खाते। इस रसोबड़े की दो विशेषता होती। एक तो आपस में मिलजुल कर योगदान से चलाते थे, दूसरा यदि कोई अतिथि आ जाता था तो उसे निःशुल्क खाना खिलाते थे।

कोन्ट्रिब्यूशन भी सिर्फ नाम मात्र का लिया जाता था बाकि सारा खर्चा व्यापार चलाने वाले सेठ का होता था। वो रसोबड़े के साथ-साथ सोने, उठने, बैठने की जगह की व्यवस्था भी रखते थे। इस हेतु वो अपने गांव से गई गरीब लड़को को ले जाते। उनको नौकरी देते, व्यापार सीखाते, उनके रहने, खाने, पीने की व्यवस्था करते।

---

**सीख**

आप जितना अपने वित्तीय वर्ष का टर्नओवर तय करते हो उसका 3 प्रतिशत कोन्ट्रिब्यूशन फंड में डाले और इसे इन्वेस्टमेंट समझे। न कि खर्चा व दान।

---

ईश्वर आपको भरपूर फसल देना चाहता है, लेकिन आप जमीन में बीज ही नही डालेंगे तो कैसे देगा ? और जो ईश्वर देगा वो आपको पसंद नही आयेगा, आप उसे खरपतवार कहेंगे।

बाइबिल में लिखा है कि जो देगा उसे और दिया जायेगा। जो नही देगा उससे जो है वह भी छीन लिया जायेगा। इसका तात्पर्य है कि जो युनिवर्स को अपनी कमाई में से योगदान करेगा, उसे कई गुना वापिस लौटाया जायेगा।

बस शर्त एक ही है, जो भी कोन्ट्रिब्यूट करें, मुस्कुराते हुए करें, मजबूरी वश, रोते हुए या बेमन से ना करे। क्योंकि लॉ ऑफ अट्रेक्शन कहता है कि जो आप खुशी-खुशी दोगे वो कई गुना खुशियाँ आपके जीवन में लेकर आयेगा। और यदि मजबूर होकर या फंसी में दान कर रहे हो तो यह दान आपके लिये तकलीफें लेकर आयेगा और ऐसे दान को भगवान कृष्ण ने भगवद्गीता में निकृष्ट (तमोगुणी) दान कहा है।

# NOTES (जो बातें आपके ह्रदय को छू गई है)

1. ___________________________________________

2. ___________________________________________

3. ___________________________________________

4. ___________________________________________

5. ___________________________________________

6. ___________________________________________

7. ___________________________________________

8. ___________________________________________

9. ___________________________________________

10. ___________________________________________

11. ___________________________________________

12. ___________________________________________

13. ___________________________________________

14. ___________________________________________

15. ___________________________________________

16. ___________________________________________

17. ___________________________________________

18. ___________________________________________

19. ___________________________________________

20 ___________________________________________

21. _______________________________________

22. _______________________________________

23. _______________________________________

24. _______________________________________

25. _______________________________________

## NOTES (जो निर्णय आपने अपने जीवन में लेने हेतु तय किये है)

26. _______________________________________

27. _______________________________________

28. _______________________________________

29. _______________________________________

30 _______________________________________

31. _______________________________________

32. _______________________________________

33. _______________________________________

34. _______________________________________

35. _______________________________________

36. _______________________________________

37. _______________________________________

38. _______________________________________

39. _______________________________________

40. _______________________________________________

41. _______________________________________________

42. _______________________________________________

43. _______________________________________________

44. _______________________________________________

45. _______________________________________________

46. _______________________________________________

47. _______________________________________________

48. _______________________________________________

49. _______________________________________________

50. _______________________________________________

अध्याय – 5

# अपने बगीचे का ख्याल रखे। गुलाब बोयें, खरपतवार न होने दे – एक कहानी

❖❖❖

(अगर मल्टिबीलिनियर बनना है तो मल्टिमिलिनियर लोगो की संगत करें तथा निगेटिव लोगो से बचें)

एक व्यक्ति था, जिसके पास उबड़–खाबड़ जमीन का टुकड़ा था, जहाँ पर वो अपनी भेड़ों को चराया करता था। बरसों गुजर गई, कभी उसने उस जमीन पर ध्यान नही दिया। बूढ़ा हो चला, उसकी लड़की जवान हो चली। एक दिन वो लड़की भेड़ों को चराने गई तो वहॉ कोई महापुरुष मिला। उसने कहा बेटा भेड़ों को चराने से तुम्हे क्या मिलेगा ? तुम इस जमीन को खोद कर समतल कर लो और यहाँ खेती करनी चालू कर दो।

लड़की जवान थी, भविष्य में उसके कुछ सपने थे, कुछ कर–गुजरने का जज्बा था। उस व्यक्ति की बात उसे अच्छी लगी,

उसने यह बात अपने पिता को बताई। पिता ने कहा कि बेटा अब मैं बुढ़ा हो चला, अब मैं तेरी शादी करना चाहता हूॅ। लड़की ने कहा कि नही, मैं तब तक शादी नही करूंगी जब तक कि मैं उस जमीन को उपजाऊ ना बना लू।

बेटी ने जिद पकड़ ली तो उसके पिता ने भी सोचा कि चलो जो कह रही है कर लेते है, उसके पिता ने भी साथ दिया और पूरी जमीन खोदी। पिता ने सोचा कि इतनी मेहनत करने से क्या फायदा है ? बेटी ने कहा कि नही, हम मेहनत करेंगे, तो ईश्वर हमको बहुत कुछ देगा, मुझें पूरा विश्वास है।

करीब साल भर मेहनत करके पूरी जमीन को समतल किया, उसके पूरे कंकर, झाड़ हटा दिये। उनका भाग्य चमका कि उस साल जोरदार बारिश हुई, ऐसी पहले कभी नही हुई थी।

बाप–बेटी ने वहां पर कई तरह के बीज डाले, पूरी बीजाई की लेकिन खेती का अनुभव नही था। अतः पौधों को बढ़ते हुए देखते और दोनो बाप–बेटी खुश होते।

एक दिन वही महापुरूष घूमते–फिरते वापिस आ गये, उन्होने कहा कि बेटी यह तुम क्या कर रही हो ? उसने कहा कि आपने ही तो कहा था कि जमीन को समतल कर लो और इनमें बीज डाल दो।

बेटा मैनें यह नही कहा था कि तुम इन नुकसान दायक जहरीले पौधों को भी बढ़ने दो, जो तुम्हारी इस फसल के बीच–बीच में लगे हुए है। तुम्हारी इस फसल के बीच में यह खरपतवार नही रहनी चाहिये, नही तो तुम्हारी फसल में भी जहर फैल जायेगा। इसलिये तुम जो पौधे अवान्छित है, उनको हटा दो। इसको खेती की भाषा में निराई करना कहते है।

बाप और बेटी दोनों ने मिलकर पूरे खेत की निराई कर डाली। परिणाम यह हुआ कि बहुत अच्छी फसल हुई।

इस कहानी से यह नसीहत मिलती है कि अपने बगीचे में भूमि को उपजाऊ करों। वान्छित बीजो को डालो मगर अवान्छित खरपतवार जो उग आती है, उसको हटाते चलो।

आपका दिमाग भी एक बगीचा है। आप जो चाहते हो सिर्फ वही विचार आप अपने दिमाग में जाने दो। अन्य कोई विचार जो निगेटिव व नुकसान दायक रहता है, उसे गुडबॉय कह दो। यानी आपके दिमाग रूपी बगीचे में वही विचार बीज रूप में आने दो, उन्ही को ही बढ़ने दो। जो खरपतवार के रूप में बीज उग आते है उनको हटा दो, गुड़बॉय कह दो।

## 12 प्रकार की सम्पत्तियों पर आप अपने को फोकस करें।

आप इन 12 प्रकार की सम्पत्तियों पर अपना फोकस करे, इन्ही सम्पत्तियों से सम्बंधित विचार अपने दिमाग में जाने दे। आपके बगीचे में इन्ही विचारों की खेती हो। अन्य कोई विचार आता है तो उसे खरपतवार की तरह बाहर कर दे।

इसके लिये आपको चौकस रहना होगा, अपने विचारों पर निगरानी रखनी होगी और मजबूत रहना होगा तथा साहस के साथ निगेटिव विचारों को गुडबॉय कहना होगा।

## आप मल्टिमिलिनियर बनना चाहते है– आपका स्वागत है।

नेपोलियन हिल ने अपनी विश्व प्रसिद्ध पुस्तक ''थिंक एण्ड ग्रो रिच'' में निम्न 12 प्रकार की सम्पत्तियाँ इंसानो के लिये बताई है।

1. सकारात्मक मानसिक रवैया। **(Positive Mental Attitude)**

2. अच्छी शारीरिक सेहत। **(Sound Physical Health)**

3. मानवीय सम्बंधों में मधुरता (**Harmony in Human Relationship**)

4. भय से मुक्ति (**Freedom from Fear**)

5. उपलब्धि की आशा (**The hope of Achievement**)

6. विश्वास की क्षमता (**The Capacity for Faith**)

7. नेमतों को देने की इच्छा (**Willingness to share one's Blessings**)

8. कार्य से प्यार (**A labour of Love**)

9. सभी विषयों पर खुला दिमाग (**An open mind on all subjects**)

10. आत्म अनुशासन (**Self discipline**)

11. लोगो को समझने की क्षमता (**The capacity to understand people**)

12. आर्थिक सुरक्षा (**Economic Security**)

उपरोक्त 12 सम्पत्तियों पर आपको फोकस करना है तथा इन सम्पत्तियों को प्राप्त करने हेतु आपको सतत् योजना बनाकर प्रयास करने है।

आप इन 12 पैरामिटर्स पर अभी किस स्थिति में खड़े है, इसकी जांच कर लेवे, जांच का तरीका यह है कि आप 100 में से प्रत्येक सम्पत्ति हेतु अपने को मार्क्स दे। उचित यह होगा कि आप अपने किसी व्यक्ति को यह कार्य सौप सकते है। आप अपना एक मैत्री पार्टनर बना ले, वो आपकी पत्नी हो सकती है, आपका भाई हो सकता है, या मित्र हो सकता। आप मार्क्स देने की जिम्मेदारी उसे भी दे सकते है।

निम्न प्रकार आप एक चार्ट बना ले और उसमें प्रति त्रैमास मार्क्स दे ताकि आपको यह पता चल सके कि आप प्रत्येक सम्पत्ति

में कितना–कितना इजाफा हर त्रेमास में कर रहे हो तथा जो ब्ल्यू प्रिंट आपने बना रखा है, उसके मुताबिक प्रोग्रेस हो रही है क्या ? नही हो रही है तो क्यों नही हो रही है ? यदि कोई बाधा है तो उसे कैसे दूर करेंगे ? आपको यह कार्य प्रोएक्टिवली करना है। जब आप चलाकर करेंगे तब ही आप अपनी सम्पत्तियों को बढ़ा पायेंगे। अगर आप सोचे कि जैसे प्रातःकाल आपके घर पर अखबार डाल जाता है। ऐसे ही कोई रोजाना आकर सम्पत्ति डाल जाये तो यह सम्भव नही है।

आपको अपनी जिंदगी की कमान खुद के हाथ में लेकर इन 12 प्रकार की सम्पत्तियों को बढ़ाना है।

# Quarterly progress of your riches
# (N.B.:-  Please give marks of 100)

| S. No. | Name of Riches | Marks in 1st Quarter | Marks in 2nd Quarter | Marks in 3rd Quarter | Marks in 4th Quarter | Total marks obtained in the year |
|---|---|---|---|---|---|---|
| 1. | सकारात्मक मानसिक रवैया। (Positive Mental Attitude) | | | | | |
| 2. | अच्छी शारीरिक सेहत। (Sound Physical Health) | | | | | |
| 3. | मानवीय सम्बंधों में मधुरता (Harmony in Human Relationship) | | | | | |
| 4. | भय से मुक्ति (Freedom from Fear) | | | | | |

| | | | | | | |
|---|---|---|---|---|---|---|
| 5. | उपलब्धि की आशा<br>(The hope of Achievement) | | | | | |
| 6. | विश्वास की क्षमता<br>(The Capacity for Faith) | | | | | |
| 7. | नेमतों को देने की इच्छा<br>(Willingness to share one's Blessings) | | | | | |
| 8. | कार्य से प्यार<br>(A labour of Love) | | | | | |
| 9. | सभी विषयों पर खुला दिमाग<br>(An open mind on all subjects) | | | | | |
| 10. | आत्म अनुशासन<br>(Self discipline) | | | | | |
| 11. | लोगों को समझने की क्षमता<br>(The capacity to understand people) | | | | | |
| 12. | आर्थिक सुरक्षा<br>(Economic Security) | | | | | |

आप ज्यों–ज्यों इन सम्पत्तियों में अपने मार्क्स अधिक प्राप्त करेंगे, त्यों–त्यों आप समझ सकेंगे। समझदारी से परिश्रम करते है तो आपको आपकी मेहनत से भी ज्यादा मिलते है।

यह अधिक फल जो मिल रहे है, इनके पीछे जो कारण है, वो आपकी छठी इन्द्रि का जाग्रत हो जाना है, यानी कि आपको अदृश्य देवदूतों का सहयोग मिलना आरम्भ हो जाता है।

जो लोग परिश्रम करते है, बरसों करते है और जब उन्हें महान सफलताएं मिलती है। जब वो अपनी सफलता की कहानी सुनाते है तो एक बात अवश्य कहते है कि मेहनत हमने की लेकिन किसी दिव्य शक्ति ने भी हमें मार्गदर्शन दिया। उसकी वजह से भी हमें यह भारी भरकम सफलता मिली।

मैं पूर्व के अध्यायों में विभिन्न महापुरूषों में हुई छठी इन्द्रि का जागरण व छठी इन्द्रि के जागरण की प्रक्रिया बता चुका हूँ आप भी अभ्यास करें और लाभ उठावें।

## NOTES (जो बातें आपके ह्रदय को छू गई है)

1. _______________________________________

2. _______________________________________

3. _______________________________________

4. _______________________________________

5. _______________________________________

6. _______________________________________

7. _______________________________________

8. _______________________________________

9. _______________________________________

10 _______________________________________

11. _______________________________________

12. _______________________________________________

13. _______________________________________________

14. _______________________________________________

15. _______________________________________________

16. _______________________________________________

17. _______________________________________________

18. _______________________________________________

19. _______________________________________________

20. _______________________________________________

21. _______________________________________________

22. _______________________________________________

23. _______________________________________________

24. _______________________________________________

25. _______________________________________________

**NOTES** (जो निर्णय आपने अपने जीवन में लेने हेतु तय किये है)

26. _______________________________________________

27. _______________________________________________

28. _______________________________________________

29. _______________________________________________

30 _______________________________________________

31. _______________________________________________

32. _______________________________________________

33. _______________________________________________

34. _______________________________________________

35. _______________________________________________

36. _______________________________________________

37. _______________________________________________

38. _______________________________________________

39. _______________________________________________

40. _______________________________________________

41. _______________________________________________

42. _______________________________________________

43. _______________________________________________

44. _______________________________________________

45. _______________________________________________

46. _______________________________________________

47. _______________________________________________

48. _______________________________________________

49. अरबपति होना हर भारतीय का हक है।___________________

50. _______________________________________________

# MISSION BILLIONAIRE
## (To Achieve 12 Riches as Described by Napoleon Hill)
## Motivation & Activation Mantra

## अध्याय – 6
# एक मोटी जांघो वाली लड़की की कहानी

◆◆◆

(खुद को पसंद करें, खुद को प्यार करें)
(खुद के संगठन को पसंद करें, खुद के संगठन
को प्यार करें, तो बात बने)

विश्व प्रसिद्ध पुस्तक ''दी सीक्रेट'' की लेखिका रोंडा ब्राईन एक कहानी लिखती है। मैं उसी कहानी को थोड़े रोचक व उन्नत स्वरूप में यहाँ प्रस्तुत करना चाहूंगा।

एक दक्षिण अमेरिका की लड़की थी। उसकी जांघे उसे विरासत में मोटी मिली थी। जब वो बच्ची थी तो सभी उसको चिढ़ाते थे कि वो मोटी जांघो वाली लड़की है। उसकी मोटी जांघे थी, उसमें उसकी कोई गलती नही थी। क्योंकि

उसकी नानी की जांघे भी मोटी थी, उसकी मां की जांघे भी मोटी थी। उसे आनुवांशिक कारणों से मोटी जांघे मिली थी।

वो इसी तरह के कपड़े पहनना पसंद करती थी जिससे उसकी जांघो का बड़ा आकार दिखाई ना दे। वो अंदर ही अंदर अपने आपको बहुत हीन महसूस करती थी कि उसकी जांघो का आकार बहुत बेड़ौला है।

कभी–कभी वो अपने को दर्पण में देखकर घबरा जाती थी कि उसकी जांघे ही मोटी नही है बल्कि उसके हिप्स भी भारी है।

एक बार वो तैराकी का अभ्यास अपने कॉलेज की लड़कियों के साथ स्वीमिंग पूल में स्वीमिंग करने हेतु उतरी तो उसकी मैम ने देख लिया और टोका कि तेरी जांघे तो वैसी ही मोटी है, जैसी तेरी मम्मी की।

लड़की को बहुत बुरा लगा, पर क्या करती। बेबस थी। जब स्वीमिंग पूल में स्वीमिंग पूरी कर ली और बाहर आने लगी तो कोच वगैरहा ने देखा और आपस में बाते करने लगे कि देखो इस लड़की जांघे कितनी मोटी है और इसके हिप्स भी कितने भारी है ? यद्यपि उन्होनें लडकी को कुछ नही कहा लेकिन कोच लोगो की बांते लड़की के कानो में पड़ गई।

उसे अपने आप पर बहुत गुस्सा आया और उसने कॉलेज जाना बंद कर दिया। कहीं पर नौकरी तलाश करने लगी।

सौभाग्य से वो एक दिन विश्व के प्रसिद्ध मोटिवेशनल स्पीकर व साइकोलोजिस्ट के ऑफिस में इंटरव्यू देने पहुँची। मोटिवेशनल स्पीकर के स्वभाव में यह था कि जो भी कोई उसके यहां इंटरव्यू देने आता उसको वो मोटिवेट करते ताकि वो अधिक तरक्की करें।

उन्होने उसे नौकरी पर रख लिया। बड़े मनोयोग से वो काम करती थी। बड़ी अनुशासित थी। लेकिन एक मुसीबत थी कि मोटिवेशनल स्पीकर तो हजारों लोगों के सामने व्याख्यान देने जाते

तथा वो उसे अपने साथ लेकर जाते। लोगों के सामने वो अपने आपको बड़ी बेडौली महसूस करती। कई लोग छोटी–मोटी टिप्पणियाँ भी कर देते थे।

एक बार वो गाड़ी में मोटिवेशनल स्पीकर के साथ आ रही थी तो किसी ने टिप्पणी कर दी कि साथ में कोई लड़की तो ढंग की रखा करों। बस यह बात उस लड़की को चुभ गई।

दूसरे दिन वो ऑफिस में आई। वो मोटिवेशनल स्पीकर से मिली और कहा कि क्या यह सम्भव नही है ? मेरा बेडौला शरीर ठीक हो जाएं ? आप अपने व्याख्यानों में कहते है कि हर तरह की समस्याओं का निवारण हो सकता है। तो क्या मेरी इस समस्या का निवारण हो सकता है ?

## तुम अपने अंग–अंग को पसंद करो। अपने अंग–प्रत्यंग को प्यार करों

मोटिवेशनल स्पीकर ने कहा कि तुम्हे एक एक्सरसाईज 15 दिन तक रोजाना 20 मिनट तक करनी होगी, क्या तुम कर सकती हो ? वो बोली बिल्कुल, मैं सहमत हूॅ।

तो आज ही से ये एक्सरसाईज प्रारम्भ कर दो। 20 मिनट के लिये आंखे बंद करके बैठ जाओं और अपने पांवो को देखो। अपनी बंद आंखो से ही अपने पांवो से कहो कि मेरे पांव बहुत खुबसुरत है। फिर कहो मेरी पिंड़लियां बेहद खुबसूरत है। मैं अपने पांवो को, अपनी पिंडलियों को बेहद पसंद करती हूॅ। अपनी बंद आंखो से ही देखो और कहो कि मेरी जांघे बेहद खुबसूरत है और मैं इन्हें पसंद करती हूॅ। मेरे हिप्स बेहद खुबसूरत है और मैं इन्हे परांद करती हूॅ। मेरी कमर बेहद खुबसूरत है और मैं इसे पसंद करती हूॅ। मेरी पीठ बेहद खुबसूरत है और मैं इसे पसंद करती हूॅ। बंद आंखो से ही कहो कि मेरा पूरा डीलडौल खुबसूरत है और मैं इसे पसंद करती हूॅ।

बस बार–बार यही क्रिया 20 मिनट तर करती रहो और 20 मिनट बाद धीरे–धीरे अपनी आंखो को खोल लेना।

उस लड़की ने नियमित गम्भीरता से प्रेमपूर्वक व नियम पूर्वक इस क्रिया को किया। 16वें दिन मोटिवेशनल स्पीकर के पास फिर उपस्थित हुई कि आगे की क्रिया बताओं।

## आपने पसंद किया, अब अपने अंग–प्रत्यंग को प्यार करने की क्रिया

एक सीधे आसन से बैठ जाए। मेरूदण्ड सीधा रखे, आंखे बंद कर ले, दो गहरी सांस ले और छोड़ दे। अपनी बंद आंखो से अपने खुबसूरत पांवो को देखो और जोर से बोलो कि मेरे खुबसूरत पांवों मैं तुम्हे प्यार करती हूँ। फिर अपनी पिंडलियों को देखो और कहो कि खुबसूरत पिंडलियों मैं तुम्हे प्यार करती हूँ। फिर अपनी जांघो को कहो कि खुबसूरत जांघो मैं तुम्हे प्यार करती हूँ। फिर अपने हिप्स को कहो कि मेरे खुबसूरत हिप्स, मैं तुम्हे प्यार करती हूँ। फिर अंत में कहो कि मेरे खुबसूरत डीलडौल व शक्ल सूरत मैं तुम्हे प्यार करती हूँ।

## पसंद करना और प्यार करना में फर्क

पहली क्रिया में अपने अंग–प्रत्यंग को पसंद करना था। पसंदगी के भाव लाने थे, बस क्रिया खत्म। यानी कि नापसंदगी को हटाया, पसंदगी पर फोकस हुए। लेकिन दूसरी क्रिया में प्यार करना एक जिम्मेदारी है। प्यार करने का अर्थ है कि उन चीजों को गुड़बॉय कहना जो तुम्हारी अंग–प्रत्यंग, शक्ल सूरत को नुकसान पहुंचाती है। उन बातों को पोषण देना जो तुम्हारी अंग–प्रत्यंग व शक्ल सूरत को खुबसूरत बनाती है। यानी कि पोष्टिक आहार लेना। जो शरीर के लिये उचित नही हो, उस आहार को गुड़बॉय कहना। नित्य थोड़ी देर एक्सरसाईज करना। प्यार में जिम्मेदारी है। प्यार में त्याग

है। प्यार में समर्थन है। प्यार में स्वीकार करना है। इस क्रिया को 30 दिन करों।

उस लड़की ने बड़ी जिम्मेदारी से 30 दिन तक इस क्रिया को किया और 30 दिन पर फिर मोटिवेशनल स्पीकर के समक्ष उपस्थित हुई और कहां कि आगे की क्रिया बताओं।

### Mind Controls Your Body

देखों आपने अपने शरीर को पसंद किया है, प्यार किया है। लेकिन शरीर के आकार को बढ़ाने में माइंड की अहम् भूमिका है। अतः अपने माइंड पर भी काम करना होगा। इसलिये अब तीसरे नम्बर की एक्सरसाईज करना आरम्भ करों।

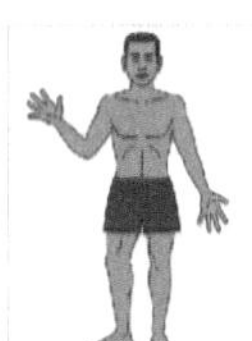

## माइंड में लाइकिंग व लव के विचार रखना – एक क्रिया

एक सरल आसन से बैठ जाएं। रीढ़ की हड्डी सीधी रहे और आंख बंद कर ले। दो गहरे श्वास ले और छोड़े। फिर बंद आंखो से अपने दिमाग में आने– जाने वाले विचारो पर गौर करें। जो भी निगेटिव विचार है, जो भी आपको हीन भावना दिखाता है, उन विचारों को गुड़बॉय कहे तथा जो भी विचार आपको गौरवान्वित करें व आपको खुबसूरत बतायें उनका समर्थन करे और उन पर फोकस करे। बस 20 मिनट इस क्रिया को तीस दिन तक करें।

उस लड़की ने गम्भीरता पूर्वक इस क्रिया को तीस दिन तक किया और तीस दिन बाद मोटिवेशनल स्पीकर के पास फिर उपस्थित हुई।

## भावनाओं व भावों को पसंद करें व प्यार करे की क्रिया

मोटिवेशनल स्पीकर ने कहा कि आप ये जो क्रिया बता रहा हूँ उसे तीस दिन लगातार बीस मिनट तक करें।

एक आसन से बैठ जाएं। मेरूदण्ड सीधी रह, आंखे बंद कर ले। धीरे–धीरे दो गहरे श्वास ले और छोड़े। अपने आपको देखें और जो भाव नापसंदगी के आये, उनको गुड़बॉय कह दे। जो भाव पसंद आये जैसे प्यार का भाव, करूणा का भाव, सहयोग का भाव। उनका समर्थन करें व उन पर फोकस करें।

उपरोक्त चारों क्रियाओं को वो लड़की करीबन एक साल तक करती रही। लड़की जब कभी अपने आपको दर्पण के आगे देखती तो अपने प्रतिबिम्ब को देखकर शरमा जाती। उसे लगता कि वो इतनी खुबसूरत है, जितनी तो मिस पेरिस भी नही है। उसका सब कुछ बदल गया। विचार बदल गये, भाव बदल गये। यहॉं तक कि उसका डीलडौल भी बदल गया। वो छरहरी बन गई व खुबसूरत बन गई।

एक दिन मिस पेरिस की प्रतियोगिता आयोजित हो रही है। यह बात मोटिवेशनल स्पीकर ने अखबार में पढ़ी। उसने उस लड़की को बुलाया और कहा कि तुम इस प्रतियोगिता में भाग लो। उस लड़की ने सौंदर्य प्रतियोगिता में भाग लिया और मिस पेरिस चुनी गई। इतना ही नही जो लड़की अपने आपको अभागा समझती थी कि कोई उसे मोटी जांघो के कारण, उसके भारी हिप्स के कारण उसे चिड़ाता था। उसे कोई पसंद भी नही करता था। वही लड़की आज मिस पेरिस बनी।

जब कुदरत देती है तो डबल देती है, कई गुना देती है। उसी ब्यूटि कन्टेस्ट हॉल में एक असिस्टेंट प्रोफेसर बैठा था। वो कई दिनों से पार्टनर की तलाश में था। मिस पेरिस को देखकर उससे नही रहा गया। वो उसके पास आया और उसने शादी के लिये प्रपोज किया। दोनो परिणय सूत्र में बंध गये।

लड़की का शरीर किसी ऑर्गेनाईजेशन से कम नही होता। क्योंकि अनेक अंग, अनेक सेल्स, अनेक टिश्यूज। इसी तरह से किसी भी ऑर्गेनाईजेशन में, चाहे वो परिवार हो, चाहे व्यापारिक

संगठन हो, औद्योगिक प्रतिष्ठान हो, चाहे राजनैतिक पार्टी हो या एन.जी.ओ. हो। अनेक विभाग होते है, अनेक अधिकारी व कर्मचारी होते है। अगर उपरोक्त चारों पसंद व प्यार करने की प्रक्रियाएं संगठन के लोगो को करवाई जाये तो कोई भी संगठन बेहतरीन बन सकता है। अन्तर्राष्ट्रीय स्तर पर बुलन्दियां छू सकता है।

## NOTES (जो बातें आपके ह्रदय को छू गई है)

1. _______________________________________________

2. _______________________________________________

3. _______________________________________________

4. _______________________________________________

5. _______________________________________________

6. _______________________________________________

7. _______________________________________________

8. _______________________________________________

9. _______________________________________________

10 _______________________________________________

11. _______________________________________________

12. _______________________________________________

13. _______________________________________________

14. _______________________________________________

15. _______________________________________________

16. ________________________________

17. ________________________________

18. ________________________________

19. ________________________________

20 ________________________________

21. ________________________________

22. ________________________________

23. ________________________________

24. ________________________________

25. ________________________________

## NOTES (जो निर्णय आपने अपने जीवन में लेने हेतु तय किये है)

26. ________________________________

27. ________________________________

28. ________________________________

29. ________________________________

30 ________________________________

31. ________________________________

32. ________________________________

33. ________________________________

34. ________________________________

35. _______________________________________________

36. _______________________________________________

37. _______________________________________________

38. _______________________________________________

39. _______________________________________________

40. _______________________________________________

41. _______________________________________________

42. _______________________________________________

43. _______________________________________________

44. _______________________________________________

45. _______________________________________________

46. _______________________________________________

47. _______________________________________________

48. _______________________________________________

49. _______________________________________________

50. _______________________________________________

## अध्याय – 7
# जयद्रथ वध और श्रीकृष्ण का रोल – एक कहानी

(टीम 360 भी आपको मल्टीमिलेनियर बनाने के लिए श्रीकृष्ण की तरह माहौल तैयार करती है)

किसी सफलता की ओर अग्रसर व्यक्ति के लिये माहौल का अहम रोल होता है। यद्यपि व्यक्ति समझ सकता है कि सफलता उसकी बुद्धिमानी व प्रयासो से हुई लेकिन जिन लोगों ने सफलता हेतु माहौल बनाया है, सीढ़िया बनाई है, उनके प्रति कृतज्ञता वाजिब बनती है।

महाभारत में एक कथा आती है, जिसे कि **अभिमन्यु वध** के नाम से जाना जाता है। **अभिमन्यु** का युद्ध के नियम कायदो को परे रखते हुए वध कर दिया गया। फिर वध होने के बाद मृतक शरीर को लातों से मारा गया, दुत्कारा गया। जिस समय चक्रव्यूह में

**अभिमन्यु** फंस गया था। उस वक्त उसके पिता **अर्जुन** कहीं दूर युद्ध में संलग्न थे, बाकि पाण्डव लोग **अभिमन्यु** की मदद नही कर पाये। एक **जयद्रथ** नाम के महारथी ने मरे हुए **अभिमन्यु** को घसीटा और लातों से मारा।

सांयकाल **अर्जुन** लौटा तो उसे पता चला कि **अभिमन्यु** वीरगति को प्राप्त हो गया, तो उसने प्रसन्नता जाहिर की। कहा कि महारथियों का युद्ध में लड़ना और वीरगति को प्राप्त होना गौरव की बात है। लेकिन जब उसे यह कहा गया कि **अभिमन्यु** के मृतक शरीर को लातों से मारा गया, घसीटा गया, चील–कौव्वों को खाने के लिये छोड़ दिया गया। पाण्डवों ने कहा हमें भारी खेद है कि अभिमन्यू को बचा नही पाये। **अर्जुन** को गुस्सा आ गया और उसने प्रतिज्ञा की कि मैं कल सूर्यास्त से पहले **जयद्रथ का वध कर दूंगा अन्यथा स्वयं चीता में जल जाऊंगा।**

**दुर्योधन व शकुनी** काफी खुश हुए कि **अर्जुन** ने ऐसी प्रतिज्ञा ली है। कल सूर्यास्त के पश्चात **अर्जुन** का मरना तय है। क्योंकि कल दिन भर के लिये हम लोग **जयद्रथ** को छिपा देगें।

दूसरे दिन प्रातःकाल से ही अर्जुन ने जयद्रथ को ढूंढने के लिये अनेक प्रयास किये। जहॉ–जहॉ संदेह था वहॉ–वहॉ तीरो की वर्षा की लेकिन जयद्रथ कहीं पर भी नही मिला।

**अर्जुन** हताश हो गया। **श्रीकृष्ण** की ओर देखने लगा और कहने लगा कि अब मेरा मरना तय है। इसलिये मेरी चीता की तैयारी की जाए।

## माहौल व आर्शीवाद का महत्व

**श्रीकृष्ण** ने **अर्जुन** के अनुकूल एक माहौल बनाया और बादलों को आदेश दिया कि सूर्य के चारो ओर छा जाओं। काले घने बादल सूर्य के चारो ओर छा गये। सूर्य को ढक लिया। घोर घूप अंधेरा हो गया, पक्षी अपने घरों की ओर जाने लगे। सूर्यास्त की घोषणा हो

गई और युद्ध बंद हो गया। दुर्योधन, शकुनी सब आये और अर्जुन को उसकी प्रतिज्ञा याद दिलाई और कहा कि अब प्रतिक्षा किस बात की है ? चीता जलाओं और भस्म हो जाओं।

अर्जुन ने श्रीकृष्ण की ओर उसी कातर नजरों से देखा जिन कातर नजरो से द्रोपदी ने चीरहरण के समय हाथ ऊपर करके श्रीकृष्ण को पुकारा।

द्रोपदी की करूण पुकार पर श्रीकृष्ण वसन रूप में आर्शीवाद प्रदान करने लगे और द्रोपदी की साड़ी बढ़ती ही चली गई। दुसासन साड़ी खींचते–खींचते थक गया।

एक कवि ने इस दृश्य का चित्रण क्या खूब किया है।

"सारी बिच नारी है, कि नारी बिच सारी है।
सारी है कि नारी है, नारी है कि सारी है।।"

अर्जुन ने चीता जलवाई और घोर निराशा में भरकर श्रीकृष्ण से आत्मदाह करने की इजाजत मांगी। श्रीकृष्ण मुस्कुराएं।

शकुनी ने आवाज लगाई। जयद्रथ बाहर आ जाओं। अर्जुन जल रहा है। इस दृश्य को देखों और लुत्फ उठाओं।

जयद्रथ बाहर आ गया।

आर्शीवाद । आर्शीवाद । आर्शीवाद

श्रीकृष्ण ने बांदलो को आदेश दिया कि वापिस चले जाइए। सूर्य पुनः दिखाई देने लगा। श्रीकृष्ण ने अर्जुन से कहा कि अभी सूर्यास्त

नही हुआ है। जयद्रथ को मारों। **अर्जुन** ने वही किया और **जयद्रथ** का वध कर दिया।

इस खेल में **अर्जुन** पूरी पाण्डव सेना का चीफ एक्जिक्यूटिव ऑफिसर बना हुआ है। वो यह समझ सकता है कि जयद्रथ का वध मैनें किया है। जैसे कि कुछ एक्जिक्यूटिव ऑफिसर समझतें है कि संस्था मेरी वजह से तरक्की कर रही है। लेकिन कर्मचारी, हितचिंतक, कस्टमर्स, टेक्नोलोजी, संगठन के संसाधन, संगठन की गुडविल मिल कर एक माहौल बनता है तथा उस एक्स फेक्टर का आर्शीवाद प्राप्त होता है, तब जाकर कोई संगठन सफल होता है।

इस कहानी में भी **श्रीकृष्ण** ने माहौल बनाया। कृष्ण के आर्शीवाद से अर्जुन जयद्रथ का वध कर पाया।

माहौल कलेक्टिव कोन्सेसियनेस है व आर्शीवाद ब्लेशिंग्स है। **अर्जुन** का कृत्य समझदारी व परिश्रम है। जब ये सब तालमेल में बैठते है तो सफलता झोली में आ गिरती है।

अगर आर्शीवाद को कृपा शब्द से बोला जाये तो कृपाएं तीन प्रकार की होती है।

1.  **निज कृपा (Individual Blessing)**
2.  **माहौल की कृपा (Grace of Collective Consciousness)**
3.  **मेन्टर की कृपा (Grace of Mentor)**

इन तीनों कृपाओं का जब तालमेल बनता है तब उच्च स्तरीय सफलताएं प्राप्त होती है।

माहौल की कृपा व मेन्टर की कृपा क्रमशः एक्स–1 फेक्टर व एक्स–2 फेक्टर है। यानी दैविक कृपाएं है। अतः परिश्रम, समझदारी के साथ दिव्य शक्तियों का सहारा ले तो सफलता सुनिश्चित है। अध्यात्म में इसको साक्षी भाव अथवा दृष्टा भाव कहा जाता है।

बिजनस मैनेजमेन्ट की भाषा में इसे क्रिटिकल मॉस कहा जाता है। यानी ये वो स्थिति है जिसमें स्वंय की मेहनत अगर एक हिस्सा है तो दस हिस्से साथ में दिव्य कृपा व सामूहिक कृपा के होते है।

इनको कुल मिला कर मैं सांतवी इन्द्री की कृपा कहता हूँ और यह कृपा सांतवी इन्द्री के जागरण से प्राप्त होती है। एक दिव्य कृपा का औद्योगिक संगठन में माहौल बनता है और संगठन उच्च स्तरीय उपलब्धियॉ प्राप्त करता है।

> कृतझता की स्थिति छठी इन्द्री का जागरण है व आर्शीवाद की स्थिति सांतवी इन्द्री का जागरण है।
>
> डी.डी. शर्मा

यहॉ संगठन से तात्पर्य परिवार, व्यापारिक संस्थान, औद्योगिक संस्थान, राजनैतिक पार्टियॉ, एन.जी.ओ. आदि सभी है जहॉ एक से अधिक व्यक्ति मिलकर किसी लक्ष्य की प्राप्ति हेतु कार्य करते है। अतः दिव्य कृपा हेतु कृतझता वाजिब बनती है व आर्शीवाद का भी अनूठा महत्व है।

## NOTES (जो बातें आपके हृदय को छू गई है)

1. ______________________________

2. ______________________________

3. ______________________________

4. ______________________________

5. ______________________________

6. _______________________________

7. _______________________________

8. _______________________________

9. _______________________________

10. _______________________________

11. _______________________________

12. _______________________________

13. _______________________________

14. _______________________________

15. _______________________________

16. _______________________________

17. _______________________________

18. _______________________________

19. _______________________________

20. _______________________________

21. _______________________________

22. _______________________________

23. _______________________________

24. _______________________________

25. _______________________________

## NOTES (जो निर्णय आपने अपने जीवन में लेने हेतु तय किये है)

26. _______________________________________________

27. _______________________________________________

28. _______________________________________________

29. _______________________________________________

30. _______________________________________________

31. _______________________________________________

32. _______________________________________________

33. _______________________________________________

34. _______________________________________________

35. _______________________________________________

36. _______________________________________________

37. _______________________________________________

38. _______________________________________________

39. _______________________________________________

40. _______________________________________________

41. _______________________________________________

42. _______________________________________________

43. _______________________________________________

44. _______________________________________________

45. _______________________________________________

46. _______________________________________________

47. _______________________________________________

48. _______________________________________________

49. _______________________________________________

50. _______________________________________________

## अध्याय – 8
# सफलता कीमत मांगती है – एक कहानी

**(कम्फर्ट जोन से बाहर आए व कुछ कुर्बानी
की मानसिकता बनाए)**

विश्व प्रसिद्ध पुस्तक में एक लेखक ने लिखा है कि **'बेस्ट'** का सबसे बड़ा दुश्मन **'गुड'** है। यानी जब जीवन में अच्छी–अच्छी बातें होती है, तो आदमी कम्फर्ट जोन में आ जाता है। परिणाम होता है कि उसकी प्रगति गिरने लगती है।

प्रगति तो नाम ही कुर्बानी देने का है। आपको कल के उत्थान के लिए आज को बलिदान करना पड़ सकता है। गुणवत्ता प्राप्त करने के लिए औसत को त्यागना पड़ सकता है।

इस बारे में मैं आपको कुछ लोगों की कहानियाँ बयान करना चाहता हूँ।

## साइना नेहवाल की अद्भुत कुर्बानी की कहानी

इसे ओलम्पिक में मेडल से नवाजा गया। अपने एक इन्टरव्यू में इन्होने बताया कि जब मुझें मेडल मिला और मैं अपने घर गई तो सबसे पहले मैनें क्या किया ? क्या आप अनुमान लगा सकते है ? नही–नही–नही मैनें सबसे पहले पीजा का ऑर्डर किया क्योंकि मेरी पीजा खाने की बड़ी इच्छा रहती थी। लेकिन छ: वर्ष पहले मुझें मेरे कोच ने कह दिया था कि अगर तुम पीजा खाओंगी तो तुम्हारा केरियर खत्म हो जायेगा।

मैनें कोच की बात को शब्दश लिया और पीजा खाना छोड़ दिया। क्योंकि मेरी जिंदगी का एक ही मकसद था ? ओलम्पिक में मेडल लेना और ज्योहि मैनें मेडल प्राप्त किया तो सबसे पहले मैनें मेरी पीजा खाने की इच्छा पूरी की।

सबसे बड़ा स्वाद जीभ का स्वाद और इस युवा लड़की ने छ: वर्ष तक अपनी चहेती चीज की कुर्बानी दी। बस इस कुर्बानी के अंदर ही सफलता के बीज छिपे होते है।

हम अपने संगठन के लिए क्या कुर्बानी देते है ? कई बार तो संगठन का अलग ब्ल्यू प्रिंट है और हम अपना अलग एजेन्डा बना लेते है। हम संगठन से ऊपर अपने आपको दिखाने लगते है। करीबन 70 प्रतिशत से अधिक लोग टीम के अंदर रहते हुए भी विपक्षी दल के नेता की तरह व्यवहार करते है।

## सचिन तेन्दुलकर की कहानी

इनकी कुर्बानी को नमन् है। पिता का देहान्त हुए दो दिन भी नही हुए थे कि कीनिया के विरूद्ध वर्ल्ड कप खेला और **144 रन** ठोके। **सचिन तेन्दुलकर** की कुर्बानियों को देश के द्वारा

सम्मानित भी किया गया। इन्हें राज्य सभा का सदस्य भी मनोनित किया गया।

## अनिल कुम्बले की कुर्बानी

इनके जबड़े में चोट आ गई और डॉक्टर ने क्रिकेट खेलने से मना कर दिया लेकिन फिर भी ये क्रिकेट के मैदान में नजर आये। किसी साथी ने कहा कि डॉक्टर ने इजाजत नही दी, तो क्यों खेलने आ गए ? **कुम्बले** ने जवाब दिया, डॉक्टर को क्या मालूम, मेरे देश को किस चीज की जरूरत है। मैं देश के लिए कुर्बानी दूंगा। मेरे अपने भी सपने है, जिन्हें मुझें पूरा करना है और देश को भी मुझसे उम्मीदे है। उन्हें भी मुझें पूरा करना है। पूरे जबड़े पर प्लास्टर चढ़ा हुआ और कुम्बले मैदान में।

## क्रिकेटर विराट कोहली की कहानी

घर पर पिता की डेड बॉड़ी पड़ी है। **विराट कोहली** को सूचना मिली है कि पिता का देहान्त हो गया है। **विराट कोहली** अपने कोच से पूछता है कि मुझें क्या करना चाहिए ? कोच ने कहा दिल्ली और कर्नाटक के बीच रणजी ट्रॉफी हेतु आप कल आओं तो आपका चयन हो सकता है और आपकी जिंदगी में एक नया सितारा चमक सकता है। पिता तो महान है, लेकिन अब वो चले गये। तुम ट्रॉयल देकर भी जा सकते हो और पिता के पार्थिव शरीर का दाह–संस्कार कर सकते हो। आगे आपकी च्योईस।

**विराट कोहली** ने अपने को सम्भाला और अपने घर पर फोन किया कि दाह–संस्कार को सांय 5 बजे किया जाए। तब तक मैं

रणजी ट्रॉफी के ट्रॉयल में भाग लेकर आता हूँ। रणजी ट्रॉफी के ट्रॉयल में सफल हुए और भारतीय क्रिकेट में अपना अनूठा स्थान बनाया।

## क्रिकेटर युवराज सिंह

कुर्बानी ऐसी कि मालूम चल गया कि कैंसर है फिर भी क्रिकेट के मैदान में। **युवराज** को जब मालूम चला कि उसे कैंसर है तो उसने कैंसर का ऑपरेशन करवाना उचित समझा। कैंसर का ईलाज करवाना उचित समझा। लेकिन क्रिकेट के साथ बेवफाई नही की। ज्योहीं रेड़ियोथेरेपी सेक आदि से राहत मिली तो **युवराज सिंह** क्रिकेट खेलने पहुंच गये।

उपरोक्त **पांचो खिलाड़ियों** की कुर्बानियों को सेल्यूट है।

खेल जगत में ही नही, फिल्म जगत में भी फिल्म बनाते समय हीरो– हीरोइन व अन्य लोग कई महिनों तक अपने माता–पिता से नही मिल पाते है। एक बार तो मुझें जानकर हैरान हुआ कि माईनस 10 डिग्री टेम्परेचर पर एक हीरोइन शूटिंग के समय हल्के से कपड़ो

में भी अपना काम कर रही है। **अमिताभ बच्चन** को भी **कुली फिल्म** में चोटग्रस्त होना पड़ा। लेकिन उन्होनें भी अपने केरियर के साथ बेवफाई नही की।

राजनैतिक क्षेत्र में भी लोगों ने बड़ी–बड़ी कुर्बानिया दी है। मैं यहाँ पर **सोनिया गांधी** के द्वारा दी गई कुर्बानी का जिक्र करना चाहुंगा। बहुमत होते हुए भी व राष्ट्रपति महोदय के द्वारा आमंत्रण मिलने पर भी कुछ विरोधी लोगों के विरोध का सम्मान करते हुए

उन्होंने प्रधान मंत्री का त्याग किया और **मनमोहन सिंह** को प्रधान मंत्री पद का दावेदार बनाया।

**मनमोहन सिंह** प्रधान मंत्री के पद पर पांच साल तक रहे। दुबारा चुनाव हुए। इस बार फिर कांग्रेस के पास मिलजुलकर बहुमत था और इस बार कोई विरोध भी नही था। इसके बावजूद भी **सोनिया गांधी** ने प्रधान मंत्री के पद पर अपनी दावेदारी नही रखकर **मनमोहन सिंह** को ही प्रधान मंत्री बनाया।

सम्भव है कुछ लोग **सोनिया गांधी** की कुर्बानी को कुर्बानी न माने। लेकिन कुर्बानी कभी किसी पारितोषिक की मोहताज नही होती। कुर्बानी देने वाले लोग किसी फल की इच्छा नही रखते।

## महात्मा गांधी की दिलेरी व कुर्बानी

प्रथम राउंड टेबल कान्फ्रेंस में **महात्मा गांधी** को इंग्लैण्ड के राजा द्वारा लंदन में बातचीत हेतु बुलाया गया। लंदन में कड़ाके की ठण्ड थी। शून्य से नीचे का तापमान था। जो लोग **महात्मा गांधी** के साथ थे, उन्होनें गर्म कपड़े पहन रखे थे। लेकिन **महात्मा गांधी** ने कहा कि मैं तो इसी बंडी और धोती के अंदर राज दरबार में जाऊंगा। सर्दी की चुभन नही बल्कि मुझें गुलामी की चुभन है।

दरबार के पहरेदारों ने अंदर जाने से मना कर दिया। कहा कि उचित पोशाक पहन कर आये। यह विश्व के सबसे बड़े राजा का दरबार है। **गांधी जी** ने कहा राजा महोदय ने मुझें स्वयं ने बुलाया

है। अतः आप उन्हे जाकर पूछ ले। राजा के निजी सचिव से पूछा गया तो निजी सचिव ने फरमाया कि वो **गांधी** जैसी भी हालत में है, उसे आने दो।

ज्योहीं **गांधी** जी राजदरबार में उपस्थित हुए तो राजा ने टिप्पणी की **Who stole your clothes.** गांधी जी ने जवाब दिया **You stole not only my clothes but the clothes of my entire country.** जिस राजा के राज्य में कभी सूर्य अस्त नही होता था। उसको इस तरह का जवाब देना कुर्बानी और दिलेरी नही तो क्या?

## अगर आप महान होना चाहते है, सफल होना चाहते है तो आप अपने को सदैव दोराहे पर खड़ा पाओगे।

एक रास्ता सफलता व महानता की और जाता है। दूसरा रास्ता औसत लोगों की तरफ। तुम्हारा चुनाव ही तय करेगा कि तुम्हे सफल होना है या औसत व्यक्ति बनना है। आपकी सफलता की यात्रा में ऐसे दोराहे अनेक बार आयेंगे और आपको चुनाव एक का करना है।

यानी कि दूसरे रास्ते को कुर्बानी देनी होगी। आप अगर सफलता के रास्ते पर जाना तय करेंगे तो सफलता मिलेगी।

## भेड़ चाल व भीड़ से बचे

भेड़ चाल के साथ–साथ चलना आसान है, लेकिन आपको औसत दर्जे से अधिक कुछ नही मिलेगा। आसान रास्ते प्रायःकर असफलता की ओर जाते है। यही हाल भीड़ का है। भीड़ में चलना आसान लगता है। भीड़ में किसी प्रकार की बुद्धिमता की जरूरत नही है, देखा–देखी चलता है। यदि तुम्हे अति प्रभावकारी बनना है तो भीड़ को गुड़बॉय कहना होगा और आम आदमी से अलग हटना होगा। ये आम आदमियों का जमावड़ा जब तुम सफलता की सीढ़ियों पर चढ़ोगे तो टांगे खींचेगा। औसत आदमी चाहता है कि आप भी

औसत ही बने रहो। वो आपकी ऐसी घेराबंदी करेंगे कि आपको ऊपर उठने ही नही देंगे। अतः कुर्बानी आपको देनी होगी। औसत लोंगो के खयालात को। ये औसत ही है जो आपकी सफलता में बाधक है।

## जरूरत पड़े तो संगत बदलिये

स्टीफन आर कोवी अपनी विश्व प्रसिद्ध पुस्तक 'आंठवी आदत (Effectiveness to Greatness)' कि जब आप सफलता की ऊंचाईयों पर चढ़ोगे तो आपके दो प्रकार के बल काम करेंगे। एक तो सकारात्मक बल है जो आपको ऊपर की तरफ खींचेगी। दूसरे नकारात्मक फोर्सेज है जो आपको नीचे की तरफ खींचेंगे। आपको चुनाव करना होगा कि किसके साथ रहना है। सकारात्मक फोर्सेज के साथ रहोगे तो महान बनोगे। यदि नकारात्मक की तरफ रूझान हो गया तो औसत बन जाओगे।

प्रो. स्वार्ज अपनी विश्व प्रसिद्ध पुस्तक "मैजिक ऑफ थिंकिंग बिग" में लिखते है कि एक इंसान के अंदर एक प्रकार का उद्योग चलता रहता है। जिसमें दो फोरमैन है। एक सकारात्मक फोरमैन है तो दूसरा नकारात्मक फोरमैन है। यदि आपको सफलता की सीढ़ियों पर चढ़ना है तो इस नेगेटिव फोरमैन जो आपके अंदर नेगेटिव विचार भेजता है। हो सके तो उसे गुड़बॉय कह दो। नही तो कम से कम उसकी सुननी बंद कर दो। जो पोजिटिव फोरमैन है उसकी बातें सुनो व उसे समर्थन दो।

## कुर्बानी नही तो बड़ी सफलता की उम्मीद नही

एक व्यक्ति सीढ़ियां चढ़कर ऊंचा जाना चाहता था, लेकिन वो नीचे वाली सीढ़ी को छोड़ना नही चाहता। ये कुर्बानी नही देना चाहता। ये तो ऐसे ही हुआ जैसे किसी बच्चे ने 10वीं क्लास पास कर ली और वो 11वीं में जाना नही चाहता कि मैं तो 10वीं क्लास नही छोड़ूंगा। वो अपनी पूरी पढ़ाई नही कर पायेगा।

इसीलिये कहते है कि **Good is the enemy of the best.** अच्छा सर्वोत्तम का दुश्मन है। अच्छा-अच्छा चलेगा तो कम्फर्ट जोन में आ जाओगें और प्रगति की बजाय अवनती होना सुनिश्चित हो जायेगा।

## ब्ल्यू प्रिंट बनाकर चले

स्टीफन आर कोवी अपनी विश्व प्रसिद्ध पुस्तक ''सेवन हेबिट्स ऑफ हाईली पीपुल'' की दूसरी आदत में मिशन स्टेटमेंट और ब्ल्यू प्रिंट की बात करते है। यदि आपने अपनी जिंदगी का मिशन स्टेटमेंट बना लिया या ब्ल्यू प्रिंट बना लिया और उस पर बहादुर व्यक्ति की तरह चलना आरम्भ कर दिया व बिना रूके Unstoppable चलते रहोगे तो सफलता सुनिश्चित है।

यदि आपके पास ब्ल्यू प्रिंट नही है तो लोग आयेंगे। तरह-तरह के आपको रास्ते बतायेंगे और आपको मूल रास्ते से भटका देंगे। औसत लोग वो होते है जो अपनी जिंदगी के अनेक मुकामों पर असफल होये हुए होते हैं। ये किसी भी सफलता की ओर जाने वाले व्यक्ति की टांग खींचते है व उसे अपनी ही असफल लोगो की बिरादरी में रखना चाहते है। अतः ऐसे लोगो से किनाराकसी करना, कुर्बानी देना लाजमी है।

## NOTES (जो बातें आपके ह्रदय को छू गई है)

1. _______________________________________

2. _______________________________________

3. _______________________________________

4. _______________________________________

5. ___________________________________________

6. ___________________________________________

7. ___________________________________________

8. ___________________________________________

9. ___________________________________________

10. ___________________________________________

11. ___________________________________________

12. ___________________________________________

13. ___________________________________________

14. ___________________________________________

15. ___________________________________________

16. ___________________________________________

17. ___________________________________________

18. ___________________________________________

19. ___________________________________________

20. ___________________________________________

21. ___________________________________________

22. ___________________________________________

23. ___________________________________________

24. ___________________________________________

25. ___________________________________________

## NOTES (जो निर्णय आपने अपने जीवन में लेने हेतु तय किये है)

26. _______________________________

27. _______________________________

28. _______________________________

29. _______________________________

30 _______________________________

31. _______________________________

32. _______________________________

33. _______________________________

34. _______________________________

35. _______________________________

36. _______________________________

37. _______________________________

38. _______________________________

39. _______________________________

40. _______________________________

41. _______________________________

42. _______________________________

43. _______________________________

44. _______________________________

45. _______________________________________________

46. _______________________________________________

47. _______________________________________________

48. _______________________________________________

49. _______________________________________________

50. _______________________________________________

## अध्याय – 9
# लक्ष्मन की कहानी

**(Where is your intention, there goes energy)**

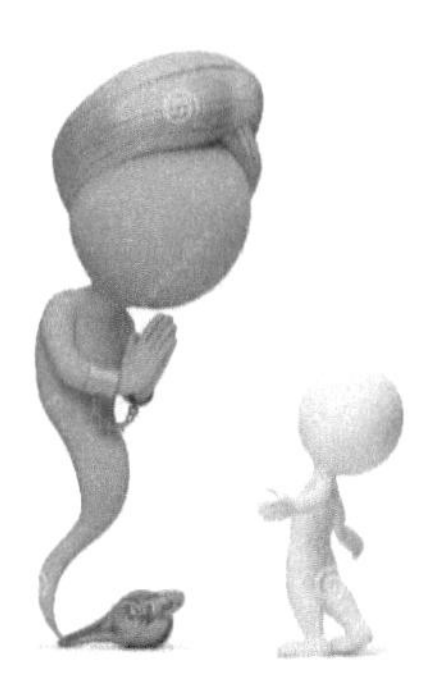

यदि आप मल्टिमिलेनियर बनना चाहते है तो आपको शुरूआत एक ही बात से करनी होगी और वो बात बडी सरल है, लेकिन है बड़ी प्रभावकारी। आपके पास मल्टिमिनियर बनने की इच्छा होनी चाहिए। इच्छा ही नही, धधकती इच्छा होनी चाहिए। जब आपके पास में बर्निंग डिजायर होगी, तब आप उन अपनी डिजायर्स में

से कुछ डिजायर्स को अपने गोल्स के रूप में तय करेंगे। यानी कि आप अपने मन को कोई ना कोई गोल देंगे। यानी लक्ष्य देंगे। आपके मन को जब लक्ष्य मिल जाता है तो वो लक्ष्मन कहलाता है।

शरीर का अपना महत्व है, लेकिन अभी अपन इस मन जो कि शरीर को कार्य करने

के लिए प्रेरित करता है, उसके बारे में एक कहानी का जिक्र करेंगे।

एक आदमी ने जंगल में पड़ी हुई एक हड्डी को उठाया। वो किसी इंसान के दांतो की हड्डी थी। उसको वो बहुत अच्छी लगी। उसने उसे साफ किया, फिर उसे एक पत्थर पर रगड़ा। उसको रगड़ने से उसमें से एक जिन्न निकला। जिन्न बोला कि क्या हुक्म है, मुझकों ? क्यों मुझें हड्डी से बाहर निकाला ?

व्यक्ति बोला कि मैनें तो मेरे किसी मोटिवेशन स्पीकर के कहने से गोल्स लिख लिए। उसी के क्रम में मैं जंगल में रोजाना आता हूँ। मैनें तो कौतूहल वश हड्डी को रगड़ा था। मुझें तो मेरे गोल्स पूरे करने है।

जिन्न ने कहा कि तुम्हारे कौनसे गोल्स है? मुझें बताओं। मैं तुम्हारे सभी गोल्स को पूरा कर दूंगा। मैं तुम्हारे साथ तुम्हारे घर चलूंगा। तुम्हारे सारे कामों को फटाफट कर दूंगा। लेकिन मेरी एक शर्त है कि मैं काम किये बिना नही रह सकता। इसलिये तुम मुझें काम देते रहना वरना मैं तुम्हे खा जाऊंगा।

वो व्यक्ति उस जिन्न को घर ले गया। उससे कहा कि मेरें लिये खाना बनाओं तो उसने तत्काल खाना बना दिया। फिर उसने कहा कि मेरे लिए बाजार से सामान लेकर आओं तो जिन्न मिनटो में ही सामान लेकर आ गया।

उस व्यक्ति ने देखा कि जिन्न तो बड़ी जल्दी काम कर लेता है अतः इसको कोई बड़ा काम बताना चाहिए। उसने जिन्न से कहा कि मेरे लिए एक शानदार मकान बनाओं। जिन्न से कुछ महिनों में ही अच्छा मकान बना दिया। उस व्यक्ति के तो सारे काम ही खत्म हो गये। जिन्न ने कहा कि अब मैं तुम्हें खाऊंगा। तभी उस व्यक्ति

को याद आया कि पहाड़ी पर एक व्यक्ति रहता है जो इस तरह के जिन्नो को काबू में करता है। मुझें उसके पास जाना चाहिए।

व्यक्ति ने जिन्न से कहा कि मुझें उस पहाड़ी पर ले चलो। जिन्न उसे पहाड़ी पर ले गया। व्यक्ति उस महापुरूष से मिला। महापुरूष को अपनी समस्या बतलाई। महापुरूष ने कहा कि मेरी फीस जमा कराइए तो मैं समाधान बताऊ। उसने पूछा कि कितनी फीस है ? उसने कहा दो हजार रूपये। उस व्यक्ति ने जिन्न से कहा कि दो हजार रूपये लाओं तो जिन्न ले आया।

व्यक्ति ने उस महापुरूष से कहा कि यह जिन्न काम तो बहुत करता है। लेकिन यदि मैं इसे काम नही बताउंगा तो यह मुझें खा जायेगा। महापुरूष ने कहा कि एक उपाय बतलाता हूँ जो अचूक है। अपने घर के अंदर जाओं और इस जिन्न से एक खड्ड़ा खुदवाओं और उसमें एक बड़ा व ऊंचा पेड़ लगवाओं। फिर जिन्न को आदेश देना कि वो इस पेड पर चढ़ता व उतरता रहे। जब भी कोई काम हो तो वो काम करवा लेना फिर वापिस पेड़ पर चढना व उतरता रहे।

उपरोक्त कहानी से यह नसीहत मिलती है कि यह जिन्न और कोई नही, आपका मन है। इसे कोई लक्ष्य दो। आपके जो लक्ष्य है, उस वो दो। इसे उन लक्ष्यों को पूरा करने में लगा दो। इसमें जबरदस्त ताकत है। यह आपके सारे लक्ष्यों को पूरा कर देगा। जब तक आपके पास कोई लक्ष्य तय नही किये हुए है तो इसे कोई खड्डा खोदने के लिए कह दो, उसमें कोई पेड़ लगाने के लिए कह दो, उस पर चढ़ने व उतरने के लिए कह दो।

एक प्रसिद्ध महात्मा जी हुए है जिनका **रामसुखदास जी** था। वो कहते थे कि अपने मन को राम सुमिरन में लगा दो। जब काम हो, अपना काम करवा लो। फिर अपने मन को राम सुमिरन में लगा दो।

महात्मा लोग इसी तरह से मंत्र देते है ताकि आप अपने मन को उस मंत्र के उच्चारण में लगाये रखो। क्योंकि यह मन तो जिन्न की तरह है, ज्योहीं खाली रहेगा तो आपको तकलीफ देगा। इसलिये इसे काम में लगाये रखो।

लक्ष्मन यानी एक लक्ष्य हो, उस पर मन को टिकाये रखना जरूरी है।

एक बहुत बड़े लेखक एवं विचारक हुए है जिन्होनें लक्ष्य पर विश्व प्रसिद्ध पुस्तक लिखी है। उस पुस्तक में उन्होनें एक लड़की जो कि आगे बढ़ना चाहती थी। उससे पूछा कि क्या तुम मुझें अपने गोल्स की लिस्ट दिखा सकती हो ? उस लड़की ने कहा कि अभी मेरे पास नही है। उस लेखक ने कहा कि मैं आपके घर चलता हूँ, मुझें वहाँ दिखा देना। उसने कहा कि मेरे घर पर भी नही है। लेखक ने कहा कि मैं आपके कॉलेज चल सकता हूँ, जहाँ आप पढ़ती हो तो लड़की ने कहा कि मैं तो कॉलेज जाती ही नही।

लड़की ने कहा कि आप तो मुझें सफल होने का रास्ता बताइये ना, तो लेखक ने कहा कि चलों सड़क पर देखते है। एक चौराहे पर लड़की को ले गया। एक आदमी वहाँ पैदल ही आ रहा था। उसने पूछा कि यह सड़क कहाँ जाती है ? लेखक ने कहा कि आपको कहा जाना है ? उस मुसाफिर ने कहा कि कहीं नही ? तो फिर लेखक ने कहा कि सड़क को कहीं जाने दो ना, जब आपको नही जाना है तो। इतने में ही एक दूसरा मुसाफिर आया। उसने कहा कि रोहतक जाने वाली सड़क कौनसी है ? मुझें रोहतक जाना है। लेखक ने अपनी अंगुली से इशारा कर दिया कि वो रही।

अंगुली के इशारे को दिखाते हुए लेखक ने लड़की से पूछा कि बात समझ में आ गई। लड़की कुछ बोली नही तो लेखक ने कहा कि पहले वाले व्यक्ति ने मुझसे कहा कि मुझें कहीं नही जाना, तो मैंनें भी कहा दिया कि ठीक है। दूसरे ने कहा कि मुझे रोहतक

जाना है, तो मैंनें अंगुली से इशारा कर दिया कि उस तरफ चले जाइये।

यंग गर्ल जब तक तुम मुझें यह नही बताओंगी कि तुम्हे कहॉ जाना है? तब तक मैं तुम्हे रास्ता कैसे बता सकता हूॅ ? बस यही एक कार्य है जो तुम्हे करना है। लक्ष्य तुम्हे खुद को ही तय करने होंगे। उनको पूरा करने का रास्ता मैं तुम्हे बतला सकता हूॅ।

## इंसान के दिन भर में 70 हजार विचार दिमाग में आते है।

लेखक ने उस लड़की से कहा कि तुम्हारे भी दिमाग में दिन भर में 70 हजार के लगभग विचार आते है। रोजाना थोड़ा बहुत फर्क हो लेकिन वो ही विचार दुबारा आते है।

उन 70 हजार विचारों में से पांच विचारों को जिन्हे तुम पसंद करती हो व जिन्हें तुम पूरा करना चाहती हो, उन्हें लिख लो। उनके आगे यह भी लिख लो कि कौनसा विचार कब तक पूरा करना चाहती हो ? तारीख डाल दो। तारीख डालने के बाद आपका वो चहेता विचार, आपका गोल बन जाता है।

69995 विचार आपके लिए कोई महत्त्वपूर्ण नही थे। जो आपने लिखे है, वही पांच विचार सबसे महत्त्वपूर्ण है। अतः इन पांच विचारों को ही तुमने अपना गोल बनाया, इसलिए बाकि सारे विचारों को गुडबॉय कह दो।

इन पांच विचारों पर अपने को फोकस कर लो। इन पांचो गोल्स को अपने जीवन में पूरा होते हुए देखों। फ्यूचर बताने के बजाय फ्यूचर की रचना करना आसान है।

## हर चीज की दो स्तर पर रचनाएँ होती है।

1. **मानसिक स्तर परः–** वो तुम्हारी हो चुकी है कि मानसिक स्तर पर तुम रचना कर चुकी हो, क्योंकि लक्ष्य तय कर चुकी हो व योजना बना चुकी हो।

2. **भौतिक स्तर परः–** यह द्वितीय रचना है। उस योजना के अनुरूप आपको सतत् रूप से कार्य करना होगा।

## लक्ष्य बनाने के लाभ

लक्ष्य बनाने के लाभों को आप अवश्य जानते होंगे लेकिन मैं दो लाभ ऐसे बताउंगा कि शायद आपको इनकी जानकारी नही है। लेकिन अगर आपने दृढ़ निश्चय के साथ लक्ष्य बनायें है तो वो दो लाभ आपको अवश्य प्राप्त होंगे। मैं इन लाभों को विशेष लाभ कहता हूँ।

1. आपकों लक्ष्य तय करके उन पर चलने से आपके अगर कोई क्रोनिक बीमारी है, तो वो ठीक हो जायेगी। क्योंकि आप जब लक्ष्य पर आरूढ़ हो जाओंगे तो उस बीमारी के लिए ऊर्जा ही नही मिलेगी और बीमारी के सेल्स स्वतः ही मुरझा जायेंगे। बहुत से लोगों ने जब अपने लक्ष्य तय किये और उन पर दृढ़ता पूर्वक चले तो उनके केंसर, टी.बी., डाईबिटिज स्वतः ठीक हो गये।

2. अदृश्य शक्ति का समर्थन महसूस होनाः– जब आप अपने लक्ष्य तय करके उन पर दृढ़ता पूर्वक चलेंगे और निरंतर अभ्यास करेंगे तो कुछ महिनो बाद आप पायेंगे कि आपके लक्ष्य पूर्ण कराने हेतु किसी अदृश्य शक्ति ने जिम्मेदारी ले ली है। यह अदृश्य शक्ति आपको मागदर्शन तय करेगी, सपोर्ट व सुरक्षा देगी।

जो भी लोग सफल हुए है, उन्होनें उपरोक्त दोनों विशेष लाभों का जिक्र अवश्य किया है।

आप भी अपने दीर्घकालीन बड़े लक्ष्यों को तय करें और उन पर योजना बना कर चलना आरम्भ करें तो आप भी पायेंगे कि उपरोक्त दोनो प्रकार के लाभ आपको मिलेंगे।

## लक्ष्य बनाकर उन पर काम करने से सामान्य लाभ

1. जब लक्ष्य बनाकर काम किया जाता है तो आपकी सारी ऊर्जा उस लक्ष्य को पूरा करने पर लग जाती है और एकाग्रता बन जाती है। आपने देखा होगा कि गिलोरी कांच के ऊपर सूर्य की किरणे बिखरी हुई होती है लेकिन कांच उन्हें एकाग्र कर देता है। उसे कागज पर डाला जाये तो कागज जल जाता है, यानी फोकस्र्ड ऐनर्जी में जबरदस्त ताकत है।

मैं यहाँ आपको एक बहुत अद्भुत कहानी सुनाना चाहूंगा।

एण्ड पर्वत (लेटिन अमेरिका), हजारों साल पहले एक बूंद गिरी। उसके आठ सैकण्ड बाद दूसरी बूंद गिरी। फिर आठ–आठ सैकण्ड बाद बूंदे गिरती गई। फिर वो पर्वत से नीचे एक घाटी में आई और एक नाला बन गया। फिर वो  नाला नदी बन गया। फिर और तेजी से बहती नदी बनी जिसे आज **अमेजन नदी** कहा जाता है, जो कि विश्व की सबसे बड़ी दूसरी नदी है।

मेरा यहाँ कहने का आशय दूसरी नदी है, या पहली नदी है, यह कतई नही है। बल्कि एक बूंद गिरी और सतत् गिरती रही जिससे एक बड़ी नदी बनी। ऐसे ही यदि आप अपने लक्ष्य पर

थोड़ा–थोड़ा प्रयास रोजाना करते रहेंगे तो बडी से बड़ी सफलता आपको मिल सकती है।

2. लक्ष्य निर्धारित जिस व्यक्ति के पास होता है, वो दूसरे के बहकावे में नही आता। यानी कि अब उसे कोई भटका नही सकता। जिसके पास लक्ष्य नही है, उसे कोई भी सलाह दे देता है और वो उसकी सलाह पर चल पड़ता है। लक्ष्य वाला व्यक्ति कहता है–

"मेरी अपनी मंजिले, मेरी अपनी दौड़।

ना किसी से ईर्ष्या, ना किसी से होड़।।"

लक्ष्यों के महत्व के बारे में आप सभी लोग परिचित हो। इसलिये मैं यहाँ लक्ष्यों के महत्व को विस्तार से नही कहूंगा। बल्कि लक्ष्यों को तय व प्राप्त करने के पीछे जो विज्ञान है, उसको बतलाना चाहूंगा।

लक्ष्य बनाने का काम आपका मस्तिष्क करता है और आपके मस्तिष्क में रचना करने की शक्ति ईश्वर की ओर से दी हुई है। इस शक्ति को विजन कहते है। जो अपने इस विजन का उपयोग नही करता है, उसको बढ़ाता नही है तो उसमें एक नकारात्मक शक्ति विकसित हो जाती है, जिसे Victimization (अपने को शिकार हुआ जानना) कहते है।

प्रथम रचना विजन से तैयार होती है तथा द्वितीय भौतिक रचना शारीरिक श्रम से बनती है। क्योंकि आपके शरीर के द्वारा प्रयास किये जाते है और जब लगातार एक ही दिशा में प्रयास किये जाते है, तो उसे अनुशासन कहते है जिसे अंग्रेजी में 'डिसिप्लिन' कहा जाता है।

यदि अनुशासन बद्ध तरीके से सही दिशा में लक्ष्य की ओर प्रयासों को लगाया जाये और उसके साथ अपनी भावनाओं को जोड़ लिया जाये तो उस लक्ष्य की प्राप्ति आसान हो जाती है। जिस

लक्ष्य के साथ जितना भावनात्मक रूप से आप जुड़ेंगे वो उतना ही जल्दी आपको प्राप्त होगा।

विश्व में जितने भी महान लोग हुए है। उन्होने अपनी इन तीन शक्तियों/ बुद्धिमताओं को विजन, डिसिप्लेन व पैशन (भावनात्मक) को बढ़ाया है व समन्वित रूप से प्रयोग में लिया है।

आप भी अपनी इन बुद्धिमताओं को बढ़ाने का अभ्यास कर सकते है और जो भी लक्ष्य तय करेंगे, उसे आप प्राप्त कर सकेंगे। आपका मल्टिमिलेनियर बनने का लक्ष्य उपरोक्त तीनों प्रकार की बुद्धिमताओं को समन्वित रूप से बढ़ाने से प्राप्त होना सुनिश्चित है, बस आप प्रयास करें। तब तक करें, जब तक की लक्ष्य प्राप्त ना हो जाए।

एक और बुद्धिमता है जिसे कि **'आत्मिक बुद्धिमता'** कहा जाता है। उस बुद्धिमता का आप प्रयोग करेंगे तो आप एक महापुरूष बनेंगे और अगर उस बुद्धिमता का प्रयोग नही करेंगे और डिसिप्लिन, विजन व पैशन का ही प्रयोग करेंगे तो आप शक्तिशाली व्यक्ति तो बन जायेंगे लेकिन हो सकता है कि वो समाज के लिए नुकसानदायक हो।

अतः उचित होगा कि आप अपनी आत्मिक बुद्धिमता को सर्वोच्च रखे व अपने विजन, डिसिप्लिन व पैशन को बढ़ावे व निर्देशित करेंगे तो आप श्रेष्ठता के मार्ग पर न केवल अग्रसर हो पायेंगे बल्कि अपनी मंजिल को भी प्राप्त करेंगे।

आप न केवल मल्टिमिलेनियर बनेंगे बल्कि एक श्रेष्ठ व्यक्ति भी बनेंगे।

# NOTES (जो बातें आपके ह्रदय को छू गई है)

1. ______________________________________

2. ______________________________________

3. ______________________________________

4. ______________________________________

5. ______________________________________

6. ______________________________________

7. ______________________________________

8. ______________________________________

9. ______________________________________

10 ______________________________________

11. ______________________________________

12. ______________________________________

13. ______________________________________

14. ______________________________________

15. ______________________________________

16. ______________________________________

17. ______________________________________

18. ______________________________________

19. ______________________________________

20 ______________________________________

21. _______________

22. _______________

23. _______________

24. _______________

25. _______________

**NOTES** (जो निर्णय आपने अपने जीवन में लेने हेतु तय किये है)

26. _______________

27. _______________

28. _______________

29. _______________

30 _______________

31. _______________

32. _______________

33. _______________

34. _______________

35. _______________

36. _______________

37. _______________

38. _______________

39. _______________

40. _______________________________________

41. _______________________________________

42. _______________________________________

43. _______________________________________

44. _______________________________________

45. _______________________________________

46. _______________________________________

47. _______________________________________

48. _______________________________________

49. _______________________________________

50. _______________________________________

## अध्याय – 10
# भगवान यह अन्याय है – एक कहानी

(दिव्य योजना में अनेक लोगों के कार्य एक साथ सम्पन्न होते है। जो व्यक्ति की समझ से परे है)

श्रीकृष्ण का एक मंदिर था। उसमें एक भक्त रोजाना आता और तन्मयता के साथ भगवान कृष्ण के दर्शन करता, कीर्तन करता, झूमता–गाता। कभी गीता पढ़ता, कभी भागवत् पढ़ता।

एक दिन वो सुबह से लेकर शाम तक मंदिर में रहा। उसने देखा कि सुबह से ही लोग दर्शन हेतु कतार में खडे है। रात्रि के 10–11 बज गई लेकिन तब भी भक्तो की लाईन लगी हुई है। सम्भवतः खाटूश्यामजी का मंदिर रहा होगा।

# भक्त को आई दया और उसने श्रीकृष्ण की मूर्ति से किया निवेदन

भक्त श्रीकृष्ण की मूर्ति से बोला कि आप सुबह से खड़े है, रात्रि हो गई लेकिन दर्शनार्थियों की भीड़ हो रही है। आप बहुत कष्ट पा रहे है। कृपया करके आपकी जगह मैं खड़ा हो जाऊ और आप आराम कर ले। मूर्ति तो पत्थर की थी, भला क्या बोलती ?

लेकिन बार—बार के अनुरोध से आखिर मूर्ति बोल पड़ी। तू मेरी तरह खड़ा हो जा। जैसे मैं टांगे टेढी करके खडा हूॅ। वैसे ही तू भी खड़ा हो जा। लेकिन एक शर्त है कि भक्त कुछ भी बोले, तू कुछ भी नही बोलेगा। मेरी तरह एक महिने तक खड़ा रह। लेकिन बोलेगा कुछ नही। अगर तुझे यह शर्त स्वीकार है तो तू आकर मेरी जगह पर खड़ा हो जा।

भक्त ने कहा इसमें कौनसी बड़ी बात है ? नही बोलूंगा। मूर्ति ने कहा कि ठीक है कल सुबह 4 बजे आओं। तुम एक पोशाक लेकर आना, एक मुरली लेकर आना और मेरी तरह टांग टेढी करके खडे हो जाओं।

वो तो मूर्ति चैतन्य थी। इसलिये भक्तो की कतार लगी रहती थी। अब जहॉ इंसान खड़ा हो गया तो कतार भी खत्म हो गई। अब इक्के—दुक्के भक्त ही आते थे।

एक भक्त आया। उसने लम्बी दण्डवत प्रणाम किया और उसकी जेब से पर्स गिर गया। वो प्रणाम करके, खुश होकर चला गया। उसकी जगह एक दूसरा भक्त आया, उसने पर्स उठाया, जेब में डाला और कहा कि आपने बड़ी कृपा की है। मैं तो अपनी पत्नी का इलाज कराने के लिये आपसे पैसे मांगने ही आया था। आपने तो बिना मांगे ही दे दिये। आप बडे कृपालु है। वो भक्त भी चला गया। तीसरा भक्त आया और उसने भी मूर्ति के आगे दण्डवत लगाया। बोला कि भगवन मुझें परिवार सहित दुबई जाना है, मेरी लाज

रखना। वो भी उठकर जाने लगा। इतने में पहले वाला भक्त पुलिस को लेकर आया क्योंकि उसका पर्स खो गया था ?

दुबई जाने वाला भक्त पुलिस देखकर थोड़ी देर वहा खड़ा हो गया। और कोई मंदिर में था नही कहा कि तूने ही पर्स चोरी किया है। पूछताछ की तो वो ढंग से जवाब नही दे पाया। पुलिस ने कहा कि जब तक इसकी पिटाई नही होगी तब तक कुछ नही बतायेगा। भक्त जो मूर्ति बना हुआ था वो बोलने ही वाला था, लेकिन फिर उसे याद आया कि कुछ बोलना नही है। पुलिस उस आदमी को पकड़कर ले गई और जेल में ले जाकर बंद कर दिया।

कुछ दिन बाद फिर एक भक्त आया। उसने कहा मेरी पत्नी कैंसर से ठीक हो गई। आपने मुझ पर बड़ी कृपा की थी। बिन मांगे ही पैसे दिये थे। मैं मुकुट चढ़ाना चाहता हूँ। वो सोने का मुकुट बनाकर लाया और मूर्ति के चढ़ाने लगा कि पांव फिसल गया, गिर पड़ा। इतने में वहां भीड़ इकट्ठी हो गई और एक आदमी ने कह दिया कि यह मुकुट तो चोरी का लाया है। यह मुकुट तो हमारी दुकान से चोरी हुआ है। पुलिस आई, उसको भी पकड़ कर ले गई और जेल में बंद कर दिया।

फिर एक दिन एक डॉक्टर आया। उसने मूर्ति के आगे हाथ जोड़कर प्रार्थना की कि मेरे बेटे की शादी नही हो रही है। मैं पैसा लगाने को तैयार हूं लेकिन शादी नही हो रही है। आप कोई व्यवस्था करो। इतने में एक लड़की आई उसने प्रार्थना की कि भगवन मेरे माता–पिता बहुत दिनों से मेरे लिए योग्य वर देख रहे थे। मां की तो कंसर से मृत्यु हो गई है। पिता चोरी के इल्जाम में जेल में है। अतः आप ही कोई योग्य वर हो तो प्रदान करों। डॉक्टर ने उस लड़की को देखा और उस लड़की को देखकर उसने सोचा कि यह लड़की अगर मेरी बहु बनकर आये तो मजा आ जाये। इसलिये वो उसके पीछे–पीछे घर पहुंच गया।

लड़की अपने घर पहुंच गई। पीछे से डॉक्टर ने आकर दरवाजे पर दस्तक दी। पीछे से उसका छोटा भाई आया तो उससे डॉक्टर ने पूछा कि घर में कौन–कौन है ? तो उसने कहा कि मैं हूँ, मेरी बडी बहन है। उसने पूछा कि मां कहा है ? तो उसने कहा कि वो तो मर गई। तुम्हारे पिता कहा है ? तो उसने कहा कि वो तो जेल में है। इतने में वो लड़की आ गई।

डॉक्टर ने अपना वहां आने का अभिप्राय उस लड़की व उसके भाई के समक्ष बता दिया। छोटा लड़का बोला कि यद्यपि मैं छोटा हूँ लेकिन मेरी बहिन का मैं ही गार्जियन हूँ। आप अपने लड़के को लेकर आओं। यदि सही लगा तो सम्बंध कर देंगे। डॉक्टर अपने लड़के को लेकर आया। लड़की तो थी ही सुंदर, आकर्षक, इसलिये लड़के को पसंद आ गई और दोनों की शादी हो गई। लड़की भगवान कृष्ण को कृतज्ञता प्रकट करने के लिए पति सहित मंदिर में गई। तो वो व्यक्ति जो कि मूर्ति बने हुए खड़ा था, वो उस लड़की को पहचान गया। उसे सारी कहानी समझ में आ गई।

एक महिना पूरा हुआ। भगवान कृष्ण ने अपना चार्ज वापिस लिया और मूर्ति बनकर खड़े हो गये। उस व्यक्ति ने विदाई ली। लेकिन भक्त जो था उससे रहा नही गया। उसने भगवान से कहा कि आपके यहाँ बड़े अन्याय होते है। भगवान ने कहा कि कैसे ? मैं तो दो ही काम करता हूँ या तो न्याय करता हूँ, या फिर दया करता हूँ। उसने अपने एक महिने के अनुभव में जो कुछ भी हुआ वह बताने लगा।

जिस व्यक्ति ने पर्स नही चुराया, वो बेवजह पकड़ा गया, वो बिना अपराध के जेल में पड़ा है। जिस बेटी को मां की जरूरत थी वो मां कंसर से मर गई। जो भक्त बेचारा श्रद्धा और प्रेम से सोने का मुकुट बनाकर लाया था, वो बिना किसी अपराध के जेल में बंद पड़ा है। वो महाचोर डॉक्टर जिसको मैं जानता हूँ, उसको ऐसी

सुंदर बहु मिल गई। यहां सब खरे खोटे काम होते है, अन्याय ही अन्याय है।

भगवान ने कहा कि देखों जिसका पर्स खोया था, वो तो दारू पीकर के मरने जा रहा था। वो जहर अपने पास लेकर आया था। वो मरे नही इसलिये मुझें उसका पर्स गिराना पड़ा। ताकि उसके पास शराब खरीदने के लिए पैसे ना हो ताकि वो उसमें जहर ना मिला पाये और वो बच जाये। जिसे परिवार सहित **दुबई** जाना था, उस हवाई जहाज में आग लगनी थी। इसलिये मुझें उसे जेल भेजना पड़ा ताकि वो दुबई ना जा पायें।

जो श्रृद्धा और प्रेम से सोने का मुकुट लाया था, वो तो उस अभागिन महिला जिसकी कैंसर से मोत हो गई। उसकी लड़की को उठाकर ले जाना चाहता था। इसलिये मुझें उसे जेल में डालना पड़ा। वो लड़की जिसकी मां मर चुकी थी, पिता जेल में था। उसे मुझें कोई ना कोई अच्छा वर तो देना ही था। जिस डॉक्टर ने लाखों को लूटा, उसे किसी दहेज की जरूरत भी नही थी। इसलिये उसको दुल्हन दी गई और डॉक्टर के पास जो अनाप–शनाप पैसा था। उसको खर्च करने के लिये दुल्हन के भाई को अमेरिका पढ़ाई के लिए भेजा।

अब बताओं किसके साथ अन्याय हुआ ? भक्त बोला कि भगवान आप ही मूर्ति बनकर खड़े रहो। हम इंसानों की औकात नही है। हम तो देख भी नही सकते।

## दृष्टा/साक्षी बनकर होश पूर्वक जीवन को जीये

भगवान कृष्ण ने श्रीमद्भगवदगीता के 11वें श्लोक में बतलाया है कि "अर्जुन तू वही देख रहा है जो तू देख रहा है। तेरी दृष्टी सीमित है। मैं वो भी देख रहा हूँ जो तू नही देख पा रहा है। अतः तेरे सामने जो खड़े है, उनको तू चाचा, ताऊ, भाई, बहिन देखना छोड़

दे।'' अर्जुन बोला कि आप भी मुझें अपना विराट रूप दिखाईये जिससे मैं भी आपकी तरह दृष्टा बनकर देखू।

## दिव्य चक्षु प्रदान करना

भगवान कृष्ण ने अर्जुन को दिव्य दृष्टि प्रदान की। कहा कि अब तू युद्ध के आगे का दृश्य, पीछे का दृश्य, सब कुछ देख सकेगा। तू मुझें भी पूरी तरह देख सकेगा।

आज की मनोवैज्ञानिक भाषा में कहे तो उच्च बुद्धिमता के जरिये व्यक्ति दृष्टा होकर अपने जीवन के कार्यों को कर सकता है। उच्च बुद्धिमता से तात्पर्य है कि उसके भौतिक शरीर की बुद्धिमता, उसके मानसिक स्तर की बुद्धिमता, उसके आध्यात्मिक शरीर की बुद्धिमता व उसकी भावनात्मक शरीर की बुद्धिमता। ये चारों प्रकार की बुद्धिमताएं जब समन्वित होती है और उच्च होती है, तो व्यक्ति दृष्टा/साक्षी बनकर अपने जीवन के सारे कार्य होश पूर्वक कर सकता है।

## लगभग 16 घंटे व्यक्ति बेहोशी में रहता है

आदमी लगभग 7–8 घंटे सो जाता है। उस समय तो वो पूरी तरह बेहोश है ही। लेकिन तब तो वो नींद में है। अपितु जब वो 15–16 घंटे जागृत रहता है, तब भी वो एक अजीब बेहोशी में रहता है। व्यक्ति खाना खा रहा है, लेकिन उसका ध्यान कहीं और है।  व्यक्ति चाय पी रहा है, लेकिन उसका ध्यान कहीं और है। विद्यार्थी क्लास में पढ़ने बैठा है लेकिन ध्यान कहीं और है।

भगवान कृष्ण ने अर्जुन को जयद्रथ वध के समय एक बहुत महत्वपूर्ण बात कही है कि तुम हस्तिनापुर के लोगो में प्रतिज्ञा लेने की बीमारी है। भीष्म पितामह प्रतिज्ञा में बंधे खड़े है। कर्ण अपनी प्रतिज्ञा से बंधा है। मंझले भइया भीम अपनी प्रतिज्ञा में बंधे है।

युधिष्ठिर ने प्रतिज्ञा ले रखी है कि सत्य ही बोलूंगा। तुमने प्रतिज्ञा ले ली कि जयद्रथ का सूर्यास्त से पहले–पहले वध कर दूंगा, अन्यथा आत्मदाह कर लूंगा। मैं समझ सकता हूँ कि जयद्रथ का वध जरूरी है। लेकिन आज ही क्यों ? और सूर्यास्त से पहले ही क्यों ? अब तुम कर्म में फोकस्ड होकर युद्ध भी नही कर पाओगें। तुम बेहोशी में युद्ध करोगे। क्योंकि तुम्हारा तो ध्यान सूर्य में पड़ा रहेगा कि कहीं वो छिप ना जाये। इसलिये आधे अधूरे मन से युद्ध करोगे। आधा मन तो सोया पड़ा रहेगा।

इससे यह नसीहत मिलती है कि जिस कार्य को करे, पूरी ऊर्जा, पूरा ध्यान वही लगा दे तो यही कार्य **'योग'** बन जाता है और इसको ही योगःकर्म सुकौशलम कहा है।

जब पूरी तरह किसी कार्य पर फोकस किया जाए, ऊर्जा लगाई जाए, तब उस कार्य को होश पूर्वक करना कहा जाता है, अन्यथा ध्यान कहीं और कार्य कहीं कर रहे है।

अपनी चारों बुद्धिमताओं को अपने कार्य विशेष में लगाकर कार्य करना ही प्रतिभाओं का जागरण है।

इसके लिए क्या किया जा सकता है ?

1. दो दिन के लिए मोबाइल को दूर रखने का अभ्यास करों।

2. खाना खाओं, तब खाना ही खाओं। इधर–उधर ध्यान मत जाने दो।

3. जब पत्नी से बात करो, तो पत्नी से ही बात करो, ध्यान को इधर– उधर मत जाने दो।

4. जब कसरत करो तो कसरत ही करो।

5. जब पुस्तक पढ़ो तो पुस्तक ही पढ़ों, आदि–आदि।

अगर आप इस तरह से अपने कार्य पर ही 100 प्रतिशत फोकस करने का अभ्यास कर लोगे तो आपकी **'विल पॉवर'** बढ़ेगी। आप

किसी भी कार्य को करोगे, उसमें आपकी सफलता सुनिश्चित है। विल पॉवर का हिन्दी में अर्थ है  इच्छा शक्ति। **ललिता सहस्त्रनाम्** में **'इच्छा'** को ही ईश्वर का स्वरूप बताया गया है। जहां इच्छा होती है, वहा शक्ति स्वंय चली आती है। अतः इच्छा शक्ति में ईश्वरीय दिव्य शक्ति होती है जो कि आपके हर कार्य को यथासमय सफल करने हेतु समर्थ होती है।

## इच्छा शक्ति को बढ़ाने के उपायः–

1. आप एक दिन तय कर सकते है कि मैं आज मोबाइल का उपयोग नही करूंगा।

2. आप एक दिन तय कर सकते है कि मैं आप एक ही बार भोजन करूंगा।

3. आप यह तय कर सकते है कि आज में जानबुझकर चार आदमियों को नमस्कार करूंगा।

4. आप यह तय कर सकते है कि मैं एक घंटा मोटिवेशनल बुक पढूंगा।

5. आप यह तय कर सकते है कि मैं 7 दिन के लिए रोजाना एक–एक रूपया दान करूंगा।

उपरोक्त छोटी–छोटी बातों से क्या फर्क पड़ता है ? कुछ नही फर्क पड़ेगा। लेकिन एक बात होगी कि आप किसी काम को तय करोगे, अपना प्रोमिज करोगे और उसे पूरा करोगे तो आपकी इच्छा शक्ति बढ़ जायेगी। जब आपने इच्छा शक्ति को विकसित कर लिया तो छोटे–छोटे कामो को पूर्ण करोंगे तो आप में कार्यो को पूर्ण करने की बड़ी इच्छा शक्ति भी विकसित हो जायेगी।

महत्वपूर्ण है, ये बात कि आप कोई प्रोमिज करें। क्योंकि लोग प्रोमिज करते ही नही है। अतः प्रोमिज करना भी अपने आप में महत्वपूर्ण है। लेकिन उसे पूर्ण कर देना और भी ज्यादा महत्वपूर्ण

है। धीरे–धीरे कार्यो को पूर्ण करने की योग्यता विकसित हो जाती है व धीरे–धीरे आप में दिव्य शक्तियाँ भी विकसित हो जाती है और आप पूर्ण व्यक्तित्व के धनी बन जाते है।

यदि आप अपने प्रोमिजेज को पूरा नही करते हो, खण्डित रखते हो, तो आपका व्यक्तित्व भी खण्डित होगा। आपका मन भी खंड–खंड हो जायेगा और आपका चरित्र भी बिखर जायेगा। आप आधे–अधूरे मन से काम करोगे। कोई काम पूर्ण नही होगा। अतः इच्छा शक्ति को बढ़ाने का प्रयास करें, प्रोमिजेज करें लेकिन उन्हें पूर्ण करें। और कोई विशेष किस्म का प्रोमिज पूरा नही हो पाये तो सम्बंधित व्यक्ति से क्षमा मांगे और अफसोस व्यक्त करें।

प्रोमिजेज को पूरा नही करना, आपको सामान्य बात लग सकती है। लेकिन धीरे–धीरे आप में अपने प्रोमिजेज को आधा–अधूरा छोडने की आदत पड़ जायेगी। आप पूरा करना चाहेंगे तो भी पूरा नही कर पायेंगे। हाँ एक आशा की किरण फिर भी बचती है कि आप अपनी इच्छा शक्ति को बढ़ाये कि आप अपने प्रोमिजेज को पूरा कर सके। ये प्रोमिजेज पूरा करने का कार्य न केवल व्यक्ति के लिए महत्वपूर्ण है बल्कि व्यापारिक संगठनों के लिए, परिवारों लिए, राजनैतिक संगठनों के लिए महत्वपूर्ण है तथा मल्टिमिलेनियर बनने वाले व्यक्ति के लिए तो नितांत आवश्यक है।

## NOTES (जो बातें आपके हृदय को छू गई है)

1. _______________________________________________

2. _______________________________________________

3. _______________________________________________

4. _______________________________________________

5. _______________________________________________

6. ______________________________________________

7. ______________________________________________

8. ______________________________________________

9. ______________________________________________

10. ______________________________________________

11. ______________________________________________

12. ______________________________________________

13. ______________________________________________

14. ______________________________________________

15. ______________________________________________

16. ______________________________________________

17. ______________________________________________

18. ______________________________________________

19. ______________________________________________

20. ______________________________________________

21. ______________________________________________

22. ______________________________________________

23. ______________________________________________

24. अरबपति होना हर भारतीय का हक है।

25. ______________________________________________

## **NOTES** (जो निर्णय आपने अपने जीवन में लेने हेतु तय किये है)

26. ______________________________________________

27. ______________________________________________

28. ______________________________________________

29. ______________________________________________

30. ______________________________________________

31. ______________________________________________

32. ______________________________________________

33. ______________________________________________

34. ______________________________________________

35. ______________________________________________

36. ______________________________________________

37. ______________________________________________

38. ______________________________________________

39. ______________________________________________

40. ______________________________________________

41. ______________________________________________

42. ______________________________________________

43. ______________________________________________

44. ______________________________________________

45. ______________________________________

46. ______________________________________

47. ______________________________________

48. ______________________________________

49. ______________________________________

50. ______________________________________

# MISSION BILLIONAIRE
## (To Achieve 12 Riches as Described by Napoleon Hill)
## Motivation & Activation Mantra

## अध्याय – 11
# पांच सहेलियों की कहानी

(अपने को आत्मनिर्भर बनाएं व दूसरे आत्मनिर्भर लोगों से हाथ मिलाए)

एक कवि ने एक शेर कहा है कि ''दिल मिले या न मिले, हाथ मिलाते रहिए''। कवि  का इसके पीछे बड़ा गूढ़ चिंतन है कि विचारों में मतभेद हो सकता है, लेकिन भिन्न विचारों के लोगों का भी आदर करे और उनके साथ हाथ मिलाकर चले।

इस सम्बंध में मैं पांच सहेलियों की कहानी सुनाना चाहूंगा। जिन पांच सहेलियों ने चार अन्य सहेलियों की मदद से बहुत बड़ा मुकाम हासिल किया।

## कहानी का सार निम्न प्रकार है:–

सात सहेलियों में सबसे बड़ी सहेली का नाम **च्योईस** था। उससे छोटी का नाम **ब्ल्यू प्रिंट**, तीसरी का नाम **प्रायोरिटी**, चौथी का नाम **एक्शन** व पांचवी का नाम **एग्जिक्यूशन** था।

इन पांचो सहेलियों ने एक फ्लेट किराये पर लिया और उसमें रहने लगी तथा पास में ही एक ऑफिस किराये पर लिया जिसमें अपना बिजनस करना आरम्भ किया। पांचो जब भी मिलकर बिजनस के बारे में बात करती तो सबसे पहले च्योईस नाम की सहेली को अपना चेयरपर्सन बनाती। कौन कार्य किया जाए इसको अपनी च्योईस से तय करते, जिस पर चेयरपर्सन च्योईस कह देती कि यह कार्य करो, उसी को पूरा किया जाता।

जब कार्य का सुनिश्चितिकरण हो जाता तो **ब्ल्यु प्रिंट** नामक यंग लड़की को चेयरपर्सन बनाया जाता व काम की एक रूपरेखा व मानसिक संकल्पना तैयार की जाती। जिसे कि **स्टीफन आर कवी** 'प्रथम रचना (मानसिक रचना)' कहते है। इस कहानी में सभी पात्र वैसा ही करते जैसा कि पुराणों के अंदर वर्णन है।

यदि गणेश पुराण है तो गणेश के मुख्य अध्यक्ष के रूप में स्वीकार किया जाता है। बाकि सारे देवता उसके सहयोग हेतु प्रस्तुत रहते है। यदि विष्णु पुराण है तो उसमें विष्णु को चेयरपर्सन रखा जाता है। बाकि सारे देवता उनके मार्गदर्शन में काम करते है तथा उनको सहयोग करते है।

यही पौराणिक कथन उपरोक्त कहानी में चित्रित हो रहा है। सहेलियों की प्रथम मिटिंग में च्योईस चैयरपन बनी। दूसरी मिटिंग में **ब्ल्यू प्रिंट** को चेयरपर्सन बनाया गया। यानी कि कार्य की

प्रथम रचना (मानसिक रचना) हो चुकी। अब द्वितीय रचना (भौतिक रचना) की जानी शेष है। अतः तीसरी मिटिंग में **प्रायोरिटी** को चैयरपर्सन बनाया गया व प्राथमिकताएं तय की गई। जो कार्य प्राथमिकता पर नही है, उनको गुड़बॉय कहने का निर्णय लिया गया, ताकि फोकस्ड होकर कार्य किया जा सके।

चौथी मिटिंग में **एक्शन** को चैयरपर्सन बनाया गय ताकि कौन–कौन से एक्शन लिये जाते है ? उनकी योजना बनाई जा सके। क्योंकि जब तक एक्शन नही लिये जायेंगे तब तक ब्ल्यू प्रिंट काम नही कर पायेंगी न ही **च्योईस** कोई साथ दे पायेगी और न ही **प्रायोरिटी** सपोर्ट कर पायेगी।

जब एक्शन्स होने शुरू होंगे, तब ही परिणाम आने शुरू होंगे और दूसरी रचना (भौतिक रचना) होनी आरम्भ होगी। ओर्गेनाईजेशन में कई लोगों से काम लेना होता है। इसलिये पांचवी मिटिंग में एग्जिक्यूशन को चैयरपर्सन बनाया गया ताकि दूसरे लोगों से काम लेने की योजना बनाई जा सके व दूसरे लोगों से काम कराया जा सके।

कहानी के इस मॉड्ल के अनुसार सभी पांचो सहेलियाॅ मिलकर आत्मनिर्भर हो गई। जिस कार्य को हाथ में लिया, उसको पूरी सफलता के साथ करने को सक्षम हो गई।

लेकिन कहानी का एडवांस फेज कहता है कि इन आत्मनिर्भर सहेलियों को भी कई दूसरी कम्पनियों के साथ इनकॉरपोरेशन करने हेतु जरूरत महसूस होती थी। अतः इन्होनें अपने साथ चार अन्य सहेलियों को भी असोसिएट किया।

इन चारों में **विन–विन** नामक सहेली सबसे स्मार्ट थी व जुनून से भरी हुई थी। दूसरी सहेली का नाम **स्रोता** था जो अन्य लोगों को बड़े ध्यानपूर्वक सुनती थी। तीसरी सहेली **मिलनसार** थी जो अपने से विपरीत विचारों के लोगों के साथ भी मिलकर काम करने

में सक्षम थी। चौथी सहेली का नाम **सार्पन** था जो सभी को रोमान्चित रखती थी व नित्य अभ्यास कराती रहती व नये–नये प्रशिक्षण देती रहती थी।

जब पांचो सहेलियों को यह चार नई सहेलियॉ और मिली तो न केवल आत्मनिर्भर थी, बल्कि परस्पर निर्भर थी। अब ये किसी भी बड़े प्रोजेक्ट को हाथ में ले सकती थी और उसे पूरा करने में समर्थ थी।

ये नौ सहेलियॉ और कोई नही है बल्कि आप में नौ प्रकार की आदतें है जिनको आप जितनी अधिक मात्रा में विकसित करेंगे, आप उतने अधिक मल्टिमिलिनेयर बनेंगे व जीवन के हर क्षेत्र में सफल होंगे।

**च्योईस** नाम की सहेली बड़ी स्पष्ट रूप से कहती है कि **You are the creator of your future.** आप अपना भविष्य किसी को पूछे या बतलाये इससे बेहतर है कि आप अपने भविष्य की रचना करने की जिम्मेदारी अपने हाथ में ले। ईश्वर ने आपको यह शक्ति दे भी रखी है। अतः इसका उपयोग करना आरम्भ करें।

**स्टीफन आर कवी** इस सहेली का नामकरण बदल कर प्रोएक्टिविटी करते है। ताकि आप प्रोएक्टिवली अपने भविष्य को क्रियेट करों। आप ब्रह्मा है, रचनाकार है। दूसरे लोग रचे इसकी इंतजारी मत करों। कार्य पर फोकस्ड रहे और जो भी परिणाम आयें, उसे स्वीकार करें।

भगवान कृष्ण ने गीता में कहा है कि 'हे अर्जुन तेरा सिर्फ कार्य करने का अधिकार है। फल की इच्छा मत कर। फल तो अनेक

प्रकार के सिद्धांतो से निर्धारित होता है। अतः जो भी फल मिले उसे खुशी–खुशी स्वीकार कर। क्योंकि फल देने वाला तो मैं हूँ (सिद्धांतो का समुच्च्य)।

अतः जज नही बने, क्रियेटर बने। जब आप रचनाकार है तो अपना समय व प्रयास नई रचना करने में लगाये, न कि किसी अन्य के द्वारा की गई रचना को अच्छी–बूरी बतावें।

इसको कुछ मोटिवेशनल स्पीकर्स ड्राइविंग सीट पर स्वंय का बैठ जाना कहते है। यानी कि अपनी जिंदगी की गाड़ी की ड्राइविंग सीट पर आप स्वयं बैठिये। स्टेयरिंग किसी और के हाथ में न दे, तो आप अपनी मंजिल तक सुरक्षित व यथा समय पहुंच सकेंगे।

## NOTES (जो बातें आपके ह्रदय को छू गई है)

1. _____________________________________________

2. _____________________________________________

3. _____________________________________________

4. _____________________________________________

5. _____________________________________________

6. _____________________________________________

7. _____________________________________________

8. _____________________________________________

9. _____________________________________________

10 _____________________________________________

11. _____________________________________________

12. ____________________________________________

13. ____________________________________________

14. ____________________________________________

15. ____________________________________________

16. ____________________________________________

17. ____________________________________________

18. ____________________________________________

19. ____________________________________________

20. ____________________________________________

21. ____________________________________________

22. ____________________________________________

23. ____________________________________________

24. ____________________________________________

25. ____________________________________________

**NOTES** (जो निर्णय आपने अपने जीवन में लेने हेतु तय किये है)

26. ____________________________________________

27. ____________________________________________

28. ____________________________________________

29. ____________________________________________

30 ____________________________________________

31. ______________________________

32. ______________________________

33. ______________________________

34. ______________________________

35. ______________________________

36. ______________________________

37. ______________________________

38. ______________________________

39. ______________________________

40. ______________________________

41. ______________________________

42. ______________________________

43. ______________________________

44. ______________________________

45. ______________________________

46. ______________________________

47. ______________________________

48. ______________________________

49. ______________________________

50. ______________________________

# MISSION BILLIONAIRE
### (To Achieve 12 Riches as Described
### by Napoleon Hill)
## Motivation & Activation Mantra

अध्याय – 12

# आम आदमी की तकलीफें व उनका उपचार – एक कहानी

**(आम आदमी के दर्द व समस्याएं)**

लेखक

एक आम आदमी जब आपसे रूबरू होता है। उसके जज्बात कुछ ऐसे जाहिर होते है। मैं तो उलझ गया हूँ। कर्ज के बोझ तले दब गया हूँ। कहीं रास्ता नही दिखता, फंस गया हूँ। थक चुका हूँ टूट चुका हूँ।

क्या बात करू ? कोई मेरी सुनता ही नही है। कोई मेरी कीमत नही समझता। मेरे बॉस को तो मेरी कदर ही नही है। घर पर भी मुझें आमदनी कमाने वाली मशीन समझा जाता है।

मैं तो निराश हो चुका हूँ, दुखी हो चुका हूँ। कमाने में, मेहनत करने में कमी नही रखता हूँ लेकिन फिर भी हाथ तंग। आगे भी तो कोई गुंजाईश नजर नही आती। अब कुछ सूझ ही नही पड़ता।

जिंदगी बोझल हो चली है। मेरे बिना इस दुनिया में कोई फर्क नही पड़ता। मैं तो अंदर से खाली हो चुका हूँ। मेरी जिंदगी का न तो कोई मकसद है और न ही कोई कीमत।

मैं तो सब कुछ खो चुका हूँ। ऐसी स्थिति है कि मैं अपना जॉब भी छोड़ना चाहू तो नही छोड़ सकता। व्यापार भी बंद करना चाहू तो नही कर सकता। बस जॉब को तो खींचे चले जा रहा हूँ। व्यापार में भी कहां दम है। मुझें तो घूटन होती है। समय एक मिनट का नही मिलता और आमदनी भी कोई खास नही।

तिस पर लोग राजनीति करते है, पीठ पीछे छुरा घोपतें है और बाहर से बड़ा लाड, प्यार व मनुहार करते है। मेरे पर तो इतना दबाव है कि जीना ही नामुमकिन हो रहा है। अब न तो कोई साधन बचे है और ना ही मेरे पास कोई काम बचा है। न तो मेरी पत्नी मुझें समझती है, न ही बच्चे मेरा कहना मानते है। मैं उन सबको फालतु नजर आता हूँ।

बड़ी दुविधा में हूँ, लेकिन मुझें मालूम है कि कुछ नही बदलेगा। मैं कुछ नही कर पाऊंगा। ऐसे ही मेरी जिंदगी बीतेगी। न सरकार का कोई सहयोग है, न पड़ौसियों का। रिश्तेदार भी ताने देने आ जाते है, कोई सहयोग नही। जिनमें मैं कुछ पैसे मांगता हूँ, वो तो देने में आनाकानी करते है। जो मुझमें पैसा मांगते है वो तल्ख तकाजा करते है।

इससे अधिक और क्या दुर्गती होनी है। मेरा दर्द भी कोई सुनने को तैयार नही। मैं खुद भी सुनाते–सुनाते बोर हो चुका हूँ और लोग भी सुनते–सुनते बोर हो चुके है।

## मैं हूँ आज के समय का आम आदमी

जहां कहीं भी किसी व्यक्ति विशेष से बात होती है तो आम आदमी अपनी उपरोक्त व्यथाएं बताने लगता है। आम आदमी की दिक्कतों को सुनों,

तो सब लोगों को एक सी ही आवाज आती है कि हम ठगीज गये। परिस्थितियों ने हमे आहत कर रखा है। ये आम आदमी के गहरे जख्म है। जहां भी जाओं, राजनैतिक संगठन में जाओं, किसी कॉलेज, स्कूल में जाओं। सब जगह आम आदमी की यही आवाज सुनाई देती है।

## आम आदमी की अन्दरूनी आवाज क्या है ?

आम आदमी की अन्दरूनी आवाज क्या है ? उपरोक्त रूदन ही उसकी आवाज है।

ये इतना गहरा दर्द उसे किस कारण से है ? समस्या क्या है ? यह जानने की कोशिश भी कोई नही करता। लोग दुःख सुनते है और अपनी संवेदना प्रकट करते है व चल देते है।

## उपरोक्त दर्द के कारण (समस्याएं)

दर्द तो प्राण लेवा है। लेकिन क्यों है ? इस पर विचार करे तो पायेंगे कि यदि एक व्यक्ति को किसी भी कम्पनी में काम करने पर पर्याप्त तनख्वाह मिलती है, तो इसका अर्थ यह हुआ कि उसकी शारीरिक भूख तृप्त हो जाती है। अतः उसे कोई शारीरिक तकलीफ नही रहती। लेकिन जिनको तनख्वाह समय पर नही मिली, पूरी नही मिलती, या पैसे की तंगी रहती है तो उनको शारीरिक भूख की भी चिंता बनी रहती है।

यदि किसी संगठन में सभी कर्मचारियों को उचित वेतन दिया जाता है व समय पर दिया जाता है तो शारीरिक भूख उसकी तृप्त हो जाती है, लेकिन फिर भी दर्द कायम रहता है। क्योंकि शारीरिक भूख की तृप्ति होने के बाद उसकी मानसिक भूख और भी ज्यादा जागृत हो जाती है। मानसिक कष्ट तो और ज्यादा दुखदायी होते है। अब वो चाहता है कि उसकी कोई बुद्धि की कदर करें, उससे कोई सलाह लेवे, उसके पास जो हूनर है, उसकी कदर करें। अगर

संगठनो में कर्मचारियों को सुनने, विचार देने, सलाह लेने आदि की व्यवस्था है तो कर्मचारी लोग अपनी बात कहते है। कहने से उनकी मानसिक भूख कि हम भी कुछ जानते है, हम भी कुछ है, तृप्त होती है।

ऐसा व्यक्ति सोचता है कि करो अपनी मनमर्जी, लेकिन हमारी सुन तो लो। हमारे सुझाव तो ले लो। जब आम आदमी की शारीरिक भूख तृप्त हो गई और मानसिक भूख भी तृप्त होती है, यानी कि लोग उनकी सुनते है, उनके ज्ञान की कदर करते है, उनकी सलाह को मानते है, तो उनकी मानसिक भूख भी तृप्त हो जाती है और मानसिक रूदन बंद हो जाता है।

लेकिन इनके बावजूद भी उसे एक और भूख लगी रहती है कि कोई मेरी तारीफ करें, कोई मुझें महत्व दे, कोई मेरी भावनाओं की कदर करें, कोई मुझें सम्मान दे। ये इमोशनल भूख जब तक तृप्त नही होगी तो वो अपना दर्द जहां भी जायेगा, सुनाता रहेगा।

अगर संगठन में व्यवस्था है कि उसके अच्छे कार्यो की तारीफ होती है। उसे उचित सम्मान दिया जाता है। समय–समय पर अच्छे कार्यो हेतु उसे पारितोषिक दिया जाता है तो उसकी भावनात्मक भूख तृप्त हो जाती है, तो वो ठीक–ठाक नजर आने लगता है।

उपरोक्त तीनों प्रकार की तृप्ति होने के बाद भी व्यक्ति अपना दुखड़ा लोगों के आगे रोता रहता है। अब उसे ऐसे काम करने में रूचि नही है जो व्यर्थ है, जो उसके सिद्धांतो के विरूद्ध है, जिसके लिए उसकी आत्मा गवाही नही देती है। अब उसकी आध्यात्मिक भूख बची रहती है। वह कुछ समाज को योगदान देकर पूरी करना चाहता है अथवा सिद्धांतपरक कार्य करके पूरी करना चाहता है। वसीयत में कुछ छोड़कर जाना चाहता है ताकि मरने के बाद भी लोग उसको मान्यता दे।

अतः जिन संगठनों में सार्थक कार्य करवाये जाते है और उपयोगी कार्य करवाये जाते है, तो उस व्यक्ति की आध्यात्मिक भूख भी तृप्त हो जाती है।

जब उपरोक्त प्रकार की चारों भूख तृप्त हो जाती है तो उसके अंदर से एक नई तरह की आवाज निकलने लग जाती है। वो जो कुछ मिला है, उसके लिए धन्यवाद कहने लगता है तथा लोगों के लिए भी भला सोचने लगता है। ये जो उसके अंदर की खुशी है, उसको आवाज कहना उचित है। ये आवाज जिस व्यक्ति की है, उस व्यक्ति का पेराडाईम 'होल पर्सन पेराडाईम' है। उसकी आवाज में वाह–वाह, अहों जैसे शब्द सुनने को मिलते है। वो व्यक्ति महानता के राजमार्ग पर जाने हेतु आरूढ़ हो जाता है।

जो पहली प्रकार की आवाजे, जिन्हे ही अतृप्ति की आवाजें कहे, वो Fragmented Person (खंडित व्यक्ति) का पेराडाईम कहा जाता है।

खंडित व्यक्ति अपने जीवन यापन को औसत व्यक्ति, आम व्यक्ति की तरह जीता है। जबकि होल पर्सन पेराडाईम वाला व्यक्ति शानदार, धनाढ्य और समृद्ध जिंदगी जीता है।

## दो राजमार्ग – चुनाव आपका

एक राजमार्ग सम्पन्नता की ओर, तृप्ति की ओर, सार्थक योगदान व समृद्धि की ओर जाता है। जिसे धनाढ्य व्यक्तियों का मार्ग, महान व्यक्तियों का मार्ग कहा जा सकता है। इसे उच्च मार्ग भी कह सकते है।

दूसरा मार्ग गरीबी की ओर, अंधकार की ओर, अशिक्षा की ओर, तंगी की ओर, दुःख भरी यातनाओं की बातों की ओर जाता है जिसे आम आदमी का मार्ग, औसत आदमी का मार्ग भी कहा जाता है। ये निम्नगामी मार्ग है।

चुनाव आपको करना है। दोनों मार्ग आपको सुलभ है, उपलब्ध है। चुनाव आपका है कि आप उच्च मार्ग पर जाना आरम्भ करते हो, अथवा निम्न मार्ग पर।

औसत/आम आदमी तथा समृद्ध व महान आदमी निम्न चित्र से जाने जा सकते है।

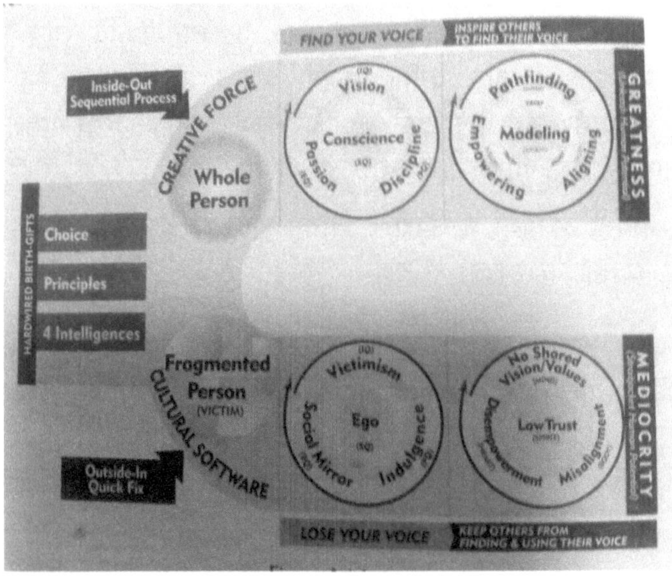


हर इंसान को ईश्वर ने तीन जन्मजात उपहार दिये है।

1. चुनाव करने की स्वतंत्र इच्छा (**Power of Independent Choice**)

2. सिद्धांत (**Principles**)

3. बुद्धिमताएं (**Intelligence**)

    a) शारीरिक बुद्धिमता (**Physical Intelligence**)

    b) मानसिक बुद्धिमता (**Mental Intelligence**)

    c) आध्यात्मिक बुद्धिमता (**Spiritual Intelligence**)

    d) भावनात्मक बुद्धिमता (**Emotional Intelligence**)

उपरोक्त तीनों प्रकार के उपहार जो मिले है, अगर व्यक्ति उनका उपयोग करें, उनको पैना करे, और नित्य अभ्यास करें तो वह आम आदमी/औसत आदमी की श्रेणी से निकल कर समृद्ध/मल्टिमिलिनेयर व्यक्ति की श्रेणी में दाखिल हो सकता है।

यदि आप मल्टिमिलिनेयर बनना चाहते है तो उच्च मार्ग का चुनाव करें। चुनाव आपको करना होगा, अन्यथा प्रकृति स्वंय निम्न मार्ग पर आपको डाल देगी। गिराना प्रकृति की फितरत है। जैसे नीचे से पानी ऊपर ले जाने के लिए कई जुगाड़ करने पड़ते है। लेकिन ऊपर से पानी नीचे स्वतः ही आ गिरता है।`

आगामी अध्यायों में उपरोक्त तीनों प्रकार के उपहारों को विस्तार से व व्यवहारिक स्वरूप से वर्णन करेंगे।

## NOTES (जो बातें आपके ह्रदय को छू गई है)

1. _______________________________________________

2. _______________________________________________

3. _______________________________________________

4. _______________________________________________

5. _______________________________________________

6. _______________________________________________

7. _______________________________________________

8. _______________________________________________

9. _______________________________________________

10 _______________________________________________

11. ______________________________________

12. ______________________________________

13. ______________________________________

14. ______________________________________

15. ______________________________________

16. ______________________________________

17. ______________________________________

18. ______________________________________

19. ______________________________________

20. ______________________________________

21. ______________________________________

22. ______________________________________

23. ______________________________________

24. ______________________________________

25. ______________________________________

## NOTES (जो निर्णय आपने अपने जीवन में लेने हेतु तय किये है)

26. ______________________________________

27. ______________________________________

28. ______________________________________

29. ______________________________________

30 ______________________________

31. ______________________________

32. ______________________________

33. ______________________________

34. ______________________________

35. ______________________________

36. ______________________________

37. ______________________________

38. ______________________________

39. ______________________________

40. ______________________________

41. ______________________________

42. ______________________________

43. ______________________________

44. ______________________________

45. ______________________________

46. ______________________________

47. ______________________________

48. अरबपति होना हर भारतीय का हक है।

49. ______________________________

50. ______________________________

# अध्याय – 13
# कहां खोए रहते हो, खाली समय में –
# एक कहानी

(बीज बोते हो, या खरपतवार पैदा होने देते हो)

इंसान हर वक्त काम में लगा रहता है। जब भी वो थोड़ा सा फुरसत में आता है, तब भी वो किसी ना किसी विचार में खो जाता है। खाली समय में खाली रहना, ये इंसान के बस की बात नही है। वो कुछ ना कुछ करने में लगा रहता है या कुछ ना कुछ विचारों में खोया रहता है, या कल्पनाओं की उधेड़बुन में उलझा रहता है।

लेखक

## खाली समय ही आपका कीमती समय है

आप अपने खाली समय में सकारात्मक विचारों के बीज बोते हो या नकारात्मक खरपतवार पैदा होने के लिए मौका देते हो। आपकी सफलता इसी पर निर्भर करेगी। खाली समय ही वो उपजाऊ जमीन है, जिसमें आप सकारात्मक बीजों को अपनी सफलता हेतु बो सकते हो। बार–बार बीज बोकर आप सकारात्मक बीजों की फसल बो सकते हो व समय पाकर सफलता को परिणामस्वरूप पा सकते हो। इस बारे में एक रोचक कहानी बताना चाहूंगा

दो सहेलियॉ थी। एक का नाम था प्रोएक्टिव व दूसरी का नाम था रिएक्टिव। वो भेड़ें चराने जाया करती थी। बारिश का मौसम होता तो वो बारिश की लुत्फ उठाती, लेकिन मुसिबत यह होती कि भेड़ें बारिश को सहन नही कर पाती इसलिए उनको किसी पेड़ के नीचे खडा करना पड़ता, या किसी दीवार की ओट में।

फिर वो दोनों सहेलियॉ बारिश का आनन्द उठाने लगती। समय पाकर दोनों सहेलियॉ बडी हो गई। अब वो अपने भविष्य के सपने संजोने लगी।

एक बच्ची जो कि अब युवा हो गई, समझदार थी। अब उसने अपने जीवन को बनाने के लिए गम्भीरता से निर्णय करने आरम्भ कर दिये। बारिश हुई, उसे बहुत अच्छा लगा। वो अपने घर से एक आम की गुठली लाई और उसे बो दिया।

देखा देखी दूसरे, दूसरी सहेली जो अल्हड़ स्वभाव की थी वो भी एक आम की गुठली लाई और उसे बो दिया।

प्रोएक्टिव सहेली लगातार 30 दिन तक घर से आम की गुठली लाती गई और 30 जगह समझदारी से गुठलियों को बो देती।

रिएक्टिव सहेली ने एक ही दिन आम की गुठली को बोया। बाद में उसे अपनी सहेली का काम फालतु नजर आया तथा बार–बार करने में उसे बोरियत भी होती थी। इसलिये उसने दुबारा नही किया। दोनो के खेत पास–पास ही थे। अतः अपने–अपने खेत में आमों की गुठलियॉ बोई थी।

हर महिने प्रोएक्टिव सहेली आती और अपने बोएं हुए आमो के पेड़ो को देख जाती। एक दिन उसने देखा कि बकरियॉ पेड़ो के पत्तो को चर जाती है तो उसने पौधों के चारों ओर बाड़ लगा दी। फिर किसी ने कहा कि अगर थोडी गोबर की खाद दे दो तो आपके आम जल्दी बडे हो जायेंगे, तो उसने गोबर की खाद जरूरत के मुताबिक दे दी।

बातों ही बातों में 5 साल निकल गये। दोनों सहेलियों की शादी भी तय हो गई। शादी के बाद दोनों सहेलियॉ फिर अपने खेतों में गई। देखा कि एक सहेली के खेत में तो एक ही आम का पेड़ था यद्यपि वह पेड फल भी दे रहा था। लेकिन प्रोएक्टिव सहेली के खेत में तो 25 से अधिक आम के फलदार वृक्ष थे। वो तो पूरा बाग बन चुका था। उसे तो सालाना लाखों रूपये की आमदनी की उम्मीद हो गई।

यह कहानी नसीहत देती है कि दोनों ही सहेलियों के आम के पेड़ो को फलदार होने में पांच साल लगे। पांच साल बाद दोनों के जीवन में कैसा परिवर्तन आया ? एक तो आमों के बाग की मालकिन बनी। दूसरी सिर्फ एक पेड़ के कारण दुखी हो गई। क्योंकि एक ही पेड़ था जिस पर कभी बंदर आ जाते, कभी पक्षी आमो को खा जाते और यदि रखवाली करने वाले को भी रखती तो महंगा पड़ता।

रिएक्टिव चाहती तो 30 गुठलियॉ बो सकती थी, क्योंकि च्योईस अपनी– अपनी है। एक प्रोएक्टिव थी, उसने भविष्य की कल्पना करके सकारात्मक कार्य किया और पांच साल बाद आमो के बाग की मालिक बनी। जबकि रिएक्टिव सहेली के लिए पांच साल में जो एक पेड था, वही सिर दर्द बन गया।

इस कहानी से एक नसीहत और मिलती है कि भविष्य की स्पष्ट कल्पना करके, अपने लक्ष्यों को स्पष्ट करना जरूरी है व उसी के अनुसार योजना बनाकर क्रियान्वयन करने की जरूरत है। प्रोएक्टिव काम को क्रियेट करती है। परिस्थितियों को रचती है व सफलता को प्राप्त करती है। जबकि रिएक्टिव लोग टाईम पास करने हेतु ज्ञान की बातें करते है। इस प्रसंग में मैं आपको एक रोचक कहानी सुनाता हूॅ।

एक बार ट्रेन में प्रथम श्रेणी की बोगी में एक व्यक्ति सफर कर रहा था। अचानक एक स्टेशन पर गाडी रूकी। वहां से एक नवयुवक ट्रेन में चढ़ा और उसके सामने वाली सीट पर आकर बैठ गया। थोड़ी देर तो वो नवयुवक अखबार पढ़ने में मशगूल रहा। फिर उसने सामने बैठे अधेड़ उम्र के व्यक्ति से पूछा।

आपकी घड़ी में समय क्या हुआ है ? अधेड़ व्यक्ति मुस्कुराया और चुप बैठा रहा। नवयुवक ने दुबारा हिम्मत करके पूछा कि आपकी घड़ी में समय क्या हुआ है ? अधेड़ ने कहा बात समय तक ही समाप्त नही होगी।

आप अभी पूछोगें कि आप कहां के रहने वाले है ? फिर पूछोगे कि आपका नाम क्या है ? फिर पूछोगे कि आपके घर में कौन–कौन है ? मैं उत्तर दूंगा कि मैं मुम्बई का रहने वाला हूॅ, तो आप कहोगे कि मैं भी मुम्बई का रहने वाला हूॅ। फिर मैं कहूंगा कि मैं बिस्मिल हूॅ, तो आप कहोगे कि मैं भी सुलेमान हूॅ। मैं कहूंगा कि मेरे एक कुंवारी लड़की है, दो छोटे लडके है तो तुम कहोगे कि मैं भी कुंवारा हूॅ।

बात यही खत्म हो जाये, जरूरी नही है। सम्भव है कि इन बातों तक मुम्बई स्टेशन आ जाये। वो स्टेशन आते ही आप मुझें मेरे घर तक छोड आने को कहो। मैं भी शलीनता वश मना नही कर पाउंगा।

आप मुझें मेरे घर तक छोड़ने आवोगे तो मुझें भी आपको शालीनता वश चाय के लिए पूछना पडेगा। आप भी मना नही करोगे। मेरी जवान लड़की चाय लेकर आयेगी। तुम उसे देखोगे, वो तुम्हे देखेगी। फिर तुम और वह अपने मोबाइल नं. ट्रांसफर करोगे। फिर तुम बाला–बाला आपस में मिलना शुरू कर दोगे।

फिर एक दिन आकर कहोगे कि मैं आपकी लड़की से बहुत प्यार करता हूँ। आप उसका हाथ मेरे हाथ में दे दीजिए।

मुझें ज्यादा बात करने का शोक नही है। मैं कहे देता हूँ, कि जिसके हाथ पर घड़ी नही है, उसको मैं अपनी लड़की का हाथ कैसे दे सकता हूँ।

रिएक्टिव लोग ऐसी बातें करके मन बहलाव करते है और अपनी बातों का बतंगड़ बनाते है तथा अपनी सलाह मशविरा भी दे डालते है।

समय बता देता या नही बता देता। इतने में ही बात खत्म हो जाती। लेकिन रिएक्टिव व्यक्ति गोल–गोल घुमाता रहता है।

## प्रोएक्टिव व्यक्ति और सकारात्मक व्यक्ति में फर्क

1. सकारात्मक व्यक्ति अच्छे कार्य हो जाने की आशाएं रखता है। कोई बात पूरी हो जाती है तो भी उसमें से कुछ अच्छाई खोजने की

कोशिश करता है। जबकि प्रोएक्टिव व्यक्ति परिस्थितियों की रचना अपने अनुसार करता है। वो समस्या का समाधान तलाशता है और समाधान हेतु कुछ एक्शन्स लेता है। सिर्फ हाथ पर हाथ धरे बैठा नही रहता है, बल्कि समाधान हेतु नई रचना करता है।

2. सकारात्मक व्यक्ति सम्भावनाओं में विश्वास करता है, जबकि प्रोएक्टिव व्यक्ति पहल करता है और कार्य को पूर्ण करता है।

3. सकारात्मक व्यक्ति सिर्फ मानसिक स्थिति में खुश रहता है, जबकि प्रोएक्टिव व्यक्ति रचना तो प्रोएक्टिवली बनाता ही है, लेकिन उस पर मेहनत करके, फोकस करके भौतिक रचना को भी सृजित कर देता है।

4. सकारात्मक व्यक्ति को हो सकता है कि अनुकूल परिणाम ना मिले। लेकिन प्रोएक्टिव व्यक्ति की परफोरमेन्स 50 गुना बढ़ जाती है। इसलिये उसे तो सदैव आकर्षक परिणाम मिलते है और उसकी आमदनी भी 50 गुना बढ़ने की सम्भावना हो जाती है।

5. सकारात्मक व्यक्ति को तो सदैव सकारात्मक रहना होता है लेकिन प्रोएक्टिव व्यक्ति अपना एक महिने का गोल बनाता है। अपनी प्रोएक्टिवनेस को निखारता है और सफलता प्राप्त करता है।

6. सकारात्मक व्यक्ति के पास जिम्मेदारी लेने जैसे कोई बात नही होती, लेकिन प्रोएक्टिव व्यक्ति जिम्मेदारी लेता है, पहल करता है। कहने का तात्पर्य यह है कि प्रोएक्टिव व्यक्ति सकारात्मक रहने से अधिक कुछ क्रियाएं भी करता है, जिम्मेदारी भी लेता है और कार्य को पूर्ण भी करता है।

# प्रोएक्टिव व्यक्ति और रिएक्टिव व्यक्ति की भाषाओं में फर्क

अगर दिन भर की किसी इंसान की बोली गई भाषा पर गौर किया जाए तो मालूम चल सकता है कि वो व्यक्ति रिएक्टिव है या प्रोएक्टिव है। आप स्वयं भी अपने दिन भर की बोली जाने वाली भाषा को लिख ले। शाम को जब आप समीक्षा करेंगे तो आप जान जायेंगे कि आप प्रोएक्टिव है या रिएक्टिव है।

| क्र. सं. | रिएक्टिव व्यक्ति की भाषा | प्रोएक्टिव व्यक्ति की भाषा |
|---|---|---|
| 1. | कोरोना के कारण पिछले 12 माह से हाथ पर हाथ धरे बैठे है। | समय चुनोती पूर्ण है, लेकिन फिर भी कोई तरीका निकालते है कि काम समय पर पूरा हो जाए। |
| 2. | अभी बाजार में मंदी है, सब लोगों के काम धंधे बंद पडे है। | कुछ वस्तुओं की डिमांड अत्यधिक बढ़ी है, अतः अपने व्यवसाय में वो प्रोडक्ट लाने चाहिए जिनकी डिमांड बढी है। |
| 3. | अगर मैं स्वस्थ होता तो बिजनस में सफल हो जाता। | मैं अपने स्वास्थ्य हेतु पर्याप्त समय देता हूँ ताकि मैं स्वस्थ रह सकू। |
| 4. | मेरी पत्नी मुझसें झगड़ती रहती है। इसलिए मैं सफल नही हो पा रहा हूँ। | मेरी पत्नी मुझसें झगड़ती है, इसलिए मेरे पास में एक अवसर आया है कि मैं अपनी पत्नी को पर्याप्त समय दू व उसकी चाहतों का ध्यान रखू। |
| 5. | बिजनस में फेल होना ही था, क्योंकि कस्टमर्स लोग हमारा प्रोडक्ट लेना ही नही चाहते। | कस्टमर्स की पसंद के प्रोडक्ट रखने हेतु हम विचारते है व कस्टमर्स की पसंद के प्रोडक्ट में ही डील करेंगे। |

अगर एक व्यक्ति अपनी रिएक्टिव भाषा के स्थान पर प्रोएक्टिव भाषा का इस्तेमाल करना आरम्भ करे तो धीरे–धीरे उसका अभ्यास

हो जायेगा और वो प्रोएक्टिव बनने लगेगा, वो जिम्मेदारी लेने लगेगा, पहल करने लगेगा व अपने भविष्य को स्वयं रचने लगेगा।

## विजन, डिसिप्लिन एवं पेशन नामक तीन लड़कियों से मैत्रीपूर्ण सम्बंध रखे

ये तीनों सहेलियां प्रायःकर एक साथ ही मिलती है। जो व्यक्ति इन तीनों सहेलियों के साथ मैत्रीपूर्ण सम्बंध रखता है वो अपने जीवन के हर क्षेत्र में सफल होता है।

**विजनः–** ये सहेली आपको आपके मूल्यों को तय करवाने में आपकी मदद करेगी। यानी कि आपने अपने लक्ष्य निर्धारित कर लिये लेकिन आपको यह नही मालूम कि आपके जीवन मूल्य क्या है ? तो हो सकता है कि आपके लक्ष्य आपके लिए घातक सिद्ध हो जाये। अतः लक्ष्य तय करने से पहले अपने जीवन मूल्य तय कर ले कि आप अपने जीवन में किन मूल्यों को अपनाना चाहते है। उसके बाद ही अपने जीवन मूल्यों के अनुरूप लक्ष्य तय करे।

एक यंग लड़की ने मुझें बतलाया कि मैं बहुत पैसा कमाना चाहती हूँ। इसलिए मैं आई.ए.एस. बनना चाहती हूँ। लड़की ज्यादा बड़ी नही थी। बारहवीं क्लास में पढ़ती थी। इसलिए मैनें उससे पूछ लिया कि एक आई.ए.एस. को क्या तनख्वाह मिलती है। लड़की ने कहा कि यह तो मुझें नही मालूम। लेकिन मेरे पापा कहते है कि ज्यादा से ज्यादा पैसा कमाना है तो आई.ए.एस. बनो। इसलिए मैं आई.ए.एस. बनना चाहती हूँ।

मैनें उस लड़की को सलाह दी कि पैसा कमाना अच्छी बात है। बहुत पैसा कमाना तो और भी अच्छी बात है। आई.ए.एस. बनना भी बहुत अच्छी बात है। लेकिन तुम्हें अपने मूल्यों को पहले तय करना चाहिए। वो लड़की बोली कि मूल्य क्या होते है ? मेरे पापा ने तो कभी मूल्यों के बारे में नही बताया।

मैनें कहा कि अगर आप बहुत पैसा कमाकर खुश होती हो, उसका सदुपयोग करती हो तो पैसा कमाना आपका जीवन मूल्य है। लेकिन यदि पैसा होने पर भी आप खुश ना रहो तो इसका अर्थ यह है कि वो आपका जीवन मूल्य नही था।

एक बार एक अमीर की नौजवान लड़की ने कहा कि हम अमीरों की क्या कीमत है ? हमारी गाड़ी को तो एक पुलिस वाले ने रोक दिया जिसकी मुश्किल से 20 हजार रूपये तनख्वाह होगी।

इसलिए जो लोग पद प्रतिष्ठा, प्रशासनिक अधिकारों में रूची रखते है, उनके लिए आई.ए.एस. बनना मूल्य हो सकता है, लेकिन आई.ए.एस. की तनख्वाह सीमित होगी। लाख–पचास हजार रूपये से अधिक किसी आई.ए.एस. की तनख्वाह नही होती। लेकिन व्यापारी को प्रति घंटे लाख–पचास हजार रूपये मिल सकते है। अतः मैनें उस लड़की से कहा कि तुम एक को तय करों कि आई.ए. एस. बनना है तो प्रशासनिक अधिकारों को पसंद करती हो, निष्ठा पूर्वक ईमानदारी से कार्य करना पसंद करती हो तो आपका जीवन मूल्य आपको इजाजत देगा कि आप आई.ए.एस. का लक्ष्य तय करें। लेकिन यदि पर्याप्त पैसा आपको सकून देता है तो फिर आपका जीवन मूल्य तो समृद्धि प्राप्त करना है। अतः आप अधिक पैसा कमाने का लक्ष्य रख सकती हो।

भावनाएं सभी में बलवती होती है। लेकिन प्रोएक्टिव व्यक्ति अपनी भावनाओं से नही बल्कि जीवन मूल्यों से निर्धारित होते है। प्रोएक्टिव व्यक्ति परिस्थितियों से निर्देशित नही होते, बल्कि परिस्थितियों को अपने अनुकूल बनाते है।

**डिसिप्लिनः–**विजन के द्वारा जब आपने जीवन मूल्य तय कर लिये, अपने लक्ष्य तय कर लिये तो अब एक कार्य योजना बनाएं और उसे अनुशासित सिपाही की तरह उस पर चलना आरम्भ कर दे। इस कार्य हेतु डिसिप्लिन नाम की युवा लड़की आपकी मददगार होगी। यहां ध्यान रहे कि सिर्फ एक्शंस ही नही लेने है, बल्कि योजना बद्ध

तरीके से एक्शंस लेने है और सतत् व लम्बी अवधि तक अनुशासित होकर कार्य करना है। जैसे एक—एक बूंद गिरी, आठ—आठ सैकण्ड बाद और कालांतर में विश्व की सबसे बड़ी दूसरी नदी बन गई। ऐसे ही थोड़ा—थोड़ा प्रयास कालांतर में विशाल पर्वत के रूप में आपके सामने आकर खड़ा हो जायेगा।

**पेशनः—** विजन नही, तो जिंदादिली नही। विजन नही तो उस व्यक्ति का तो देर—सवेर नाश होना ही है। लेकिन जिस व्यक्ति के पास विजन है, वो उस किसान की तरह है जो सुबह खेत पर अपने कंधे पर फावड़ा लेकर चला जाता है। जब अनुशासित होकर वो खेत में काम करता है तो परिणाम आने सुनिश्चित है। लेकिन उसी समय उसको अपनी तीसरी सहेली पेशन की जरूरत महसूस होगी जो उस व्यक्ति में जोश—जुनून को बरकरार रखे। अपने कार्य के प्रति प्यार, निष्ठा और लगन अपनेपन के साथ दृढ़ता पूर्वक लगा रहना पेशन है।

ये तीनों सहेलियां और कोई नही है, आपके द्वारा अपने आप में डाली गई आपकी आदते है। अगर ये तीनों आदते आप ठीक तरीके से अपने में विकसित कर लेंगे तो आप विश्व के महानतम व्यक्ति बन सकते है। विश्व में जो भी महान व्यक्ति हुए है, उनमें इन तीनों आदतों का पाया जाना सामान्य बात है।

विजन, डिसिप्लिन व पेशन तीनों सहेलियां एक कम्पनी में काम करने जाती है। वहां पर दो डिपार्टमेंट है। एक डिपार्टमेंट का हैड है **'ईगो'**। दूसरे डिपार्टमेंट का हैड है **'कोन्सियस'**। देवताओं के कई रानियां बताई जाती है। जैसे गणेश जी की दो रानिया है, **'रिद्धी और सिद्धी'**। ऐसे ही ईगो के भी तीन रानियां है और कोन्सियस के भी तीन रानियां है। जब उपरोक्त तीनों आदतें **(विजन, डिसिप्लिन, व पेशन) ईगो** के साथ मिलकर अपना जॉब करती है तो विश्व के लिए हिटलर पैदा होते है, नादिरशाह पैदा होते है। जो कि विश्व को खतरा है।

यदि उपरोक्त तीनों **विजन, डिसिप्लिन** व **पेशन कोन्सियस** के साथ मिलकर अपने लक्ष्यों को पूरा करती है तो **महात्मा गांधी व केनेडी** विकसित होते है। यानी कि श्रेष्ठ लोग व श्रेष्ठता विकसित होती है।

चुनाव आपका है, सामर्थ्यवान आप होंगे। यदि ईगो से ओतप्रोत होंगे तो विश्व के लिए घातक व्यक्ति बन जाएंगे। यदि कोन्सियस से ओतप्रोत होंगे तो विश्व के लिए आदरणीय व्यक्ति बन जाएंगे।

## NOTES (जो बातें आपके ह्रदय को छू गई है)

1. _______________________________________________

2. _______________________________________________

3. _______________________________________________

4. _______________________________________________

5. _______________________________________________

6. _______________________________________________

7. _______________________________________________

8. _______________________________________________

9. _______________________________________________

10. ______________________________________________

11. ______________________________________________

12. ______________________________________________

13. ______________________________________________

14. ______________________________________________

15. _______________________________________

16. _______________________________________

17. _______________________________________

18. _______________________________________

19. _______________________________________

20. _______________________________________

21. _______________________________________

22. _______________________________________

23. _______________________________________

24. _______________________________________

25. _______________________________________

**NOTES** (जो निर्णय आपने अपने जीवन में लेने हेतु तय किये है)

26. _______________________________________

27. _______________________________________

28. _______________________________________

29. _______________________________________

30. _______________________________________

31. _______________________________________

32. _______________________________________

33. _______________________________________

34. ______________________________________________

35. ______________________________________________

36. ______________________________________________

37. ______________________________________________

38. ______________________________________________

39. ______________________________________________

40. ______________________________________________

41. ______________________________________________

42. ______________________________________________

43. ______________________________________________

44. ______________________________________________

45. ______________________________________________

46. ______________________________________________

47. ______________________________________________

48. ______________________________________________

49. ______________________________________________

50. ______________________________________________

# MISSION BILLIONAIRE
## (To Achieve 12 Riches as Described by Napoleon Hill)
## Motivation & Activation Mantra

## अध्याय – 14
# मैं, नाम की मधुमक्खी की कहानी

**(सांयकाल ऑफिस समय समाप्त होते ही, ऑफिस के स्टॉफ को गुडबॉय कहे और घर के अन्य कामों में संलग्न हो)**

सरकारी ऑफिस हो या निजी ऑफिस। जो लोग लम्बी देर तक सांयकाल ऑफिस में बैठते है, वो ज्यादा निष्ठावान कहे जाते है। जबकि ऑफिस का समय 10 से 5 है, तो उसी में अपना कार्य व्यवस्थित रूप से योजनाबद्ध तरीके से पूरा कर देना चाहिए। आपको इस बारे में एक कहानी सुनाता हूँ। 

एक टर्नल थी। उस टर्नल के अंदर मधुमक्खियों का बडा छत्ता था। ट्रेन तो उसमें से यदाकदा ही जाती थी। लेकिन उसमें मधुमक्खियों का छत्ता बढ़ गया। हॉ कुछ पैदल जाने वाले लोग टर्नल के अंदर से जाते थे। 

जो लोग सुबह–सुबह टर्नल के अंदर पैदल जाते थे, वो देखते कि उस में से एक मधुमक्खी बाहर आती। फिर दूसरी आती। फिर तीसरी आती। इस तरह से सभी बाहर आकर टर्नल को घेर लेती।

फिर झूण्ड के झूण्ड फूलों के पौधों पर जाते और वहां से रस चूसकर अपने छत्ते पर जाती।

सांयकाल फिर एक मधुमक्खी टर्नल में जाती। फिर उसके पीछे बाकि मधुमक्खियां भी टर्नल में पहुंच जाती।

यही हाल हमारे विचारों का है। जब प्रातकाल नींद खुलती है तो एक विचार आता है कि मैं हूं। फिर दूसरा विचार आता है कि मैं उठ जाऊं। फिर तीसरा आता है कि मैं पेस्ट कर लूं। फिर दिन भर विचार आते रहते है जैसे कि मधुमक्खियां। इन विचारों के उधेड़ बुन में सारे दिन खोये रहते है।

फिर रात्री में सोते समय सारे विचार जाते है। जब तक विचार नही जाते नींद नही आती। जब अंतिम विचार की मैं हूं, यह भी निकल जाता है, तो तत्क्षण नींद आ जाती है। सब कुछ शून्य हो जाता है, लेकिन जब सुबह उठते है, तो तरो ताजा। अगर ऐसे ही विचारों को जागृत अवस्था में विदा कर दिया जाये और अंत में, मैं हूं वाले विचार को भी विदा कर दिया जाये तो ऐसी स्थिति को आध्यात्मिक लोग समाधी कहते है और मोटिवेशनल स्पीकर्स होश में आना कहते है। अगर ऐसी होश की अथवा समाधी की स्थिति 5–10 मिनट के लिए हो जाए, तो व्यक्ति का पूरी तरह रूपांतरण हो जाता है। होश की अवस्था भी विचार शून्यता की अवस्था है और नीद्रा की अवस्था भी विचार शून्य की अवस्था है। नीद्रा में बेहोशी है, तो होश में जागरण है।

## व्यापारिक संगठन के मुख्य कार्यकारी अधिकारी को मिलने वाली नसीहत

मुख्य कार्यकारी अधिकारी, चाहे उसका संगठन कितना ही बड़ा हो, उसे प्रातःकाल ऑफिस जाना चाहिए, मधुमक्खी की तरह। अपने पूरे काम को पूरी तरह विस्तृत रूप से फैलाना चाहिये। लेकिन शाम को पांच बजे मधुमक्खी की तरह एक–एक करके सभी कर्मचारियों,

अधिकारियों को विदा कर देना चाहिए। और सभी कार्यों को समेट लेना चाहिए। अंत में स्वंय भी ऑफिस को खुदा हाफिज करके घर चले जाना चाहिए। घर पर अपने अन्य कामों को देखना चाहिए।

## वार्षिक, त्रैमासिक, साप्ताहिक व दैनिक डॉयरी संगठन में रखी जानी चाहिए।

वर्ष भर के लक्ष्यों को डॉयरी में लिखा जावें। फिर उनको वार्षिक, त्रैमासिक, साप्ताहिक व दैनिक स्तर पर तोड़ा जाये। ताकि दिन भर में कितना काम किया जाना है ? वो सुनिश्चित हो जाये। जहां दैनिक देनदिंनी संभव नही है, वहां साप्ताहिक देनदिंनी बनाई जा सकती है। यानी सप्ताह भर में कौन–कौन से काम किये जाने है ? कितनी गुणवत्ता के किये जाने है ? ये योजना बनाकर ही काम करने चाहिए। जब शनिवार को कार्य पूरे हो जाए तो रविवार को ऑफिस को भूल जाना चाहिए। रविवार को ऐसे ही समझों जैसे रात्रि की नींद। ऐसे ही रविवार के काम को भूलकर आदमी दूसरे दिन तरोताजा हो जाता है।

अगर होश पूर्वक सप्ताह के नित्य कार्यों को किया जाए तो यह समाधी की स्थिति है। यह कई गुना अधिक परफोरमेन्स हो जाती है। जो लोग प्रोएक्टिवली योजना बनाकर सुनिश्चित साप्ताहिक लक्ष्यों को पूरा करते है, वो आत्म विश्वास से लबरेज रहते है तथा प्रसन्नचित भी। क्योंकि छोटे–छोटे कार्य जो सप्ताह में किये जाने थे। उनको जब व्यक्ति पूर्ण कर लेता है तो व्यक्ति में एक डोपोमाईन नामर्क हार्मोन सिकरीट होने लगता है।

डोपोमाईन के सिकरेशन से व्यक्ति का मूड अच्छा हो जाता है और वो प्रसन्नचित रहता है। तथा इस सिकरेसन से ऑक्सिटोसिन हार्मोन भी बनने लगता है जिससे व्यक्ति प्रेममय व आनंदमय हो जाता है। जब कोई व्यक्ति खुश होता है, प्रसन्नचित होता है व आनंदित होता है, तो उसके सारे कार्य अनूकूल होने लगते है।

प्रकृति के नियम जिसे कि आकर्षक का सिद्धांत कहा जाता है, वो खुश रहने वाले लोगों को और अधिक खुशियां प्रदान करता है।

## संगठन में प्रसन्नता का माहौल

जब किसी संगठन के वार्षिक लक्ष्यों को त्रैमासिक लक्ष्यों व साप्ताहिक लक्ष्यों में तोड लिया जाता है। सभी व्यक्तियों को उनके लक्ष्यों से अवगत करा दिया जाता है तो सभी व्यक्ति अपने कामों के बारे में पूरी तरह परिचित होते है और वो अपने कार्यो को पूर्ण करते है।

जब छोटे—छोटे कार्य कर्मचारी, अधिकारी पूर्ण करते है तो सभी में डोपोमाईन हार्मोन पनपता है और संगठन में खुशनुमा माहौल बन जाता है। और खुशनुमान माहौल होता है, वहां सफलताएं स्वतः आकर्षित होती रहती है एवं इसी क्रम में सभी लोगों में ऑक्सिटोसिन हार्मोन की मात्रा बढ़ जाती है जिससे पूरे संगठन का माहौल प्रेम मय हो जाता है।

## सफलता प्राप्ति से खुशी मिले, जरूरी नही है लेकिन खुश रहने वालो को सफलताएं देना प्रकृति की फितरत है।

लोग भविष्य की कल्पनाएं करते है कि जब मेरे पास शानदार गाड़ी होगी तो मैं खुश होऊंगा। मेरे पास शानदार मकान होगा तो खुश होऊंगा। मेरे पास बहुत सारा पैसा होगा, तब खुश होऊंगा। बड़ी विडम्बना है कि कुछ प्राप्त हो जायेगा तो खुश हो जायेंगे, जबकि होता इसके विपरीत है। जब कुछ प्राप्त हो जाता है तो बात आई गई हो जाती है और देर—सवेर उस प्राप्त वस्तु में कमी नजर आने लगती है। इस सम्बंध में एक देशी कहानी सुनाता हूँ।

एक व्यक्ति था। रेल की पटरी के पास लापरवाही से चला जा रहा था। अचानक ट्रेन आ गई। वो ट्रेन की हड़बड़ाहट से गिर पड़ा। यह तो अच्छा हुआ कि ट्रेन के नीचे नही आया, लेकिन गिरने

से उसके पांस की हड्डी टूट गई। पास के गांव वालों ने उसका हॉस्पिटल में ईलाज कराया लेकिन उसका पांव काटना पड़ा।

जब वो हॉस्पिटल से ठीक हो कर घर आया तो उसने विचारा कि क्या होना चाहिए ? उसने कुछ भिखारियों को देखा जिनके पांव टूटे हुए थे। वो भीख मांग रहे थे। उसने भी भीख मांगना आरम्भ कर दिया। पहले ही दिन उसको इतनी भीख मिली कि उसकी तबीयत प्रसन्न हो गई। उसने पीतल की एक बाल्टी खरीदी और उसमें आटा मांगने लगा। दिनभर में एक बाल्टी भर लेता। फिर उसने एक चरू खरीद ली और पेड़ के बांध लिया। वो आटा लाता और उस चरू में डाल देता। अब उस चरू में काफी आटा हो गया तो वो उसके नीचे ही सोता।

जब सोता तो उसको ख्याल आता कि इतना आटा हो चुका है। किसी दिन इसको बेच दूंगा। बेच कर जो पैसा आयेगा उससे कोई अच्छी लड़की देखकर शादी कर लूंगा। पैसा हो तो लंगड़े की भी शादी हो जाती है। फिर उसने सोचा कि जब शादी हो जायेगी तो बच्चे भी होंगे। एक बच्चा होगा। एक क्या दो–तीन साल बाद दूसरा भी होगा। फिर वो लड़ेंगे तो मैं भी कोई कम नही हूं। लड़ते हुए बच्चों को लात लगाउंगा। अर्द्ध नीद्रा में था। लात लगाई जिससे चरू टूट गई। सारा आटा बिखर गया और गायें आकर आटा खा गई।

जिन लोगों के पास कोई स्पष्ट लक्ष्य नही और इन लक्ष्यों को जिन्होनें लिखा नही। उनकी गति इस भीखारी की तरह ही होने है। मुंगेरी लाल के सपने कभी सच नही होते।

## संतुलन जरूरी है।

व्यक्ति को अपने जीवन के विभिन्न आयामों को तय कर लेना चाहिए। कम से कम पांच आयामों पर उसे गौर करना चाहिये और उनमें संतुलन रखना चाहिए।

1. स्वास्थ्य।
2. आर्थिक मजबूती।
3. मधुर रिश्ते।
4. सामाजिक योगदान।
5. प्रतिष्ठा।

इन पांचो को संतुलित रूप से जीवन में समय व ऊर्जा देनी चाहिए। इनमे कोई भी किसी से कम नही है। जीवन के सकारात्मक विकास हेतु पांचो की जरूरत है। अतः इनमें समुचित समय व प्रयत्न होने चाहिए।

कुछ लोग एकांगी विकास करते है। पैसा ही पैसा एकत्रित करते है। हो सकता है वो लोग अपनी प्रतिष्ठा गवां दे। हो सकता है कि उनका स्वास्थ्य अच्छा ना रहे। हो सकता है कि उनके रिश्तों में मधुरता ना रहे।

चाहे व्यक्ति हो या संगठन अपने आयामों को तय करे और उसके बाद में अपने जीवन मूल्यों का विश्लेषण करें और अपने लक्ष्यों को तय करें। इन पांचों में से किसी एक की कमी को बाकि चार पूरा नही कर पायेंगे। इसलिए पांचो पर ही ध्यान देने की जरूरत है और निरंतर ध्यान देने की जरूरत है।

**भगवान कृष्ण** ने गीता में कहा है कि **'समता में रहो।'** यानी कि अपने जीवन के सभी आयामों में उचित संतुलन रखे।

## अनासक्त योग

ये अनासक्त शब्द गीता की अपनी देन है। अन्यंत्र कही ये शब्द नही है। किसी चीज को प्राप्त करना, उसके लिए पूरा प्रयास करना, उचित है। इसके विपरीत किसी चीज को त्याग देना भी उचित है। लेकिन प्राप्ति और वैराग्य दोनों एक दूसरे के विपरीत ध्रुव है। जैसे सुख और दुःख। सुख किसी चीज को प्राप्त करना है तो हर व्यक्ति

दुःख को त्यागना चाहता है। लेकिन जो इन दोनों से उपर दृष्टा/साक्षी बनकर अपने को देखता है वो परम सुख को प्राप्त करता है।

संगठन के चीफ एक्जिक्यूटिव को इस अनासक्त योग की महत्ता को न सिर्फ समझना चाहिए बल्कि अपने जीवन में उतारना चाहिए। ताकि वो परम ऐश्वर्य, वैभव व तृप्ति को प्राप्त कर सके।

## NOTES (जो बातें आपके ह्रदय को छू गई है)

1. ______________________________________

2. ______________________________________

3. ______________________________________

4. ______________________________________

5. ______________________________________

6. ______________________________________

7. ______________________________________

8. ______________________________________

9. ______________________________________

10. ______________________________________

11. ______________________________________

12. ______________________________________

13. ______________________________________

14. ______________________________________

15. ______________________________

16. ______________________________

17. ______________________________

18. ______________________________

19. ______________________________

20 ______________________________

21. ______________________________

22. ______________________________

23. ______________________________

24. ______________________________

25. ______________________________

**NOTES** (जो निर्णय आपने अपने जीवन में लेने हेतु तय किये है)

26. ______________________________

27. ______________________________

28. ______________________________

29. ______________________________

30 ______________________________

31. ______________________________

32. ______________________________

33. ______________________________

34. _______________________________________

35. _______________________________________

36. _______________________________________

37. _______________________________________

38. _______________________________________

39. _______________________________________

40. _______________________________________

41. _______________________________________

42. _______________________________________

43. _______________________________________

44. _______________________________________

45. _______________________________________

46. _______________________________________

47. _______________________________________

48. _______________________________________

49. _______________________________________

50. _______________________________________

# MISSION BILLIONAIRE
### (To Achieve 12 Riches as Described by Napoleon Hill)
### Motivation & Activation Mantra

## अध्याय – 15
# प्रधानमंत्री नरेन्द्र मोदी द्वारा लिखित पुस्तक साक्षी भाव – एक रोचक कहानी

❖❖❖

(किसी संगठन के सी.ई.ओ. के लिए भी साक्षी भाव बड़ी अहमियत रखता है)

नरेन्द्र भाई मोदी ने जब 'साक्षी भाव' पुस्तक को लिखा तो वो गुजरात राज्य के मुख्यमंत्री थे। उस पुस्तक का जगह–जगह लोकार्पण हुआ। मुझें जब यह जानकारी हुई कि **प्रधानमंत्री नरेन्द्र मोदी** द्वारा 'साक्षी भाव' पर पुस्तक लिखी हुई है, तो ताज्जुब होना स्वाभाविक था कि एक राजनीतिज्ञ और साक्षी भाव। ताज्जुब की स्थिति है। क्योंकि साक्षी भाव को तो आध्यात्मिक लोग अपनी धरोहर समझते है।

मैं साक्षी भाव का योगिक भाषा में अर्थ लेता हूं कि **आज्ञा चक्र का जागरण।** आज्ञा चक्र का जागरण होने से आदमी के पेराडाईम में निम्न प्रकार के परिवर्तन हो जाते है।

1. व्यक्तित्व संकल्पवान बन जाता है।

2. स्वतंत्र व मुक्त व्यक्तित्व का बन जाता है।

3. हर तरह की गुलामी से मुक्ति हो जाती है।

शरीर व इन्द्रियों को जो आज्ञा दो, उनका शरीर व इन्द्रियां पालना करती है।

1. स्वः नियंत्रण।

2. दृष्टा/साक्षी रहकर कार्य को करवाना।

3. अत्यधिक ऊर्जावान बन जाना।

4. उसके व्यक्तित्व के दो तल बन जाते है, एक कर्ता, दूसरा साक्षी।

साक्षी भाव ऐसे ही है, जैसे ट्रेन में बैठे हुए हो और गन्तव्य स्थान की ओर जा रहे हो। ट्रेन के अंदर ही लोग नाश्ता भी करते है, कई ताश भी खेलते है, कई अपना परिचय बढ़ा लेते है। साक्षी भाव वाला व्यक्ति दोनों पर नजर रखता है। अपनी मंजिल पर भी और अपने परिवेश पर भी।

पुरूषेण हो जाता है। इसका अर्थ यह है कि वो तीव्र विचारों को प्रेषित करता है। ताकि उसके विचारों से प्रभावित होकर लोग उसके अनुयायी बन जाते है।

साहसी व पराक्रमी हो जाता है।

भयमुक्त हो जाता है।

संसार क्षण भंगुर है/अनित्य/परिवर्तनशील है। इस बात का उसे अहसास होता है।

जनहित के कार्यों में संलग्न रहता है।

व्यक्तिगत कार्यों को करने हेतु सीमित ऊर्जा व प्रयत्न का उपयोग करता है।

वह देह का, मन का, बुद्धि का मालिक हो जाता है। ऐसा उसका पेराडाईम बन जाता है।

असीम बुद्धिमता से फैजयाब (अभिभूत) होता रहता है।

**प्रधानमंत्री नरेन्द्र मोदी** के व्यक्तित्व से स्पष्ट कि उन्होनें अगर साक्षी भाव पर लेखनी उठाई है तो उपरोक्त बातें उनके जीवन में अवश्य उतरी है।

## आम आदमी का पेराडाईम
## दो ऊल्लूओं की रोचक कहानी

दो ऊल्लू बड़े आपस में तालमेल से रहते थे। एक बार वो शिकार करने निकले तो एक ऊल्लू के हाथ सर्प आया। उसने सर्प को अपनी चोंच में पकड़ा, उड़ा और पेड़ पर आकर बैठ गया। दूसरे ऊल्लू की चोंच में एक चुहा पकड़ में आ गया। वह उड़ा और अपने साथी के पास आकर बैठ गया।

जिस ऊल्लू ने सर्प को अपनी चोंच में पकड़ रखा है और उसे खाने की तैयारी कर रहा है। उस सर्प की बेहोशी देखिए। वो यह तो भूल गया कि उसे उल्लु खाने वाला है। उसकी नजर चुहे पर पड़ी तो उसने सोचा कि शिकार आ गया। अभी इसको खाता हूॅ। यानी चुहें खाने के मजे में वह यह भूल गया कि मेरे को ऊल्लू अभी खा जायेगा।

चुहा भी भूल चुका कि मुझें ऊल्लू खा जायेगा। अच्छी बेहोश छाई। उसे तो सामने जो सर्प था, उसका भय खाये जा रहा था।

उसे लग रहा था कि सर्प उसे खा जायेगा। उस पेड़ के ऊपर एक आदमी बैठा था। उसने उस दृश्य को देखा तो उसे बाईबिल की पुस्तक पर लिखी एक फोटो याद आ गई।

## बाईबिल की पुस्तक पर फोटो

प्रायःकर बाईबिल की पुस्तक पर एक मेंड़क की फोटो बनी रहती है। मेंड़क बीच में है, दायी तरफ एक मच्छर है जिसे खाने के लिए उसने मुंह खोल रखा है। बायी तरफ एक सर्प है, जिसने मेंड़क को अपने मुंह में दबोच लिया है।

बस दुनिया में यही है। मेंड़क मच्छर को खा रहा है और मेंड़क को पीछे से सर्प निकल रहा है। उपरोक्त कहानी में भी ऐसा ही है कि सर्प लालायित हो रहा है, चुहें को खाने को। चुहा ऊल्लू से मुक्त होकर सर्प से भयभीत हो रहा है।

मैं आपको एक आदमी की सच्ची घटना सुनाता हूँ। उस आदमी का नाम था **रामलाल बागला।** उसकी छोटे कस्बे में हवेली थी और ताजा–ताजा उस कस्बे को जिला कार्यालय बनाया गया था। वो व्यक्ति चूड़ीदार पायजामा, ऊपर अचकन, सेंट लगाकर, सूफियाना सिर पर टोपी लगाकर, हाथ में छड़ी लेकर टक–टक घूमा करता था। बड़ा मस्त, खुशनुमा उसका व्यक्तित्व।

एक बार उसके नौकर ने आकर कहा कि खान चाचा, आप तो इठलाते हुए घूम रहे हो। खान चाचा ने कहा कि जब मालिक ने सौगात दी है तो क्यों ना आनन्द उठाऊ ? नौकर बोला कि घर में आग लग गई है। भागों, चलो बुझायें। खान चाचा बोले कि तेरे घर में आग लगी है। मुझे क्या ? नौकर ने कहा कि मेरे घर में नही मालिक, आग आपके घर में लगी है। तो खान चाचा बोले कि फिर तुझें क्या ?

हम कों मालिक ने मस्ती करने के लिए सुबह–सुबह का खुशनुमा माहौल दिया है। हम वॉक पूरी करेंगे, फिर घर जायेंगे।

इस बात को वहां एक संत खड़े थे, उन्होने सुन ली। जिनके भी आश्रम में अभी–अभी आग लगी थी। संत ने कहा कि यह व्यक्ति तो विचित्र है। इसके घर पर आग लगी है और कह रहा है कि परमात्मा की दी सौगात को पहले एन्जोय करेंगे। मैं संत होकर भी बेचैन होता हूँ।

खान चाचा दृष्टा/साक्षी भाव में थे। जिस हेतु **प्रधानमंत्री नरेन्द्र मोदी** ने पुस्तक लिखी है। संत महोदय ऊपर–ऊपर की भक्तिभाव में थे।

## दृष्टा भाव और मोह में अंतर – एक कहानी

मैं आपको यह बतलाना चाहता हूं कि हर व्यक्ति में दृष्टा भाव होने की क्षमता है। हर व्यक्ति अपने आप को नियंत्रण में रख सकता है। लेकिन हम रखते मजबूरी में है।

एक अमीर व्यक्ति थे। लम्बा–चौड़ा कारोबार था। उनकी कई हवेलियां थी। वो अमीर ही नही था बल्कि पढ़ालिखा भी था। इसलिये उसकी दोस्ती कलक्टर, एस.पी. व मंत्रियों आदि से थी। उसकी एक हवेली में आग लग गई तो उसने तत्काल फायरब्रिगेड़ को फोन किया। कलक्टर, एस.पी., मंत्री, स्थानीय विधायक आदि को फोन कर दिये। वो बूरी तरह घबरा गया। उसने फायरब्रिगेड़ से कहा कि तत्काल आईये। ड्यूटी के प्रति लापरवाही मत बरतो। इतना ही नही उसने अपने सभी साथियों से कहा कि बाल्टी उठाओं और आग पर पानी फेंक कर आग बुझाओं। स्वंय भी बाल्टी में पानी भरकर आग बुझाने में लग गया।

इतने में उनका पुराना और विश्वस्नीय नौकर आया और उनके कान में कहा कि यह हवेली तो आपके बड़े बेटे ने बेच दी है। इतना सुनना था कि उसका तो पूरा पेराडाईम ही बदल गया। कलक्टर आये, मंत्री आये जिन पर वो गुस्सा कर रहा था। लेकिन अब सामान्य हाव–भाव में आ गया और आम आदमी की तरह

सलाह देने लगा, ज्ञान की बातें करने लगा। कहने लगा कि कलक्टर आप आ गये, बहुत अच्छा किया। करिए अपनी ड्यूटी, करिए। आपका काम ही आग बुझाना है। बिल्कुल ऐसे बात करने लगा जैसे कि साक्षी भाव में हो। इसका अर्थ यह है कि जब तक अपना कोई नुकसान नही हो, तो साक्षी भाव में रहते है। जब अपने स्वार्थ को चुनोती आ रही हो तो कर्ता के भाव में आ जाते है।

मैं इस कहानी से मात्र यह संकेत देना चाहता हूं कि दृष्टा भाव पैदा करने की क्षमता हर व्यक्ति में मौजूद है और कभी—कभी परिस्थितिवश विकसित भी होती है। जिसे अभ्यास करके बढ़ाई जा सकती है।

इस संदर्भ में मैं एक और कहानी सुनाना चाहूंगा।

## एक यंग कारपोरेट फिमेल ऑफिसर की कहानी

एक यंग फिमेल कारपोरेट ऑफिसर ने बड़ी शानदार गाड़ी खरीदी। चमचमाती हुई गाड़ी। पूरा इंश्योरेन्स करवाया। फिर शोरूम से लेकर अपने घर की तरफ इठलाती हुई निकली। वो स्वंय ही ड्राईविंग कर रही थी। दिल्ली का ट्रेफिक। पता नही कब रूक जाए ? अचानक आगे चलने वाली गाड़ी ने ब्रेक लगा दिये। उस फिमेल ऑफिसर की गाड़ी का आगे वाला हिस्सा आगे वाली गाड़ी के बम्पर से टकरा गया और गाड़ी का नुकसान हो गया।

उसने कहा कि मेरी गाड़ी, चमचमाती हुई गाड़ी को चोट लगी। जैसे यंग फिमेल ऑफिसर के दिल पर चोट लगी। उसकी बहन जो उसके गाड़ी लेने आई थी, उसके साथ बैठी थी। यंग ऑफिसर अपनी बहन से बोली कि सामने वाली गाड़ी ने अचानक ब्रेक लगाया। अभी उसको लपकाती हूँ और उससे मुआवजा वसूल करती हूँ।

वो गाड़ी से उतरी। ट्रेफिक जाम था। भागकर आगे वाली गाड़ी के पास गई। गाड़ी मे बैठी हुई एक अधेड उम्र की महिला ने कार का कांच नीचे किया और पूछा कि क्या बात है ? यंग ऑफिसर तो सकते में आ गई। उसकी तो सिट्टी पिट्टी गुम हो गई। उसने कहा कि कुछ नही, कुछ नही। मैनें नई गाड़ी ली थी, उसे आपकी गाड़ी से चोट लग गई। मेरी गाड़ी का तो इंश्योरेन्स है। मैं इंश्योरेन्स कम्पनी वालो से पैसे ले लूंगी। ऐसा हो जाता है मैड़म, यह सामान्य बात है। आप अन्यथा ना ले। यंग ऑफिसर तो ज्ञान की बातें करने लग गई। साक्षी भाव व दृष्टा भाव में आ गई।

कारण यह था कि सामने वाली गाड़ी में उसकी बॉस बैठी हुई थी जो हर महिने चैक साईन करके उसे तनख्वाह देती थी।

इस कहानी से मेरा आशय यह है कि दृष्टा भाव/साक्षी भाव की सामर्थ्य हर इंसान में होती है। इसे बढ़ाया जा सकता है।

## साक्षी भाव को विकसित करने की एक तकनीक

आप एक सामान्य आसन से बैठ जाइए। आंखे बंद कर ले। मेरूदण्ड सीधी रखे। बंद आंखो से अपने पांवो के अंगूठे को देखे। अंगूठे को कहे कि रिलेक्स। तुम मेरे अंगूठे हो। फिर पिण्डलियों को देखे और कहे कि रिलेक्स। तुम मेरी पिण्डलियां हो। फिर अपने घूटने को देखे और कहे कि रिलेक्स और कहे कि तुम मेरे घूटने हो। फिर अपनी जांघो को देखे और कहे कि रिलेक्स, तुम मेरी जांघे हो। फिर शरीर के पूरे हिस्से को देखों। अब पांव के अंगूठे से लेकर पूरी बॉडी को सिर से आंखो तक देखो। यानी कि मैं बॉडी नही हूं मैं बॉडी से उपर हूं और बॉडी को देख रहा हूं।

शरीर से अपने आपको अलग देखना साक्षी भाव की पहली सीढ़ी है।

दूसरी सीढ़ी है कि आने–जाने वाली श्वासों पर गौर करो। जो श्वास आ रही है, उसको देखों, जो जा रही है, उसको देखों।

इसका अर्थ यह है कि मैं श्वास नही हूँ। बल्कि श्वास को देखने वाला दृष्टा हूँ। यह साक्षी भाव की दूसरी स्थिति है।

अब अपनी बंद आखों से अपने मन में आने वाले विचारों को देखो। जो आ रहा है उसे आने दो व जो जा रहा है, उसे जाने दो। किसी विचार में बहो मत न ही अटको। आप सिर्फ विचारों को देखो। आप साक्षी हो। आप दृष्टा हो। यह साक्षी भाव की तीसरी स्टेज है।

अब आप अपने भावों को देखो। कोई गुस्से का भाव आ रहा है। कोई बदला लेने का भाव आ रहा है। मात्र चौकीदार की तरह देखना है। जज नही करना है। मात्र देखना है, चौकीदार की तरह। यह साक्षी भाव की चौथी स्थिति है।

साक्षी भाव की पांचवी स्थिति यह है कि आप शरीर के मालिक है, आप ही श्वासों के मालिक है, आप ही भावों के मालिक है, आप ही विचारों के मालिक है। यानी कि आप सम्राट है। आप शरीर नही है बल्कि शरीर को देखने वाले है। आप श्वास नही है, श्वास को देखने वाले है। आप विचार नही है, विचारों को देखेन वाले है। आप भावनाएं नही है, आप भावनाओं को देखने वाले है। यानी कि आप साक्षी है/दृष्टा है। आप ज्यों–ज्यों इस अभ्यास को बढ़ायेंगे। त्यों–त्यों उसके दो हिस्स हो जायेंगे। एक कार्य को करने वाला, दूसरा कार्य को देखने वाला वाला। यानी दूसरा हिस्सा दृष्टा व साक्षी है।

अभ्यास के जरिए दृष्टा व साक्षी भाव को लम्बी देर तक ठहराया जा सकता है। अगर दृष्टा भाव की इस उच्च स्थिति के साथ मुख्यमंत्री का कार्य किया जाए अथवा प्रधानमंत्री का कार्य किया जाए तो बहुत अधिक परफोरमेन्स बढ़ेगी और व्यक्ति बहुत बड़े–बड़े काम करने में सफल हो जायेगा। **प्रधानमंत्री नरेन्द्र मोदी ने** यह कहकर एक उदाहरण भी प्रस्तुत कर दिया है।

मैं इस बात से तो सहमत हूं कि **नरेन्द्र मोदी** साक्षी भाव में रहने के अभ्यस्त है। लेकिन मुझें गर्व होता है कि जब युक्रेन व रूस का युद्ध रोकने का फैसला ऐसे प्रधानमंत्री को सौंपा जाता है कि वो कोई फार्मूला बने। क्योंकि युक्रेन, रूस, नाटो, चीन आदि सबको **नरेन्द्र मोदी** के साक्षी भाव में होने व उनकी विश्वसनीयता पर पूरा यकीन हो गया है।

आप भी अगर अपनी परफोरमेन्स को उच्च स्तर पर पहुंचाना चाहते है तो उपरोक्त एक्सरसाईज करके साक्षी भाव को विकसित कर सकते है। जो लोग मल्टिबीलिनियर/मल्टीमिलिनियर बनना चाहते है। उन्हें तो साक्षी भाव का थोड़ा बहुत अभ्यास अवश्य कर लेना चाहिए।

## NOTES (जो बातें आपके ह्रदय को छू गई है)

1. _______________________________________________
2. _______________________________________________
3. _______________________________________________
4. _______________________________________________
5. _______________________________________________
6. _______________________________________________
7. _______________________________________________
8. _______________________________________________
9. _______________________________________________
10 _______________________________________________
11. _______________________________________________

12. _______________________________________

13. _______________________________________

14. _______________________________________

15. _______________________________________

16. _______________________________________

17. _______________________________________

18. _______________________________________

19. _______________________________________

20 _______________________________________

21. _______________________________________

22. _______________________________________

23. _______________________________________

24. _______________________________________

25. _______________________________________

## NOTES (जो निर्णय आपने अपने जीवन में लेने हेतु तय किये है)

26. _______________________________________

27. _______________________________________

28. _______________________________________

29. _______________________________________

30 _______________________________________

31. _______________________________________________

32. _______________________________________________

33. _______________________________________________

34. _______________________________________________

35. _______________________________________________

36. _______________________________________________

37. _______________________________________________

38. _______________________________________________

39. _______________________________________________

40. _______________________________________________

41. _______________________________________________

42. _______________________________________________

43. _______________________________________________

44. _______________________________________________

45. _______________________________________________

46. _______________________________________________

47. _______________________________________________

48. _______________________________________________

49. _______________________________________________

50. _______________________________________________

# MISSION BILLIONAIRE
## (To Achieve 12 Riches as Described by Napoleon Hill)
## Motivation & Activation Mantra



# अध्याय – 16

# पक्का इरादा – एक कहानी

(इरादा ही फर्क लाता है। इरादे के साथ लगातार काम करें तो बीलिनियर भी बन सकते है)

धीरूभाई अम्बानी ने अपने सफल जीवन की कहानी बताते हुए सर्वाधिक महत्व पक्के इरादे को दिया है। यदि इरादा पक्का है, फौलादी है, तो बीलिनियर होना भी नामुमकिन नही है।

बीलिनियर होने के पक्के इरादे को **धीरूभाई अम्बानी** ने अमली जामा पहना कर लोगों के लिए मिसाल कायम कर दी।

**धीरूभाई अम्बानी** के जीवन की एक कहानी सुनाता हूँ।

**धीरूभाई अम्बानी** एक पेट्रोल पम्प पर सेल्समैन का काम करते थे। उनका मुख्य काम डीजल या पेट्रोल डालने के बाद भुगतान लेना होता था। उनके वहां कई लोग जॉब में थे। धीरूभाई अम्बानी भी जॉब करते थे।

कई लम्बी-लम्बी गाड़ियां आती और एक साथ पेट्रोल से टंकी को पूरा भरवाती। तो धीरूभाई अम्बानी यह देख कर दंग रह जाते कि इनके पास इतने पैसे कहां से आते है ? **धीरूभाई अम्बानी** को गाड़ियों की लम्बाई भी हैरत में डाल देती थी कि इतनी लम्बी-लम्बी गाड़ियां।

वो हर गाड़ी को गौर से देखते। बस यही एक मनोवैज्ञानिक परिवर्तन उनके जीवन में होने लगा। अंजाने में उन्होनें विजुलाईजेशन के सिद्धांत को अपना लिया।

विजुलाईजेशन दाहिने मस्तिष्क का कार्य है। लेकिन बांया मस्तिष्क भी गाड़ियां लेना उपयोगी समझ रहा था। अतः **धीरूभाई अम्बानी** ने गणित लगानी आरम्भ कर दी कि यह गाड़ी कितने की है ? मेरे पास कैसे आ सकती है ? क्या तरीका निकल सकता है ? यहीं से शुरू होता है, इरादे के सिद्धांत का चमत्कार (Miracle Law of Intention)

मनोवैज्ञानिकों ने एक सिद्धांत प्रतिपादित किया है कि जहां पर इरादा होता है, आपकी ऊर्जा वहीं पर क्रियान्वित हो जाती है (Where is your intention, there goes energy).

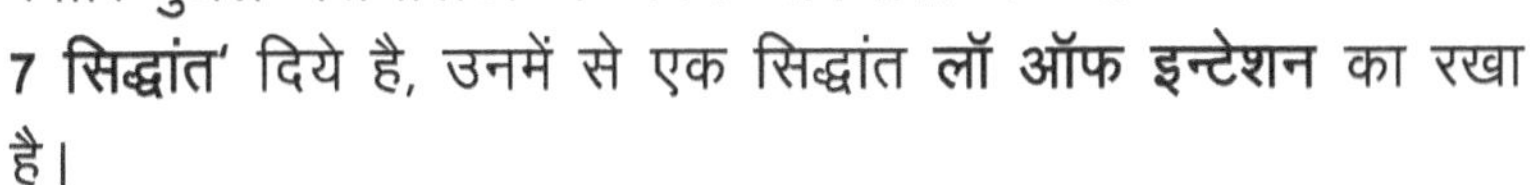

**दीपक चौपड़ा**, महान न्यूरोलोजिस्ट एण्ड स्पीरिच्युअल पर्सनलिटी ने अपने **'सफलता के जो 7 सिद्धांत'** दिये है, उनमें से एक सिद्धांत **लॉ ऑफ इन्टेशन** का रखा है।

## डाउजिंग की कहानी

**डॉ. दीपक चौपड़ा** इरादे के सिद्धांत को डाउजिंग की मदद से समझाते है। वो डाउजिंग को हाथ में लेते है और कहते है कि 'बाई तरफ चलो' डाउजिंग चल

देता है। दाई तरफ चलो तो डाउजिंग दाई तरफ चल देता है। आगे चलो, पीछे चलो, क्लॉक वाईज चलो। जैसे–जैसे निर्देश देते है, डाउजिंग वैसे ही चलता रहता है।

उपरोक्त डाउजिंग/पेण्डुलम धागे से बंधा हुआ है। जब आप अपने सबकोन्सियस माइंड से विचार भेजते है, बाये चलो, दाये चलो तो सबकोन्सियस अपने हाथों को आदेश देता है कि दायें चलो या बायें चलो।

डाउजिंग को चलाते तो अपन खुद ही है, लेकिन अनकोन्सियसली। आदमी को मालूम नही रहता कि मैं चला रहा हूँ। क्योंकि सबकोन्सियस माइंड हाथो की नस को आदेश देता है जिससे हाथ डाउजिंग को वैसे ही घूमा देते है।

## जैसा इरादा वैसी सृष्टि

जो आपने इरादा कर लिया और जिस पर लम्बी अवधि तक कायम रह गये, वहां तक आपकी इतनी ऊर्जा इकट्ठी हो जायेगी कि वहां पर आपको मेनिफेस्ट होना ही पड़ेगा।

## वेदो में एक महावाक्य आया है 'जैसी दृष्टि, वैसी सृष्टि' पक्के इरादे हेतु चींटी की एक कहानी

एक व्यक्ति अपने पिता की मृत्यु पर अपने पिता की जगह राजा बना दिया गया। लेकिन जो पिता में दृढ़ता थी वो पुत्र में नही थी। पुत्र आरामतलबी था। उसके निर्णय भी अस्थिर होते थे। पड़ौस के राजा ने उसके राज्य पर आक्रमण  कर दिया। पड़ौस के राजा ने उसके महल पर कब्जा कर लिया। वो भाग छुटा और एक गुफा में जाकर बैठ गया ताकि प्राण बचा सके।

गुफा में थोड़ा-थोड़ा प्रकाश आ रहा था। उसने गुफा में एक अजीब बात देखी कि दीवार पर चींटिया चढ़ रही थी और अपने से ज्यादा भारी चीनी के दाने को लेकर। हर चींटी के पास अपने से बड़ा चीनी का दाना था और वो अपने बिल (मंजिल) की तरफ लेकर जा रही थी। बार-बार वो गिर पड़ती। लेकिन फिर हिम्मत करके दीवार पर चढ़ती। आखिरकार वो दीवार पर चढ़ ही गई। यानी अपने इरादे पर डटी रही और सफल हुई।

उस व्यक्ति ने देखा, अरे चींटी, इतना छोटा सा जीव। जब यही डटी रही और इन्होनें अपना इरादा नही छोडा। इरादे की शक्ति ने इनको सफलता दी।

## जीत का इरादा बनाना

अब 'मैं हारूंगा नही', यह इरादा बनाने के बजाय 'मैं जीतूंगा', यह इरादा बनाना चाहिए। चींटियों से मुझें यही शिक्षा लेनी चाहिए। उसने प्रतिज्ञा की कि मैं जीतूंगा और उसने अपनी सारी ऊर्जा को जीतने पर केन्द्रित कर लिया। अपना इरादा जीतने का बना लिया।

अब उसका इरादा फौलादी था। उसने सेना को वापिस इकट्ठा किया और पड़ौसी देश पर आक्रमण किया। तब तक डटा रहा जब तक जीता नही।

## आप भी बीलिनियर बन सकते है।

बीलिनियर बनने के लिए सबसे पहले जो कार्य करना है, वो यह है कि बीलिनियर बनने का इरादा बनाना। गम्भीरता पूर्वक बीलिनियर के बारे में सोचना। बीलिनियर कैसा होता है ? कैसे सोता है ? कैसे उठता है ? क्या बोलता है ? क्या खाता है ? बीलिनियर लोग सामान्य लोगों में से ही निकलते है। मगर बीलिनियर वही व्यक्ति बनेगा जिसका इरादा दृढ़ हो। इरादा दृढ़ है तो और बातें जो जरूरी है, स्वतः चली आयेंगी।

## पूर्व प्रधानमंत्री श्रीमती इन्दिरा गांधी द्वारा दिये गये 5 सिद्धांत

1. दूर दृष्टि
2. पक्का इरादा
3. अनुशासन
4. कड़ी मेहनत
5. सामूहिक प्रयास

पूर्व प्रधानमंत्री **श्रीमती इन्दिरा गांधी** स्वंय इन पांचों का अपने जीवन में पालन करती थी और उन्होनें राष्ट्र के लोगों को यह पांच सिद्धांत दिये। लोग अगर इन सिद्धांतो पर चलेंगे तो देश विश्व का सिरमोर बन जायेगा।

**श्रीमती इन्दिरा गांधी** के पांच सिद्धांतो में **पक्का इरादा** भी एक सिद्धांत शामिल है। उन्होने प्रधानमंत्री रहते पक्के इरादे का कई बार दिग्दर्शन करवाया। मैं उनके जीवन के कुछ उदाहरण बतलाना चाहूंगा।

1. उनके द्वारा पूर्व राजाओं को मिलने वाला प्रिवीपर्स बंद किया। जो कि एक ऐतिहासिक निर्णय था।
2. बैंको का राष्ट्रीयकरण।
3. पाकिस्तान के दो टुकड़े कर नया बांग्लादेश बनाना।

उपरोक्त तीनों ही उनके समय के क्रांतिकारी निर्णय रहे। जिनमें उनका पक्का इरादा जग जाहिर है।

एक पुरानी कहानी एकलव्य की सभी ने सुनी होगी। उस कहानी में एकलव्य गुरू द्रोणाचार्य के पास धर्नुविद्या सींखने जाते है। गुरू द्रोणाचार्य उनको यह कहकर कि मैं सिर्फ राजकुमारों को ही धर्नुविद्या सींखाने के लिए तैनात हूँ। इसलिए आपको धर्नुविद्या सींखाने में असमर्थ हूँ।

## एकलव्य का पक्का इरादा

एकलव्य ने पक्का इरादा बनाया। द्रोणाचार्य की एक मिट्टी की मूर्ति बनाई। खुली जगह पर उस मूर्ति को रखा और उसे देखकर धनुर्विद्या का अभ्यास करने लगा। अपने पक्के इरादे से अर्जुन से भी अधिक कुशल धनुर्धर बना। 

## पक्के इरादे की तत्व
## (Elements of Firm Determination)

1. **इच्छा को होना** :– इच्छा का ही नही, धधकती (Burning Desire) इच्छा का होना।

2. लक्ष्य का स्पष्ट निर्धारण।

3. लक्ष्य प्राप्ति हेतु व्यवहारिक योजना।

4. अपने लक्ष्यों के प्रति दृढ अनुशासन।

5. अपने लक्ष्यों को मानसिक रूप से प्राप्त हुआ जानना।

6. मैसिव एक्शन्स लेना।

उपरोक्त 6 बातों को करने वाला व्यक्ति दृढ़ प्रतिज्ञ व पक्के इरादे वाला व्यक्ति कहा जाता है। इस व्यक्ति को इसके इरादे से कोई हटा नही सकता। ऐसे इरादे के व्यक्ति इतिहास में अनेक हुए है और सभी महान हुए है। जैसे कि— महात्मा गांधी, केनेड़ी, इन्दिरा गांधी, नासर आदि।

## पक्के इरादे की प्रेम भरी कथा

शीरी बादशाह की लड़की थी। फरहाद एक सामान्य सैनिक था। उसने महल की छत पर टहलती हुई शीरी को देख लिया। शीरी उसे पसंद आ गई। वो अंदर ही अंदर उसे पत्नी मान चुका। फिर उसने शीरी को पाने के लिए दृढ़ संकल्प किया। शीरी के पिता ने

एक बहुत कड़ी शर्त रखी कि एक पर्वत को काट डालो। फरहाद ने दो कारणों से इस शर्त को स्वीकार किया। एक तो यह कारण कि उसे उसकी शीरी मिल जायेगी। दूसरा यह कि पहाड़ के दूसरी तरफ नदी है जिसका पानी इस तरफ के लोगों को भी पीने के लिये मिल जायेगा। इसलिये उसने दृढ निर्णय किया और लम्बे परिश्रम के बाद पहाड़ को काट डाला।

ऐसी अनेक प्रेम गांथाए प्रचलित है जिनमें पक्के इरादे के साथ आशिकों ने बडे—बड़े कार्य कर डाले।

आप भी बीलिनियर बनना चाहते है तो सिर्फ एक ही बात की जरूरत है, वो है, पक्का इरादा। यह करने में अगर आपको इसे विकसित करने के लिए 90 दिन तक प्रतिदिन 100—100 बार बोलने का अभ्यास करना पड़े तो भी कीजिए।

यदि इरादा बीलिनियर बनने का दृढ़ हो गया तो बाकि सारी चीजे स्वतः चली आयेगी। जैसे कि पूर्व अध्याय में बताया था कि एक विचार आता है तो उसके पीछे—पीछे अनेक विचार आ जाते है। एक मधुमक्खी छत्ते से निकलती है तो पीछे झूंड के झूंड मधुमक्खियां निकल आती है।

'ओम शान्ति ओम शान्ति' नामक फिल्म में शाहरूख खान का एक डॉयलोग है कि 'यदि किसी चीज को शिद्दत से चाहों, तो उसे प्राप्त करने में पूरी कायनात आपकी मदद करने लग जाती है।'

# NOTES (जो बातें आपके ह्रदय को छू गई है)

1. _______________________________________

2. _______________________________________

3. _______________________________________

4. _______________________________________

5. _______________________________________

6. _______________________________________

7. _______________________________________

8. _______________________________________

9. _______________________________________

10 _______________________________________

11. _______________________________________

12. _______________________________________

13. _______________________________________

14. _______________________________________

15. _______________________________________

16. _______________________________________

17. _______________________________________

18. _______________________________________

19. _______________________________________

20 _______________________________________

21. ______________________________________________

22. ______________________________________________

23. ______________________________________________

24. ______________________________________________

25. ______________________________________________

## NOTES (जो निर्णय आपने अपने जीवन में लेने हेतु तय किये है)

26. ______________________________________________

27. ______________________________________________

28. ______________________________________________

29. ______________________________________________

30 ______________________________________________

31. ______________________________________________

32. ______________________________________________

33. ______________________________________________

34. ______________________________________________

35. ______________________________________________

36. ______________________________________________

37. ______________________________________________

38. ______________________________________________

39. ______________________________________________

40. ______________________________________________

41. ______________________________________________

42. ______________________________________________

43. ______________________________________________

44. ______________________________________________

45. ______________________________________________

46. ______________________________________________

47. ______________________________________________

48. ______________________________________________

49. ______________________________________________

50. ______________________________________________

अध्याय – 17

# तालाबंद चिंतन से बाहर निकलो – एक कहानी

(पुराने तरीके अब काम नही आयेंगे। न्यू माइंड सैट, न्यू स्कील सैट, न्यू टूल सैट अपनाने होंगे।)

इस सम्बंध में मैं आपको एक कहानी सुनाना चाहूंगा कि किस तरह से इंसान स्वंय ही कमरे के अंदर बंद हो जाता है और ताला लगा लेता है।

फिर कहता है कि ताला लग गया, मैं कैसे बाहर निकलू ?

जो लोग जंगल में तोतों को पकड़ते है, उनकी अपनी एक विशेष तरकीब होती है।

## रस्सी पर उलटे लटके हुए तोतें की जुबानी

जंगल में जब तोतों को पकड़ा जाता है तो दो पेड़ो के बीच में कई पतली रस्सियॉ बांद

दी जाती है। तोतें उड़ते हुए आते है और उन रस्सियों पर बैठते है। तोतें का भार ज्यादा होता है, इसलिए वो उन पर लटक जाता है। वो रस्सी को अपने पंजो से मजबूती से पकडे रहता है। वो कई बार कोशिश करता है। लेकिन तोता सोचता है कि मेरे को रस्सी नही पकड़नी है। जबकि रस्सी ने नही पकड़ रखा है, तोतें ने खुद से ही अपने पंजो से रस्सी को पकड़ रखा है। इस स्थिति में तोतों को पकड़ लिया जाता है।

तोतें के साथ एक समस्या है कि उसकी पुरानी आदतें। पुराना उसका उड़ने का तरीका कि वो अपने दोनों पंजो पर बैठेगा, फिर उड़ेगा। अब चूंकि वो रस्सी के लटका हुआ है, इसलिए वो पंजो पर बैठ नही सकता, अतः उड़ने का प्रयास ही नही करता। यदि रस्सी को पंजो से छोड़ दे तो उसे ड़र है कि नीचे गिर कर चकनाचूर हो जायेगा। बस यही हाल इंसान का है। पुरानी आदतों से चिपका रहता है। फिर ऐसी समीकरण बना लेता है कि उन उलझी हुई परिस्थितियों से बाहर नही निकल पाता। परिस्थितियों ने उलझा रखा है या इंसान ने खुद ने उलझी हुई परिस्थितियों को पकड़ रखा है।

## पुरानी परम्पराओं व पुराने तरीको की चिपकाहट

अल्बर्ट आइंस्टिन ने एक बार कहा कि नई चीजों, नये सिद्धांतो को स्वीकारना इंसान के लिए इतना मुश्किल नही है। जितना कि पुरानी बातों, पुराने विश्वासों से पीछा छुड़ाना। इंसान जब किसी कार्य को किसी विशेष तरीके के  द्वारा लम्बी अवधि तक करता रहता है तो उसके दिमाग के न्यूरोम्स में एक विशेष प्रकार का पैटर्न बन जाता है। फिर वो व्यक्ति उस कार्य को उसी तरीके से करने का आदी हो जाता है। दूसरे अन्य किसी तरीके से भी वो कार्य किया जा सकता है, इस तरफ उसका ध्यान ही नही जाता।

यदि बचपन से ही ऐसे परिवार में पले–बढ़े जहां पैसे की तंगी रही, कर्जा रहा, बीमारी रही, निर्धनता रही तो दिमाग के न्यूरोम्स में उसी तरह के पैटर्न बन जाते है। फिर वह अमीरी के, स्वास्थ्य के, सम्पन्नता के विचारों को स्वीकार ही नही करता। अधिकांश हिन्दुस्तानियों के गरीब, बीमार व अशिक्षित रहने के पीछे यही गलत पैटर्न जिम्मेदार है। पैटर्न बदलकर ही स्वस्थ व अमीर बना जा सकता है।

## बीलिनियर आई एम

एक बार डॉ. पिल्लई के पास बिल गेट्स आये, जब वो बीलिनियर नही थे। तब पिल्लई ने उनसे पूछा कि आप और कितना कमाना चाहते हो ? तो बिल गेट्स ने कहा कि मैं बीलिनियर बनना चाहता हूँ। तब पिल्लई ने कहा कि तो बन जाईए, किसने रोका है ? बिल गेट्स ने उनसे कहा कि मुझें कोई मंत्र बता दीजिए जिससे मैं बीलिनियर बन सकू। तो डॉ. पिल्लई ने मंत्र बताया 'बीलिनियर आई एम' इस मंत्र का उच्चारण बार–बार करते रहिए।

बिल गेट्स ने कहा कि आप हिन्दुस्तान के रहने वाले है। मुझें कोई संस्कृत में मंत्र बताइये। मैं उसे याद कर लूंगा क्योंकि संस्कृत के मंत्र बड़े चमत्कारी होते है।

डॉ. पिल्लई ने कहा कि नही, अंग्रेजी में भी मंत्र काम करेगा। ताकत मंत्र के शब्दों में नही है, बल्कि इनके वाईब्रेशन्स में है। आपके इन्टेन्शन में है। जब आपका इन्टेन्शन ऊंचा होगा। आप उसे बार–बार दोहरायेंगे तो ध्वनी का एक वाईब्रेशन बनेगा तो बीलिनियर बनने के लिए जिन वाईब्रेशन्स की जरूरत है वो उनको आपके पास खींच लायेगा और आप बीलिनियर बन जायेंगे।

जहां यह वार्ता हो रही थी। वहां पर एक नोन रेजीडेन्ट इण्डियन बैठा हुआ था। उससे रहा नही गया। उसने **डॉ. पिल्लई** से पूछा कि क्या सिर्फ इस मंत्र का उच्चारण करने से ये बीलिनियर हो जायेंगे ?

**डॉ. पिल्लई** ने कहा कि मेरा स्पष्ट उत्तर 'हाँ' है। जब ये इस मंत्र का उच्चारण लगातार करेंगे, रात्रि में सोते समय भी करेंगे, तो इनकी वित्तीय चेतना का स्तर उठ जायेगा और यूनिवर्स में जिन बातों की जरूरत होगी, वो इनकी और खींची चली आयेगी। अगर किसी नई एज्यूकेशन या हूनर की जरूरत होगी तो यूनिवर्स उसकी भी व्यवस्था कर देगा।

इसका खुलासा करते हुए **डॉ. पिल्लई** ने कुछ प्रश्न पूछे। महाशय आपके कोट का रंग काला क्यों है ? तो नॉन रेजीडेन्ट इण्डियन ने कहा कि मैंने काले कपडे का कोट पहन रखा है। **पिल्लई** ने कहा कि नही, ऐसी बात नही है। सूर्य से निकलने वाले सांतो रंगो को आपके इस कोट ने सोंख लिया है और अंदर से सिर्फ काला रंग फेंक रहा है। इसलिये यह काला दिखाई दे रहा है। आपके कोट का रंग काला नही है।

जिस रंग को ज्यादा मात्रा में किसी वस्तु के द्वारा परावर्तित किया जाता है, वो वस्तु उसी रंग की नजर आती है। इसका अर्थ यह हुआ कि कौन–कौनसे रंगो को वो वस्तु सोंख लेती है ? वो रंग दिखाई नही देंगे। जिन रंगो को वो वस्तु सोंख नही पाती, वो रंग दिखाई देते है। कहने का तात्पर्य यह है कि वस्तु तो रंगहीन है।

इसी तरह इंसान तो शून्य है। उसमें जैसे विचार डाले जाते है और जिन विचारों को बाहर फेंकता है, लोगों को वैसा ही नजर आता है। इंसान का दिमाग अन्य लोगों व परिस्थितियों के विचारों को पकड़ता है, सोंखता है। फिर जो बाहर फेंकता है, वही चीजे दिखाई देती है। यानी कि एक आदमी अमीरी के विचारों का

सम्प्रेषण कर रहा है तो वो अमीर है। उसके पास में तमाम प्रकार सम्पन्नताएं उसके पास एकत्रित हो जायेंगी।

यदि व्यक्ति अपनी आंतरिक बातचीत में गरीबी की चर्चा करता है, बीमारी की चर्चा करता है, गरीबी और बीमारी के विचार बाहर प्रेषित करता है, तो उसके पास में गरीबी और बीमारी स्वतः चली आयेगी।

क्वांटम फिजिक्स के अनुसार व्यक्ति ऊर्जाओं का पूंज है। कौन व्यक्ति कैसा है ? यह महत्वपूर्ण नही है। महत्वपूर्ण है मजनू की नजर, उस मजनू को कौन लैला दिखती है ?

## तालाबंद चिंतन से बाहर आने हेतु एक पहेली, कृपया इसका हल खोजें।

### (9 Dot Riddle)

आप अपनी नोटबुक में नौ बिन्दु अपनी पेंसिल से बनाए। इन नौ बिन्दुओं को चार रेखाओं से मिलाए, शर्त यह है कि आपका हाथ उठना नही चाहिए।

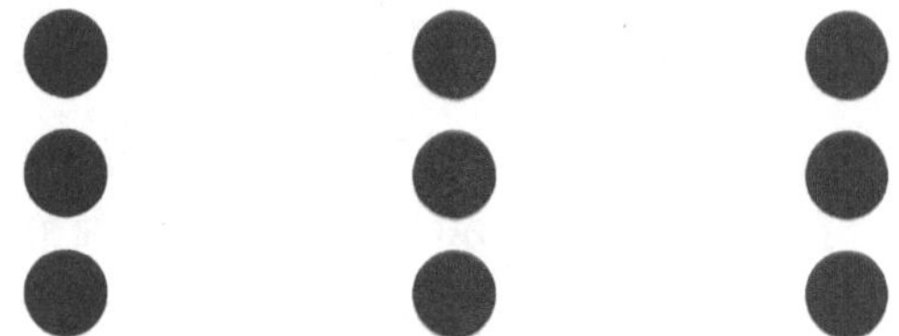

प्रयास करिए कि चार रेखाओं से इन्हे मिलाइए, हाथ हिलना नही चाहिए। आपको 10 मिनट का समय दिया जाता है। इस पहेली को हल करें।

आप हल नही कर पाए, कोई बात नही है। लेकिन मैं बतला दू कि इसके हल कम से कम 10 हो सकते है। आप हल क्यों नही

कर पाए ? क्योंकि आप पुरानी धारणाओं से बंधे हुए है ? जैसे सीधी रेखा होनी चाहिए। रेखाएं बिन्दुओं से आगे नही जानी चाहिए। रेखाएं ज्यादा मोटी नही होनी चाहिए। रेखाएं वक्री नही होनी चाहिए। ये इस पहेली में कोई शर्त नही है, लेकिन ये शर्ते आपके दिमाग ने पकड़ रखी है। इसी को तालाबंद चिंतन कहा जाता है। तालाबंद चिंतनो के कुछ उदाहरण निम्न है।

जो अच्छे अंक लायेगा, उसे अच्छी नौकरी मिलेगी। यह एक तालाबंद चिंतन है। जिसके अंक अच्छे नही होंगे वो भी बहुत अच्छी नौकरी अपने अन्य अच्छे गुणों के कारण पा सकता है।

1. जिन लोगों के पास पूंजी लगाने को होती है, वही व्यापार को बढ़ा सकते है। यह भी तालाबंद चिंतन है। बहुत लोग जिनके पास एक पैसा भी नही था, वो भी अरबपति बने है। **वॉन डॉयर, धीरूभाई अम्बानी, बिल गेट्स** आदि।

   जिसको अच्छी नौकरी मिलेगी, वही सुखी जीवन जी सकता है। यह भी पुराना तालाबंद चिंतन है। नौकरियों में कई तरीके की सीमाएं होती है।

   जिस देश में जनसंख्या ज्यादा है, उस देश को गरीब ही रहना है। यह पुराना सड़ागला चिंतन है और पूरी तरह तालाबंद चिंतन है। चीन जिसकी सबसे ज्यादा जनसंख्या है। आज वो विश्व के सबसे अधिक सम्पन्न अग्रणी देशों में है।

2. महिलाएं पुरूषों के मुकाबले कम समझदार होती है व कम जिम्मेदार होती है। यह पूरी तरह तालाबंद चिंतन है। यदि महिलाओं पर विश्वास किया जाए, उन्हें मौका दिया जाए तो वो किसी भी पुरुष से कम नही होती। अनेक महिलाओं ने जैसे कि **ऐलीजाबेथ, गोल्थ मायर, इन्दिरा गांधी** आदि ने प्रमाणित कर दिया।

# संगठनात्मक विश्वसनीयता
# (Organisational Trusteeship)

किसी भी व्यावसायिक संगठन में व्यक्तियों की निष्ठा, उनकी विश्वनीयता तो आवश्यक है ही। लेकिन स्वंय संगठन की विश्वसनीयता भी जरूरी है। पुराना तालाबंद चिंतन की कम्पनियां जो कुछ करें, चलेगा अब टिक नही पायेगा। आज कारपोरेट सेक्टर में वे ही कम्पनियां कामयाब है जो पुराने तालाबंद चिंतन से बाहर आ गई।

जिन कम्पनियों ने अपना मिशन स्टेटमेंट बना रखा है, जिनके अपने मूल्य है और स्पष्ट अपेक्षाएं है। वे ही कम्पनियों लोगों के लिए विश्वसनीय बनी हुई है।

## पातंजलि की कम्पनियाँ

**बाबा रामदेव** ने पातंजलि के प्रोडक्ट्स को जब से बाजार में उतारा है, तब से पातंजलि के प्रोडक्ट्स धीरे–धीरे विश्वसनीय बनते जा रहे है। पातंजलि के प्रोडक्ट्स गुणवत्तापूर्ण व प्रतिस्पर्धी कीमतों के है। इसलिये विदेशी कम्पनियों को भी शिकस्त देखनी पड गई है।

**कोलगेट, बिनाका** आदि टूथपेस्टो को पातंजलि की **दंतकान्ति** से जबरदस्त टक्कर दी है। बाबा रामदेव ने तालाबंद चिंतन से बाहर आकर एक महात्मा होते हुए भी अपनी वित्तीय बुद्धि का उपयोग करते हुए **पातंजल** संस्थान की स्थापना की और स्वदेशी प्रोडक्ट्स को न केवल भारत में बल्कि भारत से बाहर भी सम्मानजनक स्थान दिलाया। यह सब तालाबंद चिंतन से बाहर आने के ही लाभ है।

आपसे निवेदन है कि आप अपने आपको देखें। अपने विचारों को देखें। फिर जो पुराने व्यर्थ के विचार हो, उनसे अपने आपको मुक्त करें और नये विचारों को अंगीकार करें, ताकि आपका नया माइंड सैट बन सके।

आज के जमाने के नये हूनर्स को सीखे। **New Skills Gives Success.**

वर्तमान में डिजिटल मार्केटिंग, डिजिटल टेक्नोलोजी का जमाना है। इसलिए अपने पुराने टूल्स के बजाय नये डिजिटल टूल्स को अपनाए।

आम जीवन में भी तालाबंद चिंतन से बाहर आये और अपने औद्योगिक जीवन में भी नई बातों को अपनाये ताकि आप न केवल सफल हो बल्कि बड़ी सफलता प्राप्त कर सके। आप सामान्य अमीर नही, बीलिनियर बन सकते है।

## NOTES (जो बातें आपके ह्रदय को छू गई है)

1. _______________________________________________

2. _______________________________________________

3. _______________________________________________

4. _______________________________________________

5. _______________________________________________

6. _______________________________________________

7. _______________________________________________

8. _______________________________________________

9. _______________________________________________

10. _______________________________________________

11. _______________________________________________

12. _______________________________________________

13. ________________________________

14. ________________________________

15. ________________________________

16. ________________________________

17. ________________________________

18. ________________________________

19. ________________________________

20. ________________________________

21. ________________________________

22. ________________________________

23. ________________________________

24. ________________________________

25. ________________________________

## NOTES (जो निर्णय आपने अपने जीवन में लेने हेतु तय किये है)

26. ________________________________

27. ________________________________

28. ________________________________

29. ________________________________

30 ________________________________

31. ________________________________

32. _______________________________________

33. _______________________________________

34. _______________________________________

35. _______________________________________

36. _______________________________________

37. _______________________________________

38. _______________________________________

39. _______________________________________

40. _______________________________________

41. _______________________________________

42. _______________________________________

43. _______________________________________

44. _______________________________________

45. _______________________________________

46. _______________________________________

47. _______________________________________

48. _______________________________________

49. _______________________________________

50. _______________________________________

## अध्याय – 18
# जिंदगी की कमान अपने हाथ में ले – एक कहानी

<hr>

**(स्टेयरिंग दूसरों के हाथो में ना दे, संगठन का कन्ट्रोल सिस्टम के हवाले करें)**

एक व्यक्ति ड्राइविंग जानता था, लेकिन उसका अभ्यास अच्छी तरह नही था। इसलिए वो गाड़ी दूसरे लोगों से चलवाता था। जिनसे भी गाड़ी चलवाता, वो लोग ऐसे समझते थे कि जैसे जब भी पहुंच

जाये, ठीक है। यानी कि अगर 10 बजे पहुंचना होता था, तो गाड़ी चलाने वाला ड्राइवर 10:15 पर पहुंचाता। एकाध बार तो लेट होना मुनासीब हो सकता है। पर बार–बार लेट होना अन्य लोगों को खलने लग जाता है।

इसी तरह से परिवार में जब कोई व्यक्ति जिम्मेदारी की कमान अपने हाथ में लेता है तो वो लीडरशिप प्रदान कर सकता है। लीडरशिप वो गुण है जो अर्जित किया जा सकता है। आवश्यक

नही कि लीडर फोर्मल ही हो, नैतिक रूप से जिस व्यक्ति में लीडरशिप के गुण है, वही व्यक्ति लीडरशिप कर सकता है।

प्रायःकर भारतीय परिवारों में आजकल भिखराव आ रहा है। क्योंकि अब स्वतंत्र सोच बनती जा रही है। हर व्यक्ति अपनी प्रतिभाओं को बढ़ा रहा है। पहले जो उम्र में सबसे बड़ा होता था। उसको परिवार का मुखिया स्वीकार किया जाता था। लेकिन अब परिस्थितियाँ बदल रही है। अब जो परिवार का सदस्य आर्थिक रूप से सक्षम होता है या अन्य राजनैतिक तरीके से सक्षम होता है। नेतृत्व उसके हाथों में चला जाता है।

## लीडरशिप के लिए ड्राइविंग सीट पर बैठना जरूरी है।

जो व्यक्ति स्वंय की, परिवार की, संगठन के विकास की जिम्मेदारी लेता है, वही लीड़र बन सकता है। यद्यपि लीडर्स बोर्न हो, जरूरी नही। लीडरशिप सीखी जा सकती है। लीडर्स दो प्रकार के होते है।

1. एक तो जिनका चरित्र ऊंचा होता है व कार्य को करने व करवाने में सक्षम होते है। ऐसे लीडर्स को **'लीडर्स बॉय करेक्टर एण्ड कम्पिटेन्स'** कहा जाता है। इनके पास कोई औपचारिक पद नही होता, लेकिन ये संगठन में अपना उचित नेतृत्व प्रदान करते है।

2. **औपचारिक नेतृत्वः–** यह नेतृत्व पद के कारण, वरिष्ठता के कारण अथवा प्रमाण पत्र के आधार पर मिलता है।

महात्मा गांधी, केनेडी, नासर आदि प्रथम लीडरशिप की श्रेणी के लोग रहे है। **महात्मा**

**गांधी** के पास कोई पद नही था, लेकिन फिर भी वो आजादी के संग्राम में चालीस करोड़ लोगों को एकजुट करने में सफल रहे।

## बिजनस को सिस्टम के हवाले करों

जैसे व्यक्ति अपने स्वंय का मिशन स्टेटमेन्ट बनाता है। वैसे ही बिजनस संगठन का भी मिशन स्टेटमेन्ट बनाया जाना चाहिए। जो व्यक्ति स्वयं अपने जीवन की जिम्मेदारी हाथ में लेता है, तो उसे स्वंय का ड्राइवर कहा जाता है।

व्यापारिक संगठन में, पारिवारिक संगठन में अथवा राजनैतिक संगठन में ड्राइवर का स्थान सिस्टम लेता है। जैसे कि एक कम्पनी फ्रेन्चाइजी देने का कार्य करती है, तो उसके वहां फ्रेन्चाइजी देने की एक विंग होना लाजमी है। अकाउंट्स का काम देखने के लिए दूसरी विंग, एच.आर.डी. का काम देखने के लिए तीसरी विंग, रिसर्च एण्ड डवलपमेन्ट का काम देखने के लिए चौथी विंग। इस तरह से डिपार्टमेन्ट्स बनाये जाते है। फिर डिपार्टमेन्ट्स के हैड की जिम्मेदारी होती है कि वो अपने विभाग के कार्यों को यथासमय पूरा करावें।

## सिस्टम के हवाले बिजनस करने के लाभ

1. सिस्टम व्यापारिक संस्थान का ड्राइवर बन जाता है। जिसके हाथ में स्टेयरिंग, स्पीड़ व ब्रेक तीनों होते है। अतः सिस्टम व्यापार को स्वः चालित बना देता है।

2. सिस्टम होने पर मुख्य कार्यकारी अधिकारी का कार्यालय में सामान्य कार्यों हेतु समय खराब नही होता। वो नीतिगत निर्णय व विकास के कार्यों हेतु अपना समय लगा सकता है।

3. सिस्टम के हवाले बिजनस करने पर कस्टमर्स के दिमाग में कम्पनी की एक अच्छी छवीं बनती है। क्योंकि कम्पनी के सभी कार्य पारदर्शी होते है।

4. जहां सिस्टम है, वहां व्यक्ति विशेष के बजाय सिस्टम का महत्व है।

5. जहां सिस्टम है, वहां व्यक्ति विशेष व इन्टरप्राई दोनो मिक्स नही होते।

6. सिस्टम कहता है कि बजट बना कर खर्चा करों। जबकि इण्डिविजुअल अपनी सुविधानुसार फंड्स को खर्च करता है। इसलिए इन्टरप्राईज में सिस्टम का बनाया जाना जरूरी है। अन्यथा सैलेरी हेड़ का पैसा अन्य कामों में खर्च हो जाता है। और स्टॉफ को सैलेरी देने की दिक्कत हो जाती है। बिजली, पानी आदि हैड़ का बजट भी किसी अन्य हैड़ में खर्च हो जाता है। परिणाम यह होता है कि कम्पनी के पानी, बिजली व टेलीफोन के बिल जमा नही होते।

7. जिस कम्पनी में सिस्टम होता है, उस पर कस्टमर्स का विश्वास होता है तथा एक सुस्पष्ट नीति होती है। वस्तुओं की कीमते फिक्स होती है। यदि कोई डिस्काउंट दिया जाता है तो उसकी भी नीति होती है।

8. जहां सिस्टम होता है, वहां अपने कार्य के दक्ष लोग काम करते है। हो सकता है कि यह दक्ष लोग इण्डिविजुअल आदमी को पसंद ना आये। लेकिन सिस्टम दक्ष लोगों से ही बनता है।

9. जहां सिस्टम होता है, वहां आपसी मनमुटाव, आपसी तुलना, ईर्ष्या, वेमनस्य नही रहता।

10. जिस तरह से बैंक की शाखा में अलग–अलग चेम्बर बने हुए होते है। केश इकट्ठा करने वाला केशियर अलग बैठता है। चैक इकट्ठे करने वाला क्लर्क अलग बैठता है। लोन की फाईले तैयार करने वाले अलग सेक्शन में बैठते है। मैनेजर अलग सेक्शन में बैठता है। कार्य किस तरह से किये जाने है, नीति स्पष्ट होती है। अतः बैंक शाखा एक सिस्टम के रूप में

काम करते है। बैंक में मालिकों को तो शायद ही कभी किसी ने बैठे हुए देखा होगा।

11. सिस्टम यदि बिजनस में हो तो कई युनिट्स खोली जा सकती है व एक व्यक्ति के द्वारा सम्भाली जा सकती है। सिस्टम नही हो तो मालिक को खुद को ही बैठना होता है।

12. सिस्टम के लोग, सिस्टम के प्रति निष्ठावान होते है। अतः कौन व्यक्ति किस पद पर है ? यह महत्वपूर्ण नही है। बल्कि जो भी व्यक्ति महत्वपूर्ण पद पर बैठेगा, वही निर्धारित कार्यो को करेगा।

13. संगठन जब ही विस्तृत हो सकता है, जब उसमें सिस्टम व प्रोसेस डाली जाती है।

14. सिस्टम में एक प्रावधान होता है कि यदि कोई व्यक्ति छुट्टी पर रह जाए तो उसका कार्य कौन करेगा। इसकी भी स्पष्ट नीति होती है। अतः किसी के छुट्टी पर चले जाने से कोई कार्य रूकता नही है।

अतः ड्राइविंग की सीट पर आप स्वंय बैठे अथवा सिस्टम डाले ताकि आप अपने व्यापारिक जीवन में ऊंची उपलब्धियॉ प्राप्त कर सके।

## NOTES (जो बातें आपके ह्रदय को छू गई है)

1. _______________________________________

2. _______________________________________

3. _______________________________________

4. _______________________________________

5. _______________________________________

6. ______________________________________________

7. ______________________________________________

8. ______________________________________________

9. ______________________________________________

10. ______________________________________________

11. ______________________________________________

12. ______________________________________________

13. ______________________________________________

14. ______________________________________________

15. ______________________________________________

16. ______________________________________________

17. ______________________________________________

18. ______________________________________________

19. ______________________________________________

20. ______________________________________________

21. ______________________________________________

22. ______________________________________________

23. ______________________________________________

24. ______________________________________________

25. ______________________________________________

# NOTES (जो निर्णय आपने अपने जीवन में लेने हेतु तय किये है)

26. _______________________________________________

27. _______________________________________________

28. _______________________________________________

29. _______________________________________________

30 _______________________________________________

31. _______________________________________________

32. _______________________________________________

33. _______________________________________________

34. _______________________________________________

35. _______________________________________________

36. _______________________________________________

37. _______________________________________________

38. _______________________________________________

39. _______________________________________________

40. _______________________________________________

41. _______________________________________________

42. _______________________________________________

43. _______________________________________________

44. _______________________________________________

45. ________________________________________________

46. ________________________________________________

47. ________________________________________________

48. ________________________________________________

49. ________________________________________________

50. ________________________________________________

## अध्याय – 19
# हाथी पर बैठकर एक मक्खी आई –
# एक कहानी

**(लोगों को फुर्सत ही नही होती है, और आप उनसे भयभीत हो जाते है)**

एक बार कुछ मक्खियों के बीच कम्पीटिशन हुआ। हर मक्खी ने अपने आपको ऊंचा और बहादुर दिखाने की नई–नई तरकीबे निकाली। एक मक्खी हाथी पर बैठकर आई। और शेखी बघारी  कि मैनें हाथी की सवारी की है। वो तो अपने सूंड नीचे किए हुए चल रहा था, कान नीचे किये हुए थे। मैं उसके ऊपर महारानी की तरह बैठी थी।

 बस इंसान का भी यही हाल है। जैसे उस हाथी को मालूम ही नही था कि कौन उस पर बैठा है ? वो अपनी मस्ती में ही चला जा रहा था और अपनी मस्ती में ही कान हिला रहा था। मक्खी अपनी कल्पनाओं की

कहानी बुन रही थी। ऐसे ही इंसान कल्पनाओं की कथाएं बुनता रहता है। तथ्यों से परे रहता है।

एक व्यक्ति के कपड़ो पर उड़ती हुई चीड़ियां से बींठ कर दी। वो व्यक्ति तो परेशान हो गया कि लोग क्या कहेंगे ? उसको एक महत्वपूर्ण मीटिंग में जाना था। वो अपने ऑफिस में पहुंचा जहां कई जिलों के ऑफिसर्स आये हुए थे। सोफा सैट पर बैठकर मीटिंग आरम्भ होने का इंतजार कर रहे थे। एक व्यक्ति वहां पर बड़ी कुर्सी पर बैठे थे। उसने जाकर उससे निवेदन किया कि आपके पास रूमाल होगा क्या ? चिड़िया ने मेरी शर्ट पर बींठ कर दी है। उन्होने कहा कि रूमाल तो नही है लेकिन आप मेरी शर्ट ले ले और मुझें अपनी शर्ट दे–दे। उसने भी हॉ कह दी। दोनों ने आपस में शर्ट बदल ली।

थोड़ी देर में मीटिंग आरम्भ हुई तो उसने देखा कि वही व्यक्ति चेयरमैन की कुर्सी पर आकर बैठ गया, जिसने अपनी शर्ट दी थी। डेढ़ घंटे तक मीटिंग चली लेकिन किसी ने भी उस दाग को देखा तक नही और न ही किसी ने उस पर कोई टिप्पणी की।

## अब्राहम लिंकन व उनके साथी की कहानी

**अब्राहम लिंकन** अपने एक साथी के साथ कार से न्यूयार्क जा रहे थे। रास्ते में सड़क के किनारे एक सुअर कीचड़ में गिर पड़ा और निकलने के लिए संघर्ष कर रहा था। लिंकन ने अपनी गाड़ी रूकवाई और अपने साथी से कहा कि चलो, इस सुअर की मदद करते है और इसे कीचड़ से बाहर निकालते है। वो दोनों कीचड़ में उतर गये परिणाम यह हुआ 
कि सुअर तो निकल गया लेकिन वो दोनों कीचड़ में हो गये।

इतने में वहां पर काफी लोग जमा हो गये और उन्होनें उनको पहचान लिया कि यह तो हमारे राष्ट्रपति है। साथ ही उनके साथी को भी पहचान लिया। **अब्राहम लिंकन** वहा से सीधे अपने घर आये और नहा–धोकर, तैयार होकर ऑफिस में जाकर काम करने लगे। उनके साथी ने तीन दिन की छुट्टी ले ली।

**लिंकन** शाम को ऑफिस का काम खत्म करके अपने साथी के घर गये। उससे पूछा कि ऑफिस नही आये ? उसने कहां कि मैंने प्रार्थना पत्र भिजवाया था, कि मैं डिप्रेशन में हूँ। इतने लोगों के सामने मेरी मजाक उड़ी। मैं कैसे आ सकता हूँ ?

**लिंकन** ने उससे पूछा कि क्या उन लोगों को तुम जानते हो ? या वो लोग तुम्हे जानते है ? तो उसने कहा कि नही मैं उन लोगों को नही जानता। साथी ने पूछा कि आप सारा दिन कहां रहे ? **लिंकन** ने कहा कि मैं तो व्हाईट हाऊस गया और नहा–धोकर ऑफिस चला गया तथा वहां पर काम किया। जब तुम ऑफिस नही आये और मालूम चला कि तुम छुट्टी पर हो, तो मिलने चला आया।

साथी ने कहा कि क्या आपको बूरा नही लगा ? आपको डिप्रेशन नही हुआ ? **लिंकन** ने कहा कि बिल्कुल नही। मैंने एक सुअर को मरने से बचा लिया। मैं तो गौरवान्वित था।

**लिंकन** ने आगे यह भी कहा कि कोई भी व्यक्ति तुम्हारा आत्म सम्मान नही गिरा सकता। जब तक कि तुम स्वंय इजाजत ना दो।

## चींटी व नमक की कंकरी की कहानी

एक बार एक नमक की कंकरी बड़ी इठला रही थी कि मैं जहां भी जाती हूँ तो मेरे रास्ते में कोई नही आता। उसने यह भी कह डाला कि चींटियों के इतने बड़े चींटी नगरे से मैं गुजरी, लेकिन किसकी हिम्मत कि मुझें कुछ कहें।

बस ऐसा ही है। इंसान भी यही सोचता है कि चींटियों ने मुझें रोका नहीं। चींटियों को तो शक्कर के दानों से मतलब है। वो क्यों भला नमक की कंकरी की तरफ क्यों देखने लगी ?

## इंसान तीन बातों से परेशान रहता है

1.  लोग उसे महत्व देते है या नही।
2.  लोगों की तुलना में वो ऊपर है या नही।
3.  कहीं वो भीड़ से अलग तो नही है।

बस यही तीन बातें इंसान को औसत व्यक्ति से ऊपर नही उठने देती है। लेकिन जो व्यक्ति विचार विमर्श करके अपने मूल्य निर्धारित कर लेते है। वे उन मूल्यों के अनुरूप अपने लक्ष्य तय कर लेते है। यानी कि अपना मिशन स्टेटमेंट बना लेते है। बस वो अपने मिशन स्टेटमेंट के अनुसार एक्शन प्लान बनाकर कार्य करते रहते है।

दूसरे लोग क्या कहते है ? क्या विचारते है ? उस पर ज्यादा विचार नही करते है। क्योंकि उनके पास सुस्पष्ट लक्ष्य होते है और उनको पूरा करने की योजना।

## मिशन स्टेटमेन्ट बनाने के लाभ

आजकल लगभग हर व्यापारिक संगठन अपना मिशन स्टेटमेन्ट बनाता है। मैं चाहता हूँ कि हर व्यक्ति अपनी जिंदगी का मिशन स्टेटमेन्ट बनाए ताकि वो अन्य लोगों के आधे–अधूरे विचारों से प्रभावित ना हो तथा स्वंय भी किसी प्रकार से कन्फ्यूज ना हो।

जहां कन्फ्यूजन है, वहा दुःख है। क्लियरिटी खुशी प्रदान करती है। काम करना या न करना इसका निर्णय होने से आत्म–संतोष

पैदा होता है व निर्णय लेने से व्यक्ति संतुष्ट महसूस करने लगता है। तथा छोटा ही कार्य हो लेकिन उसे पूर्ण कर लेने पर व्यक्ति को प्रसन्नता महसूस होती है।

## अतः मिशन स्टेटमेन्ट होने से अनेक लाभ है। यथाः—

1. मिशन स्टेटमेन्ट वाले को क्या करना है ? यह स्पष्ट रहता है। अतः उसे कोई कन्फ्यूजन नही रहता।

2. मिशन स्टेटमेन्ट वाले व्यक्ति का फोकस निर्धारित एजेण्डे पर होता है। इसलिए धीरे–धीरे उस व्यक्ति की अपने कार्य पर एकाग्रता बनती है। और जब कार्य को एकाग्रता पूर्वक किया जाता है, तो वो कर्मयोग बन जाता है।

3. जो व्यक्ति मिशन स्टेटमेन्ट बनाकर चलता है, वो अपने लक्ष्यों को सृजन करता है।

4. जिसके पास मिशन स्टेटमेन्ट है, वो अपने कार्य को यथासमय पूर्ण करता है एवं फल पर कोई टिप्पणी नही करता। जो फल प्राप्त होता है, उसे खुशी–खुशी स्वीकार करता है। भगवान कृष्ण ने गीता में इसी को निष्काम कर्मयोग कहा है।

5. जिनके पास मिशन है, उनकी दिशा स्पष्ट है। अतः जितनी गति बढ़ायेंगे, उतनी अधिक सफलता प्राप्त करेंगे।

6. यह सम्भव है कि किसी के लिए कुछ लक्ष्य व मूल्य मिशन है। जबकि दूसरो के लिए Minutia है।

7. जिन लोगों ने सिद्धांतो के आधार पर अपना मिशन स्टेटमेन्ट बनाया है, उन्हें जीवन में न केवल सफलता मिलती है, बल्कि उन्हें कार्य समय पर पूर्ण होने से प्रसन्नता भी प्राप्त होती है।

8. मेरा आपसे आग्रह है कि अगर आप मल्टिमिलिनेयर/बिलिनेयर बनना चाहते है तो अपना मिशन स्टेटमेन्ट अवश्य बनाए। मिशन स्टेटमेन्ट बनाने के बाद हर तीसरे महिने उसकी समीक्षा भी

करें। अगर कोई चीज जोड़नी हो तो जोड़े, घटानी हो तो घटायें।

9. व्यापारिक संगठनों में मिशन स्टेटमेन्ट से दीर्घकालिक लक्ष्यों को पूरा करने में मदद मिलती है।

10. मिशन स्टेटमेन्ट बनाने व उस पर लगातार चलने से इंसान की कई क्रोनिक बीमारियॉ स्वतः ठीक हो जाती है।

11. मिशन स्टेटमेन्ट बनाकर उस पर दृढ़ता पूर्वक चलने से Focused Efforts होते है। जिससे छठीं इन्द्रि जागृत हो जाती जिससे व्यक्ति को दिव्य मार्गदर्शन व सहयोग मिलना आरम्भ हो जाता है।

## NOTES (जो बातें आपके ह्रदय को छू गई है)

1. ______________________________________

2. ______________________________________

3. ______________________________________

4. ______________________________________

5. ______________________________________

6. ______________________________________

7. ______________________________________

8. ______________________________________

9. ______________________________________

10 ______________________________________

11. ______________________________________

12. ______________________________________

13. ______________________________

14. ______________________________

15. ______________________________

16. ______________________________

17. ______________________________

18. ______________________________

19. ______________________________

20. ______________________________

21. ______________________________

22. ______________________________

23. ______________________________

24. ______________________________

25. ______________________________

**NOTES** (जो निर्णय आपने अपने जीवन में लेने हेतु तय किये है)

26. ______________________________

27. ______________________________

28. ______________________________

29. ______________________________

30. ______________________________

31. ______________________________

32. _______________________________
33. _______________________________
34. _______________________________
35. _______________________________
36. _______________________________
37. _______________________________
38. _______________________________
39. _______________________________
40. _______________________________
41. _______________________________
42. _______________________________
43. _______________________________
44. _______________________________
45. _______________________________
46. _______________________________
47. _______________________________
48. _______________________________
49. _______________________________
50. _______________________________

## अध्याय – 20
# 15 दिन का नर्क फिर, स्वर्ग ही स्वर्ग – एक कहानी

(अलाइनमेन्ट एण्ड बेकअप आपकी जिंदगी
व आपके बिजनस को ग्रोथ दे सकते है)

 एक बड़ा सदाचारी, अमीर व्यक्ति था। लोग उसे आदर  से नगर सेठ कहते थे। काम भी उसने परोपकारी किये थे। कई धर्मशालाएं बनाई, कई दातव्य अस्पताल बनवाए। एक जगह तो उसने गरीबो के खाने–पीने के लिए भोजन केन्द्र भी खुलवा रखे थे।

लेकिन समय पाकर सेठ वृद्ध हो गये और एक दिन मृत्यु हो गई। जब उनकी आत्मा को यमराज के दूत लेने आये तो दूत देखकर दंग रह गये कि इतना सदाचारी व्यक्ति। वो उसे यमपुरी में ले गए।

वहां चित्रगुप्त ने उसका लेखा–जोखा देखा और कहा कि इसके तो पूरा ही स्वर्ग लिखा हुआ है। बस सिर्फ 15 दिन का नर्क है।

ये इस जीव की इच्छा पर निर्भर करता है कि पहले नर्क भोगे अथवा स्वर्ग को भोगे। सेठ सज्जन अवश्य था लेकिन बुद्धिमान था। उसने दिमाग लगाया कि यह 15 दिन के नर्क का भय हमेशा ही रहेगा। इसलिए पहले इसे भोग लेते है। बाद में सदा स्वर्ग में ही रहना है। अतः उसने अपनी ओर से पहले नर्क भोगने का विकल्प दे दिया।

यम के दूतों ने उसे नर्क में भेज दिया। नर्क में जाते ही बड़े–बड़े धुरंधर, पापी मिले जो एक–दूसरे के साथ मारपीट रहे थे। हर खोटा काम नर्क में हो रहा था। सेठ ने भी पूरे मनोयोग से सारे खोटे काम किये क्योंकि उसे पता था कि 15 दिन बाद तो स्वर्ग मिलना ही है। नर्क के मजे तो 15 दिन ही मिल सकते है। इसलिए यहां के तो पूरे मजे ले ले।

## संगत का असर/अलाइनमेन्ट का असर

15 दिन बाद सेठ के जीव को वापिस यमराज के यहां पेश किया गया। यमराज ने चित्रगुप्त से पूछा कि क्या परफोरमेन्स है ? चित्रगुप्त ने बताया कि 100 वर्ष के लिए इसके नर्क की अवधि बढ़ानी पड़ेगी क्योंकि इसने 15 दिनों में ही बहुत सारे खोटे काम कर लिये है।

इसलिए इसके पुण्य तो शून्य हो गये और पाप बढ़ गये। 15 दिनों में ये उन बड़े–बड़े अपराधियों के साथ रहा, उनकी संगत में रहा। उनकी तरह पाप करता गया। इसलिए पाप बढ़ गया और पुण्य घट गया।

यह कहानी स्पष्ट करती है कि आप किन लोगों के साथ पंक्तिबद्ध (अलाइनमेन्ट) होते हो व किन लोगों की संगत में रहते हो। वैसी ही तरंगे (Pattern) आपके जीवन में बनेगी और वैसे ही परिणाम आपके जीवन में देखने को मिलेंगे।

## अलाइनमेन्ट (पंक्तिबद्ध होना)

एक कार होती है। उसके चार पहिये होते है। अगर उनमें आपस में तालमेल है, अलाइनमेन्ट है तो गाड़ी बिलकुल सही चलती है। अगर अलाइनमेन्ट बिगड़ जाये तो या तो टायर घिस जायेंगे या कोई एक्सिडेन्ट होगा।

अगर आपका अलाइनमेन्ट आपकी टीम के साथ ठीक है, तो आपकी प्रगति तेज गति से होगी। यदि अलाइनमेन्ट बिगड़ गया तो प्रगति रूक जायेगी और यदि अलाइनमेन्ट गलत लोगो के साथ हो गया तो प्रगति निगेटिव हो जायेगी।

हर इंसान के एक भौतिक शरीर होता है। उस भौतिक शरीर से वो पैसा कमाता है, प्रतिष्ठा कमाता है। लेकिन जब किसी व्यक्ति को ज्यादा पैसा कमाना होता है अथवा अधिक प्रतिष्ठा कमानी होती है। अथवा अधिक सामाजिक योगदान बढ़ानी होती है तो वो एक ओर्गेनाईजेशन (संगठन) बनाता है।

संगठन में कई लोग होते है तथा जमीन, पैसा आदि संसाधन भी। इन सब के बीच में एक उचित अलाइनमेन्ट रखा जाता है तो संगठन दिन दूनी, रात चोगुनी तरक्की करता है। यदि अलाइनमेन्ट बिगड़ जाये तो संगठन की कमर टूट सकती है और यदि अलाइनमेन्ट निगेटिव दिशा में बन जाये तो संगठन बर्बाद हो सकता है।

एक इंसान कार्य करता है। उसके साथ जब कई इंसान मिलते है। उसके साथ तालमेल, सुर में सुर मिलाकर काम करते है, वो अलाइनमेन्ट होता है।

जब व्यक्ति अपने भौतिक शरीर को नियमित रूप से कसरत करवाता है एवं शरीर से कार्य करवाता है तो इसे अनुशासन कहा जाता है। जब ऐसे अनुशासित व्यक्ति मिलकर संगठन बनाते है, तो संगठन में अलाइनमेन्ट बन जाता है। किसी भी संगठन के सफल होने के लिए अलाइनमेन्ट जरूरी है।

## बेकअप

जब कोई व्यक्ति अपना कोई लक्ष्य निर्धारित नही करता है। उसके पास में काई बेकअप नही है। क्या करना है, ऐसी कोई तैयारी नही है ? और यदि तैयारी है, तो भी ढीली–ढाली, योजना है, वो भी टूटी–फूटी। जब उसके पास स्पष्ट लक्ष्य नही, स्पष्ट योजना नही, उसकी कोई स्पष्ट मांग नही तो फिर कुदरत क्या दे ? फिर कुदरत उसे उसकी भूतकाल की घटनाओं में से ही कोई ना कोई चीज देती रहती है। क्योंकि वो नया कोई बेकअप तैयार करता ही नही है। उसके पास कोई लक्ष्य नही है, कोई योजना नही है, कोई नई रणनीति नही है। अतः वो नये बीज नही डालता तो कुदरत नया कुछ नही दे राकती। लेकिन कुदरत का स्वभाव है, देना। इसलिए वो पुराने बीजो में से ही उसे कुछ ना कुछ देती रहती है।

इस बेकअप को मनोवैज्ञानिक भाषा में विजन कहा जाता है और यह विजन इंसान के मस्तिष्क का खेल है। मस्तिष्क में मुख्य प्रकार से दो शक्तियां होती है। एक को मेमोरी कहते है। दूसरे को इमेजिनेशन। जब इमेजिनेशन स्पष्ट रूप से बनाई जाती है तो उसे विजन कहते है। यानी कि वो यूनिवर्स से क्या चीज आकर्षित करेगा ? जैसी उसकी विजन है। इस रिसेप्टिव पॉवर को यदि सकारात्मक

व ग्रहणशील बना लिया जाये तो यही छठी इन्द्रि का विकास कहलाता है।

छठी इन्द्रि से तात्पर्य है कि जो ज्ञान सामान्य इंसान अपनी पांचो इन्द्रियों से प्राप्त करता है। उसके आगे का ज्ञान ये छठी इन्द्रि प्रदान करती है। भविष्य में होने वाले नुकसानो के प्रति सतर्क करती है तथा नये–नये अवसरों को आकर्षित करती है।

## बीलिनियर बनने वालों के लिए आवश्यकताएं

1. विजन का सही प्रयोग करें ताकि छठी इन्द्रि का विकास हो। ताकि भविष्य की मुसिबतों का पहले ज्ञान हो जाए ताकि उसका समय रहते उपचार किया जा सके व सुनहरे अवसरों का ज्ञान हो जावे। यानी इंसान वर्तमान में नये–नये बीज डालता रहे ताकि इंसान का जो उपजाऊ मस्तिष्क है, वो नये–नये फलदार फल देता रहें।

   जब बेकअप वाले लोग मिलकर एक साथ काम करते है। आपस में नोलेज की शेयरिंग करते है तो एक सूझ–बूझ वाला संगठन तैयार होता है। जो कि लम्बी अवधि तक सफलताएं प्राप्त करता है।

2. **डिसिप्लेनः**– डिसिसिप्लन्ड व्यक्ति ही सफलता प्राप्त करते है। अतः बीलिनियर बनने की चाहत रखने वाले व्यक्ति को योजनाबद्ध होकर डिसिप्लिंड लोगो के साथ अलाइनमेन्ट रखना चाहिए। आजकल व्यापारिक भाषा में इसे कारपोरेटाइजेशन कहते है।

3. बेकअप है, डिसिजन है तो साथ में पेशन की जरूरत है। पेशन का अर्थ है कि इमोशनली आप अपने लक्ष्य से जुड़े रहे।

4.  जोशीले लोग जब एक साथ मिलकर काम करते है तो एक अद्भुत टीम बनती है और इस क्रिया को सशक्तिकरण (Empowerment) कहते है।

अतः बीलिनियर बनने वाले व्यक्ति को अलाइनमेन्ट का विशेष ध्यान रखना चाहिए। निगेटिव लोगों से अलायन न हो जाए। डिसिप्लिंड लोगों के साथ ही अलाइनमेन्ट रखे। बेकअप तैयार करता रहे। यानी कि नये–नये बीज बोता रहे ताकि स्पष्ट विजन बनी रहे व रास्ता स्पष्ट रहे तथा सामूहिक रूप से रास्ते को पार किया जा सके। इसके अलावा जोश–जुनून वाले लोगों के साथ मिलकर काम करें ताकि संगठन में Empowerment बने।

जैसे उपरोक्त कहानी में सेठ ने पापियों से अलाइनमेन्ट कर लिया, उनकी संगत में रहा तो नर्क की अवधि बढ़ गई।

## अगर संगत बूरी मिल जाए तो क्या किया जाए ?

अगर परिवार में निगेटिव लोग है, बड़े बुजुर्ग निगेटिव है, पड़ौसी निगेटिव है तो ऐसी स्थिति में संगत को कैसे ठीक रखा जाए ? ये बात सही है कि जिन ईष्ठ मित्रों के बीच हम रहते है, अगर वो लोग निगेटिव है तो किस तरह से अपने को पोजिटिव रखा जाए।

कभीकार आपने भीड़ भाड़ वाली ट्रेन में यात्रा की होगी। वहां पर बाथरूम प्रायःकर गंदे रहते है। लेकिन जरूरत के समय गंदे बाथरूम का उपयोग करना पड़ता है। लेकिन ज्योंहि बाथरूम का प्रयोग कर लिया जाता है तो व्यक्ति अपने दूसरे कामों में लग जाता है। यानी कि बाथरूम कैसा है ? आपने उसका उपयोग किया लेकिन उसका कोई रस नही लिया।

आपको भी इसी तरह से मानसिक रूप से जागृत रहना होगा, Aware रहना होगा। आप बूरी संगत में रहे लेकिन उनकी बातचीतों में ज्यादा रस नही ले। जब तक आप रस नही लेंगे, बूरी

संगत का असर आप पर नही होगा। सम्भव है कि जब आप रस लेना छोड़ देंगे, तो बूरी संगत वाले आपके पास आना ही छोड़ देंगे। कोई भी आपकी आत्मछवीं को गिरा नही सकता जब तक कि आप स्वंय इजाजत नही दे। कोई बूरी संगत आप पर प्रभाव नही डाल सकती जब तक कि आप उनकी बातों में रस ना ले। कोई भी आपको बूरा होने से बचा नही सकता यदि आप उनकी बूरी बातों में रस लेते है।

आप न तो पोजिटिव रह पायेंगे और न ही अपने लक्ष्य पर फोकस्ड। यदि आप निगेटिव लोगों की बातों में रस लेंगे अथवा उन लोगों, वस्तु व स्थानों से अलाइनमेन्ट करेंगे जो आपके विजन डोक्यूमेंट के विरूद्ध है।

**भगवान कृष्ण** ने गीता में कहा है "अभ्यासेन कोन्तेय, वैराग्येन धीमता" यानी कि अच्छे लोगो के साथ, अनुशासित लोगो के साथ अलाइनमेन्ट करना अभ्यास है और निगेटिव लोगों से दूरी बनाना, उनकी बातों में रस नही लेना, परहेज है, वैराग्य है। अतः आपको दोनों मोर्चों पर काम करना होगा।

निगेटिव लोगों से अलाइनमेन्ट ऐसे ही है, जैसे कि जहाज में छेद हो जाना। संगठन में निगेटिव बातों को फैलने से रोकना ही परहेज है, वैराग्य है।

अतः भगवान कृष्ण के द्वारा बताये गये इस दर्शन को व्यापारिक संगठनों में तथा अपनी स्वंय की जिंदगी में काम में लेने से सदैव उन्नति होती रहेगी।

मैं आशा करता हूं कि आप इस दर्शन का लाभ उठायेंगे और अपने आपको बीलिनियर बनाने में कामयाब होंगे।

मेरा आर्शीवाद।

# NOTES (जो बातें आपके हृदय को छू गई है)

1. _______________________________________
2. _______________________________________
3. _______________________________________
4. _______________________________________
5. _______________________________________
6. _______________________________________
7. _______________________________________
8. _______________________________________
9. _______________________________________
10. _______________________________________
11. _______________________________________
12. _______________________________________
13. _______________________________________
14. _______________________________________
15. _______________________________________
16. _______________________________________
17. _______________________________________
18. _______________________________________
19. _______________________________________
20 _______________________________________

21. _______________________________

22. _______________________________

23. _______________________________

24. _______________________________

25. _______________________________

**NOTES** (जो निर्णय आपने अपने जीवन में लेने हेतु तय किये है)

26. _______________________________

27. _______________________________

28. _______________________________

29. _______________________________

30. _______________________________

31. _______________________________

32. _______________________________

33. _______________________________

34. _______________________________

35. _______________________________

36. _______________________________

37. _______________________________

38. _______________________________

39. _______________________________

40. ______________________________________________

41. ______________________________________________

42. ______________________________________________

43. ______________________________________________

44. ______________________________________________

45. ______________________________________________

46. ______________________________________________

47. ______________________________________________

48. ______________________________________________

49. ______________________________________________

50. ______________________________________________

# MISSION BILLIONAIRE
## (To Achieve 12 Riches as Described by Napoleon Hill)
## Motivation & Activation Mantra

## अध्याय – 21
# फैनी हर्स्ट की लगन की कहानी

**(लगन ही लक्ष्य को भेदती है व आपको बीलिनियर बनाने में सक्षम है)**

 अमेरिका में **फैनी हर्स्ट** नाम की एक युवती थी। जो लेखन कार्य करके  बीलिनियर बनना चाहती थी। उसने कई कहानियॉ लिखी, लेख लिखे, कविताएं लिखी। धीरे–धीरे उसे अहसास हुआ कि वो अपना केरियर लेखन में बना सकती है। लेकिन वो साधारण लेखक बनना नही चाहती थी बल्कि बीलिनियर लेखक बनना चाहती थी।

लेखको की दुनियां में बीलिनियर बनना नामुमकिन है। लेकिन **फैनी हर्स्ट** ने इसे एक चुनौती के रूप में लिया। उसने अपनी कहानियों को 'द सेटरडे इवनिंग पोस्ट' में प्रकाशन हेतु भेजा। एक कहानी भेजी। कहानी खेद के साथ लौट आई और एक रिजेक्शन स्लिप साथ आई कि आपकी कहानी प्रकाशन करने में हम असमर्थ है।

उसने दूसरी कहानी दूसरे सप्ताह फिर भेजी। वो भी लौट कर आ गई। तीसरे सप्ताह फिर भेजी, वो भी लौट कर आ गई।

वो लगातार 36 सप्ताह तक प्रति सप्ताह एक कहानी इस अखबार को प्रकाशन हेतु भेजती रही। लेकिन कोई कहानी प्रकाशित नही हुई। कोई और होता तो अखबार की ओर दुबारा मुंह ही नही करता।

**फैनी हर्स्ट** ने कसम खा ली थी कि हार मानूंगी ही नही। आखिर 'द सेटरडे इवनिंग पोस्ट' को मेरी कहानियां प्रकाशित करनी ही पडेंगी।

उन्होनें 37वीं बार कहानी भेजी। कहानी न केवल प्रकाशित हुई बल्कि प्रकाशन के एवज में 10 हजार डॉलर का चैक भी **फैनी हर्स्ट** को प्राप्त हुआ। अब तो जिस पत्रिका को, जिस अखबार को फैनी अपनी कहानियां भेजती, सब उसकी कहानियों को प्रकाशित करते और उसके बदले अच्छी खासी रकम भी देते। उसके घर पर प्रकाशको की लाईन लगने लगी।

अब पैसे की बूंदाबांदी नही होती थी बल्कि पैसो की मूसलाधार बारिश हो रही थी।

फैनी लिखती है कि मेरी कहानियों में कोई ज्यादा निखार नही आया था। यदि सुधार हुआ था तो मेरी लगन बनाये रखने में। लगन ही लक्ष्य को पूरा करने का विश्वसनीय रास्ता है।

## केट स्मिथ की कहानी भी रोचक है –

**केट स्मिथ** ने बरसों गाने गाए और दुर्भाग्य है कि मुफ्त में गाने पड़े। 5 साल की लम्बी अवधि तक वो मुफ्त में गाती रही। वो किसी भी समारोह में जाती तो लोग उसके आगे माईक्रोफोन रख देते और कहते कि गाइएं और वो गाती। 

धीरे–धीरे उसकी आवाज, उसके गाने का सलीका लोगों के दिलों में घर कर गया। फिर उसने एक बार टी.वी. पर मुफ्त में गाना गाया। लेकिन टी.वी. वालों ने उसे 10 हजार डॉलर का चैक दिया। फिर तो उसके घर में पैसा ही पैसा आने लगा। उसके गानों की इतनी मांग हुई और इतना पैसा आया कि उसके लिए गिनना भी मुश्किल हो गया।

## लगन के साथ जब कोई कार्य करता है, तो क्या परिवर्तन होते है।

जब कोई व्यक्ति स्पष्ट लक्ष्यों को सुनिश्चित कर लगन के साथ योजना बनाकर काम करने लगता है तो उसमें चार प्रकार के परिवर्तन होने लगते है।

1. उसमें हार्मोन्स का परिवर्तन होने लगता है। डोपोमाईन व ऑक्सीटोसीन हार्मोन का स्तर बढ़ जाता है। जिससे व्यक्ति प्रसन्न व प्रेममय रहने लगता है।

2. लगनशील व्यक्ति में आध्यात्मिक परिवर्तन होने लगता है।

3. लगनशील व्यक्ति के न्यूरोन्स में रासायनिक परिवर्तन होने लगता है।

4. लगनशील व्यक्ति के मस्तिष्क के वाइब्रेशन का स्तर ऊंचा हो जाता है, जिससे वह ऊंचे लक्ष्यों को प्राप्त कर सकता है।

## व्यक्ति की चेतना के 7 स्तर

कई व्यक्तियों को बिना बात के क्रोध आ जाता है। कुछ लोगों को किसी कारण विशेष क्रोध आ जाता है। मुद्दा यह नही है कि क्रोध आता है बल्कि स्वतः क्रोध आ जाता है, यह बूरी बात है।

इसी तरह से किसी को लोभ आ जाता है। किसी को ईर्ष्या या द्वेष हो जाता है। कोई बदले की भावना से ग्रसित हो जाता है। किसी में जलन की भावना, तुलना की भावना बलवती हो जाती है।

## एक समाज सुधारक की कहानी

देश की आजादी के समय की बात है। एक समाज सुधारक जगह–जगह गीता का प्रचार करते थे और यह कहते थे कि मैनें गुस्से पर काबू पा लिया है। कोई कुछ भी कहे, मुझें गुस्सा नही आता है। मैनें गीता को अपने जीवन में उतार लिया है। गीता मुझें कंठस्थ है। मैं वैसे ही बोलता हूँ जैसे कृष्ण ने बोली थी।

एक बार उनका प्रवास राजपूताना के एक गांव में हुआ। एक आश्रम में ठहरे थे। करीबन महिने भर से वहां रूके। स्वंय ही अपना भोजन बनाते थे। पहले लकड़ियां जलाकर चूल्हा जलाया जाता था और फिर अग्नि को राख में दबा कर रखा जाता था। ताकि बाद में अग्नि प्रज्वलित करनी हो तो चूल्हे में से अंगारे निकाल लिये जाते थे।

समाज सुधारक जी खाना–पीना खाकर आश्रम में टहल रहे थे। एक व्यक्ति कुछ लकड़ियां लेकर आया और समाज सुधारकजी से बोला कि आपके यहां अग्नि हो तो दे दो, मैं लकड़ियां जला लू। उन्होने कहा कि अग्नि नही है। वो सुनकर चला गया। कुछ समय बाद फिर आया। उस समय समाज सुधारक जी सोने की तैयारी कर रहे थे। उस व्यक्ति ने पुनः कहा कि अग्नि हो तो दे दो, मैं लकड़ियां जला लू। समाज सुधारकजी ने कहा कि मैनें कहा ना कि आग नही है। वो फिर चला गया।

तीसरी बार वो फिर आया, तब तक समाज सुधारक जी सो गये थे। उसने जगा कर कहा कि आग हो तो मुझें दे दो। समाज सुधारक जी को गुस्सा आ गया और उसे मारने के लिए डंडा लेकर दौड़े। उन्होनें कहा कि तूझें कहा ना कि आग नही है। चल भाग यहां से।

उस व्यक्ति ने कहा कि आग तो थी, पर थोडी गहरी दबी हुई थी। क्रोध आदि भावों का यही हाल है। कल्पना करिए उस समाज

सुधारक ने कितनी कोशिश की होगी कि मुझें गुस्सा ना आवे। उसने अपने आप पर कई वर्षो तक नियंत्रण भी रखा। लेकिन आखिर गुस्सा आ गया।

इसका अर्थ यह है कि क्रोध कहां से आता है ? हम चेतन मस्तिष्क से प्रोमिजेज करते है कि गुस्सा नही करेंगे, निगरानी भी करते है कि गुस्सा नही करेंगे। लेकिन फिर भी अनायास गुस्सा आ पड़ता है।

यही हाल काम भावना का है। लोग काम को नियंत्रण में रखते है। समाज से भयभीत रह कर संयम रखते है। लेकिन फिर कभी मौका मिलते ही काम भावना इतनी हावी होती है कि अच्छे–अच्छे व्यक्ति कुछ का कुछ कर जाते है।

एक बात कही जा सकती है कि इंसान आखिर है तो पशु ही। अतः उसकी मूल प्रवृति पशु की है, तो भावनाओं को कैसे नियंत्रित किया जा सकता है ? हॉ प्रशिक्षण दिया जा सकता है, ताकि लोगों को दिखाई ना दे।

लेकिन यह स्पष्टीकरण ज्यादा वैज्ञानिक नही बनता है। इसलिए इंसान के 7 प्रकार के तलों का वर्णन मैं यहां करना चाहूंगा।

1. कोस्मिक चेतन मस्तिष्क

2. कलेक्टिव चेतन मस्तिष्क

3. चेतन मस्तिष्क

4. मस्तिष्क

5. अचेतन मस्तिष्क

6. कलेक्टिव अचेतन मस्तिष्क

7. कोस्मिक अचेतन मस्तिष्क

अचेतन मस्तिष्क में भावनाएं रहती है। क्रोध अचेतन मस्तिष्क से आता है इसलिए चेतन मस्तिष्क के द्वारा प्रयास करने से भावों पर

नियंत्रण नही पाया जा सकता। यदि इमोशन्स पर कन्ट्रोल करना है तो अचेतन मस्तिष्क के अंदर घुसना होगा।

चेतन मस्तिष्क के द्वारा इमोशन्स को दूर करना तो ऐसे ही है जैसे पेड़ की कलम काटना। जब किसी पेड़ की कलम काटी जाती है तो उस पर एक डाली के बजाय दो डालियां आती है। इसी तरह से जब चेतन मस्तिष्क द्वारा क्रोध, काम आदि पर नियंत्रण किया जाता है तो वो दुगुने वेग से वापिस आते है।

डालियों को कितना ही काटो ? काम, क्रोध नियंत्रित नही होते। हॉ इनकी जड़े जो अचेतन में है, उसको थोड़ी सी हिला दोगे तो खत्म हो जायेंगे।

इसीलिए आध्यात्मिक महापुरुषों ने कहा है कि अपने अंदर उतरो, अपने अवचेतन मस्तिष्क का अध्ययन करों, विश्लेषण करों और जहां काम, क्रोध आदि की जड़े है। वहां तक अपनी चेतना को ले जाओ और वहां पर प्रहार करों तो प्रहार ज्यादा करना भी नही पड़ेगा और जड़े कट जायेगी। जब जड़े ही कट गई तो फिर काम, क्रोध ज्यादा नही आ पायेंगे। इसका अर्थ यह नही है कि काम, क्रोध समाप्त हो जायेंगे। इसका अर्थ यह है कि आप जब इनका उपयोग करना चाहोगे, तब ही इनका उपयोग कर पाओगे। अपने आप यह न तो प्रकट होंगे ना हावी होंगे।

## कलेक्टिव अवचेतन मस्तिष्क सभी लोगों के जुड़े हुए है

व्यक्ति अपने अवचेतन मस्तिष्क के द्वारा बहुतेरे कार्य करता रहता है। तमाम आदतें अवचेतन मस्तिष्क में ही संग्रहित रहती है। इसलिए ऐसा लगता है जैसे यह अवचेतन मस्तिष्क ही व्यक्ति का भाग्य है। क्योंकि जो घटनाएं चेतन मस्तिष्क के अनुसार नही घटती। अगर वो घटनाएं जीवन में घटती है तो उनका कारण अचेतन मस्तिष्क में संग्रहित संस्कार होते है, जिन्हे वृत्तियॉ कहा जाता है। लेकिन अधिक गहराई में जाए तो सभी लोगों के अवचेतन

मस्तिष्क एक दूसरे से जुड़े हुए होते है। अतः वो एक दूसरे को प्रभावित करते रहते है।

इससे और अधिक गहराई में विश्लेषण किया जाए तो चांद—सितारे, कॉस्मिक बॉडिज भी आपस में जुड़ी रहती है। वो अचेतन मस्तिष्क को प्रभावित करती है। अचेतन मस्तिष्क चेतन मस्तिष्क को प्रभावित कर देता है। जैसे कि चन्द्रमा छोटे से बड़ा होने लगता है तो समुद्र का पानी ज्वार बनने लगता है। अचेतन मस्तिष्क के कलेक्टिव एंव कॉस्मिक तल व्यक्ति को यंत्रवत घूमाते रहते है।

भगवान कृष्ण ने गीता में कहा है किः—

**ईश्वरः सर्वभूतानां हृदेशेऽर्जुन तिष्ठति।**
**भ्रामयन्सर्वभूतानि यन्त्रारुढानि माययया॥**

कि ईश्वर सभी प्राणियों के हृदय में स्थित है तथा सभी प्राणियों को यंत्रवत घूमा रहा है।

कलेक्टिव अचेतन मस्तिष्क व कॉस्मिक अचेतन मस्तिष्क को ही यहां ईश्वर नाम दिया गया है। अचेतन मस्तिष्क का अवलोकन करके इसके अंदर प्रवेश किया जाएं तो धीरे—धीरे संस्कारो को हटाया जा सकता है।

क्षमा साधना इस विषय में एक प्रभावकारी विधी है। लगनशील व्यक्ति अपनी गलतियों के लिए क्षमा मांगता रहता है और दूसरों को क्षमा करता रहता है। इस कारण से उसकी ऊर्जा उसके लक्ष्य पर फोकस रहती है।

अतः वो अपने उद्देश्य को प्राप्त करता है और जीवन में लगातार सफल होता रहता है। न केवल बीलिनियर बनता है, बल्कि जीवन में प्रसन्नचित, प्रफुल्लित व तृप्त भी रहता है।

216

# NOTES (जो बातें आपके हृदय को छू गई है)

1. ___________________________________________

2. ___________________________________________

3. ___________________________________________

4. ___________________________________________

5. ___________________________________________

6. ___________________________________________

7. ___________________________________________

8. ___________________________________________

9. ___________________________________________

10. ___________________________________________

11. ___________________________________________

12. ___________________________________________

13. ___________________________________________

14. ___________________________________________

15. ___________________________________________

16. ___________________________________________

17. ___________________________________________

18. ___________________________________________

19. ___________________________________________

20. ___________________________________________

21. __________________________

22. __________________________

23. __________________________

24. __________________________

25. __________________________

## NOTES (जो निर्णय आपने अपने जीवन में लेने हेतु तय किये है)

26. __________________________

27. __________________________

28. __________________________

29. __________________________

30 __________________________

31. __________________________

32. __________________________

33. __________________________

34. __________________________

35. __________________________

36. __________________________

37. __________________________

38. __________________________

39. __________________________

40. _______________________________________________

41. _______________________________________________

42. _______________________________________________

43. _______________________________________________

44. _______________________________________________

45. _______________________________________________

46. _______________________________________________

47. _______________________________________________

48. _______________________________________________

49. _______________________________________________

50. _______________________________________________

# MISSION BILLIONAIRE
## (To Achieve 12 Riches as Described by Napoleon Hill)
## Motivation & Activation Mantra

## अध्याय – 22
# एक्सफेक्टर की कहानी

❖❖❖

**(दो लोग बराबर की मेहनत व बुद्धिमता से काम करते है, फिर भी एक सफल हो जाता है और दूसरा नही – एक विश्लेषण)**
**एक औसत बुद्धि के लड़के की कहानी**

पुराने जमाने की बात है। एक गुरूदेव की पाठशाला थी। जिसमें कई लड़के पढ़ते थे। बाकि सारी लड़के तो पढ़ने में मेधावी थे। लेकिन एक लड़का औसत था। उसकी बुद्धि  कुशाग्र नही थी और याद भी ज्यादा नही रहता था। लेकिन था बड़ा सेवाभावी।

 गुरूकुल के अंदर सफाई करना और विशेषकर गुरूमाता के काम में हाथ बटाना, उसे बडा अच्छा लगता था। गुरूमाता के लिए जंगल से लकड़ियां काट कर लाता, गेहूं आदि साफ कर देता, सब्जियां लेकर आता।

गुरूदेव उस लड़के को अक्सर कक्षा में अनुपस्थित पाते और मालूम करवाते कि वो कहा है ? तो पता चलता कि वो तो गुरूमाता की सेवा में है। बार–बार प्रेरित करने के बावजूद भी उस लड़के में पढ़ाई की दृष्टि से कोई बहुत ज्यादा सुधार नही हुआ।

## मेधावी छात्रों की प्रतिस्पर्धा परीक्षा

अन्तर्राष्ट्रीय स्तर पर मेधावी छात्रों को छात्रवती दिये जाने हेतु एक उच्च स्तरीय प्रतिस्पर्धा का आयोजन हुआ। जिस हेतु सभी गुरूकुलों के मेधावी छात्रों को भाग लेने के लिए बुलाया गया।

सभी आचार्य अपने–अपने मेधावी छात्रों को लेकर यथा स्थान तथा यथा तिथि पर पहुंचने की तैयारी करने लगे। इस गुरूकुल के विद्यार्थियों को भी गुरूदेव ने जाने का आदेश दिया। सूची बनाई गई। सब लड़को के नाम सूची में लिख लिये गये, लेकिन इस गोपाल नाम के लड़के का नाम कही नही लिखा। अन्य साथियों ने भी कहा कि गोपाल को साथ ले जाना ठीक नही है। क्योंकि वो पढ़ाई में खास ठीक नही है। गुरूदेव ने भी सोचा कि वो पढ़ाई में खास तो है नही, वहां जाकर गुरूकुल की प्रतिष्ठा खराब करेगा। नियत तिथि पर गुरूदेव अपने छात्रों को लेकर प्रतिस्पर्धा हेतु रवाना हो गये।

गोपाल को बहुत बुरा लगा। वो बहुत दुःखी हुआ कि मैं पढ़ाई में कमजोर हूं, इसलिए मुझें लेकर नही गये। लेकिन मैं गुरूमाता का काम भी करता हूं। क्या मुझें इसके कोई नम्बर नही मिलेंगे ? क्या सेवा का महत्व खत्म हो गया ? यह सोच कर वो रोने लगा। गुरूमाता ने उससे कहा कि खाना खा लो, लेकिन गोपाल ने खाना भी नही खाया और अपना दुखड़ा गुरूमाता को बताने लगा।

गुरूमाता ने कहा कि तुम खाना खा लो। आज **बसंत पंचमी** का दिन है। **सरस्वती** का दिन है। मैं तुम्हारी जीभ पर अनार की कलम को केसर में भीगो कर **'ॐ'** लिख दूंगी। फिर तुम्हारे मुंह से **सरस्वती** स्वंय निकलेगी।

गोपाल ने खाना खा लिया। गुरूमाता ने केसर को पानी में घोला, अनार की कलम ली और गोपाल की जीभ पर **'ॐ'** का निशान बना दिया। उससे कहा कि तुम अब प्रतिस्पर्धा स्थल पर चले जाओं। गोपाल अपनी गुरूमाता का आर्शीवाद लेकर प्रतिस्पर्धा स्थल पर पहुंच गया। प्रतियोगिता आरम्भ हो चुकी थी।

मुख्य आचार्य द्वारा मेधावी छात्रों को प्रश्न पूछे जाने लगे। 15–20 मिनट तो मेधावी छात्रों ने ठीक उत्तर दिये। लेकिन बाद में मुख्य आचार्य ने कठिन प्रश्न पूछे जिसे मेधावी छात्र उत्तर नही दे पाए। तब गोपाल ने हाथ ऊंचा कर कहा कि वो इन प्रश्नों का उत्तर देगा। सभी छात्रों ने देखा कि गोपाल कहां से आ गया। गुरूदेव ने भी सोचा कि यह तो हमे अपमानित करने के लिए यहां भी आ गया।

मुख्य आचार्य के कठिन प्रश्नों के उत्तर कोई छात्र नही दे पाया। लेकिन गोपाल बार–बार हाथ उठा कर कहता कि मैं इन प्रश्नों का उत्तर दे सकता हूँ। गुरूदेव उसे बार–बार इशारा करते की शान्ति से बैठे रहो। लेकिन जब किसी को उत्तर नही आया तो गुरूदेव ने गोपाल की ओर इशारा किया कि चलो अब तुम्ही बोलो।

गोपाल ने कठिन प्रश्नो के उत्तर भी बड़े संतोषजनक दिये। इस कारण गोपाल को सर्वश्रेष्ठ विद्यार्थी के रूप में प्रतिस्पर्धा में विजेता घोषित किया गया। प्रतिस्पर्धा समाप्त हो गई।

गुरूदेव और सभी साथियों ने पूछा कि गोपाल तुझें इन प्रश्नों के उत्तर कहां से आये ? तो उसने कहा कि गुरूमाता ने आर्शीवाद

दिया और सरस्वती का मंत्र मेरी जीभ पर लिख दिया। बस उनके आशीर्वाद से ही मेरी जीभ से सरस्वती निकलने लगी।

ये कहानी एक मनोवैज्ञानिक तथ्य की ओर इशारा करती है कि श्रद्धा पूर्वक हम प्रार्थना करें व अदृश्य संदेशो को सुने तो एक्सफेक्टर की कृपा सहयोग हेतु मिलने लगती है।

## एक्सपेक्टर का महत्व

जैसे गणित के सवालों में किसी समस्या को हल करना हो तो माना जाता है कि उसका धन 'एक्स' था। फिर सवाल में बताई हुई शर्तो को पूरा करते हुए आखिर 'एक्स' का मान निकल जाता है। और समस्या का समाधान हो जाता है तथा एक्स गायब हो जाता है।

यानी कि **'एक्स'** का कोई वजूद नही था। लेकिन एक काल्पनिक वजूद अवश्य था। जिसके कारण सवालों के जवाब निकल आये। इस काल्पनिक फेक्ट को मैं एक्सफेक्टर कहता हूं।

जब हम किसी प्रश्न का उत्तर खोजने के लिए 'एक्स' की कल्पना करते है तो हम एक विश्वास कायम करते है, हम उत्तर पाने के लिए गृहणशील बनते है। तो अदृश्य जगत में एक प्रक्रिया बनती है, जो हमारी समस्या का समाधान करती है। यह एक्सपेक्टर है।

एक्सफेक्टर को साधारण भाषा में अनायास प्राप्त होने वाली कृपा भी कहते है। एक्सफेक्टर के बारे में निम्न विशेषताएं बताई जा सकती है:—

जो लोग ग्रहणशील होते है, उनको एक्सफेक्टर शीघ्र प्राप्त होता है। वो जब चाहे तब इस दिव्य कृपा का लाभ उठा सकते है।

आम आदमी को भी जब तक कोई ना कोई ऐसी मदद मिलती रहती है, जिसकी उसे कभी उम्मीद नही होती। जैसे एक व्यक्ति ने मुझें बताया कि वह रेलवे ट्रेक पर चला जा रहा था। अचानक एक

आदमी ने उसे धक्का दिया और वह रेलवे ट्रेक के बाहर गिरा। उठने ही वाला था कि देखा कि तेज गति से एक ट्रेन आई। अगर उस व्यक्ति ने मुझें धक्का नही दिया होता तो मैं ट्रेन के नीचे आ जाता। मजेदार बात यह हुई कि उस धक्का देने वाले व्यक्ति ने मेरी तरफ देखा ही नही। वो अपने काम से चला गया।

जिन लोगों में आत्म–संवाद कम होता है। उन लोगों का अहंकार कम हो जाता है। उन्हें यह एक्सफेक्टर की कृपा प्रायःकर महसूस होती रहती है। एक व्यक्ति ने मुझें बताया कि वो एक इन्टरव्यू देने गया। उसका सलेक्शन चयन सूची में दो नम्बर पर रखा गया लेकिन लेना एक ही व्यक्ति था। उसे जॉब की बड़ी सख्त जरूरत थी। लेकिन यहां तो दूसरा चयनित हो चुका था। फिर भी उसने चयनित हुए व्यक्ति को बधाई देनी उचित समझी। अतः वो बधाई देने के लिए चयनित व्यक्ति का पता मालूम किया और उसके घर पर गया। चयनित व्यक्ति से जब मिला तो चयनित व्यक्ति ने कहा कि कैसे आए ? तो उसने अपनी बात बताई। उसने एक कागज उसे पकड़ाया और कहा कि आप जाकर ज्योईन कर लो। उस व्यक्ति ने कागज को देखा जिसमें लिखा हुआ था कि मैं किन्ही कारणों से यह जॉब करने में असमर्थ हूँ। आप इसके लिए किसी दूसरे का चयन कर ले तो मुझें ऐतराज नही होगा।

वो व्यक्ति तो यह देखकर दंग रह गया कि मैं तो बधाई देने आया था और उसने मुझें जॉब का ऑफर दे दिया। वो वापिस उसी कम्पनी में गया और वहां पर वो कागज दिया तथा स्वंय का नियुक्ति पत्र प्राप्त कर लिया। नई जॉब पर ज्योइन करने के बाद वो धन्यवाद अदा करने के लिए वो वापिस उस पूर्व चयनित महापुरूष के पास मिलने गया तो पता चला कि उसने अमेरिका में रहने वाली लड़की से शादी कर ली और उसकी भी अमेरिका में जॉब लग गई, इसलिए अब वो अमेरिका में शिफ्ट हो रहा है।

# बिलिनियम बनने में एक्सफेक्टर का प्रयोग

एक्सफेक्टर की कृपा सामान्य व्यक्तियों को यदा–कदा देखने को मिलती है। लेकिन इसे उचित साधना के द्वारा प्राप्त भी किया जा सकता है। यदि अन्य सभी बातों को समान रखते हुए जो उद्योगपति/व्यापारी इस एक्स कृपा का लाभ लेता है, वो निसंदेह ज्यादा तरक्की करता है।

एक्स कृपा प्राप्त तो सभी को होती रहती है। लेकिन लोग अपने अहंकार वश उसकी अनदेखी करते है। पूरा विश्व आपकी मदद करने हेतु बना हुआ है। मदद करता भी है। लेकिन हम अपने अहंकार वश लोगों की मदद को स्वीकार भी नही करते और अनदेखी भी करते है।

यदि हम दिनभर चलने वाले आंतरिक बकझक को बंद कर दे तो हम यूनिवर्स के द्वारा मिलने वाले संदेशो को पकड़ने में कामयाब हो जाते है। हम सदैव एक्सफेक्टर की कृपा का लाभ लेने में कामयाब होते है।

आंतरिक बकझक को दूर करने की पूर्व के अध्यायों में अनेक विधियां बताई हुई है। आप किसी भी एक विधि का प्रयोग करते हुए अपने आंतरिक संवाद पर निगरानी रखे। उस आंतरिक संवाद में बहे नही, मात्र देखे। जब बहना बंद कर देंगे तो आपको यूनिवर्स के द्वारा जो मार्गदर्शन दिये जा रहे है व जो सपोर्ट दिया जा रहा है, उसको आप समझ सकेंगे और उसका लाभ उठा सकेंगे।

## दुःख आपको दुःखी करने के लिए नही आते है।

यदि आपके जीवन में कोई तकलीफ आ गई तो आप उसे तकलीफ नही माने। जैसे कि किसी व्यक्ति को बुखार आ गई। इसका मतलब यह दिव्य संदेश है कि आपके शरीर में कुछ ना कुछ गड़बड़ है। यानी उस गड़बड़ को हटाया जाये। इसी तरह आपके जीवन में

कोई दुःख आ गया। इसका अर्थ यह है कि जिंदगी की रेल पटरी पर नही है। अतः उसे सही पटरी पर ले आईए।

जीवन शान्ति, प्रेम, मौन, प्रचुरता पसन्द करता है। यदि आप में इसके विपरीत कोई बात आती है, तो इसका अर्थ यह हुआ कि आप अदृश्य शक्तियों के द्वारा एक्सफेक्टर की कृपा भेजी जा रही है। उसे या तो आप स्वीकार नही करते है या अनदेखी करते है।

यानी कुल मिलाकर यह कि जो कुछ आपको मिला हुआ है, उसके लिए कृतज्ञता प्रकट नही करते। बल्कि शिकायत करते रहते है। बल्कि खुद की तकलीफो के लिए दूसरों को दोषी बताते रहते है तथा एक्सफेक्टर की जो कृपा मिल रही है, उसको अहंकार के कारण अनुभव करना भी नापसंद करते है।

अतः मैं एक्सफेक्टर की कृपा प्राप्त करने के लिए आपको दो अचूक उपाय बताऊंगा। जिससे आप अपने जीवन में आर्थिक रूप से न केवल समृद्ध व बहुत समृद्ध हो सके तथा प्रसन्नचित रह सकेंगे।

**उपाय नं.–1** – आपको जो कुछ भी ईश्वर ने दिया है। उसके प्रति कृतज्ञ रहने की आदत बनाए। कृतज्ञता प्रकट करना एक बार की प्रक्रिया नही है। यह बार–बार विकसित करनी होगी, आदत डालनी होगी।

**उपाय नं.–2** – वर्तमान में अपने भविष्य के लिए नये–नये बीज बोते रहें। ताकि एक्सफेक्टर को नये बीजो पर काम करने का मौका मिलता रहे।

जो लोग आर्थिक रूप से सम्पन्न होना चाहते है, बीलिनियर बनना चाहते है। उन्हें अन्य सभी समझदारी भरे व परिश्रम युक्त प्रयास तो करने ही चाहिए। लेकिन उपरोक्त दोनों उपायों का यदि लाभ लेंगे तो बहुत सरलता से बहुत ऊंची सफलताएं प्राप्त कर सकेंगे। न केवल आर्थिक रूप से बीलिनियर बनेंगे बल्कि **नेपोलियन**

हिल के द्वारा बताई गई 12 प्रकार की सभी अमीरी को प्राप्त कर सकेंगे।

## NOTES (जो बातें आपके हृदय को छू गई है)

1. ______________________________________________
2. ______________________________________________
3. ______________________________________________
4. ______________________________________________
5. ______________________________________________
6. ______________________________________________
7. ______________________________________________
8. ______________________________________________
9. ______________________________________________
10. _____________________________________________
11. _____________________________________________
12. _____________________________________________
13. _____________________________________________
14. _____________________________________________
15. _____________________________________________
16. _____________________________________________
17. _____________________________________________

18. _______________________________

19. _______________________________

20 _______________________________

21. _______________________________

22. _______________________________

23. _______________________________

24. _______________________________

25. _______________________________

## NOTES (जो निर्णय आपने अपने जीवन में लेने हेतु तय किये है)

26. _______________________________

27. _______________________________

28. _______________________________

29. _______________________________

30 _______________________________

31. _______________________________

32. _______________________________

33. _______________________________

34. _______________________________

35. _______________________________

36. _______________________________

37. ________________________________________

38. ________________________________________

39. ________________________________________

40. ________________________________________

41. ________________________________________

42. ________________________________________

43. ________________________________________

44. ________________________________________

45. ________________________________________

46. ________________________________________

47. ________________________________________

48. ________________________________________

49. ________________________________________

50. ________________________________________

## अध्याय – 23
# डॉगी जैकी की कहानी

❖❖❖

**(बात को पूरा समझें व एक्सिलेन्ट कार्य करें व कृतज्ञ रहे)**

एक अत्याधुनिक महिला थी। उसका शानदार परिवार। आलिशान उसकी कोठी। घर में दो बच्चे। मकान खुबसूरत सजा हुआ। उसमें एक सफेद रंग का डॉगी, जिसका प्यार से नाम रखा गया 'जैकी'। वो सभ्रांत महिला अपने दोनो बच्चों को प्यार से रखती, वैसे ही जैकी को भी प्यार से रखती। बच्चों के लिए खिलौन लाती तो जैकी के लिए भी वही खिलौने लाती। जैकी सोफ्ट टॉय्ज से खेलता, फिर कैरी बेग में उसके खिलौने सम्भाल कर रखे जाते।

एक दिन महिला का भाई महिला के यहां आया। महिला बाजार गई हुई थी। उसके साथ ही जैकी व दोनो बच्चे भी गये हुए थे। महिला के भाई ने सोफ्ट टॉय्ज उठाये, कैरी बेग में डाले और अपने खुद के बच्चों को खिलाने हेतु ले जाने लगा तो चौकीदार ने टोका कि इस कैरी बेग में क्या है ? उसने कहा कि खिलौने है। उसने

कहां कि इन्हे मत ले जाइए। यह जैकी के सोफ्ट टॉय्ज है। जब अगली बार आयेंगे तो आपके हाथों की खुशबु से वो पहचान लेगा कि उसके खिलौने आप ही लेकर गये है, जिसके कारण वो आपको काट लेगा।

महिला के भाई को भी बात समझ में आ गई और सोफ्ट टॉय्ज वापिस रख दिये तथा वह कैरी बेग लेकर चला गया कि कुछ सामान ले आऊंगा।

कुछ महिनों बाद सभ्रांत महिला का भाई पुनः घर आया। वो ज्यो ही घर में घूसा तो जैकी ने उसके हाथों को काट लिया।

कहानी ने एक विचित्र स्थिति में लाकर छोड़ दिया कि जब सेल्फ टोय्ज लेकर ही नही गये, तो जैकी ने महिला के भाई को क्यों काटा ?

किसी के यह बात समझ में नही आई। फिर कैरी बेग ढूंढा गया। कैरी बेग नही मिला तो महिला के भाई से पूछा गया कि कैरी बेग कहा है ? उसने कहा कि वो तो मैं ले गया। महिला ने कहा कि वो कैरी बेग जैकी का था, तुम ले गये तो वो काटेगा ही।

यह कहानी हमे एक बड़ी रोचक नसीहत देती है कि कोई बड़ी मुसीबत आ गई, तो आप यह सोचने लगते है कि यह कब खत्म होगी, का विचार जो है वो मुसीबत के कारण आया।

ये विचार कैरी बेग है। तुमने मुसीबत को परे रख रखा है, मगर कैरी बेग को साथ लेकर चल रहे हो। इसलिये जैकी काटेगा, यानी मुसीबत काटेगी। अगर तुम्हे मुसीबत से परे होना है तो साक्षी भाव में आना होगा और साक्षी भाव में आने के लिए कैरी बेग को भी हटाना होगा। यानी कि आप जो विचार कर रहे हो उन विचारों को मुसीबत का उत्पाद मानकर परे करना होगा।

मुसीबत तो खत्म होगी, तब होगी। देर–सवेर होगी ही, लेकिन मुसीबत का विचार जो कि कैरी बेग बना हुआ है, आप जब तक

इस कैरी बेग को नही छोडोगे, तब तक आप टेन्शन मुक्त नही होवोगे।

## मुसीबत ऑफिस में पैदा हुई है, ऑफिस में है लेकिन मुसीबत का विचार (कैरी बेग) तुम घर ले आते हों।

तुम्हारी तमाम टेन्शन का कारण यह कैरी बेग है।

## इंसान और पशुओं में फर्क

कभी–कभी लोग गाय का भी अपमान कर देते है, लेकिन यह अपमान रूपी कैरी बेग को गाय साथ लेकर नही घूमती, इसलिए वो मस्त रहती है। इसीलिये छोटे बच्चें, उनके हाथ में पैसे होते है, कोई दूसरा अगर उनको छीन ले तो वो रोने लगते है। बच्चे के पापा उसे पैसे की जगह टॉफी दे देते हैह तो वो फिर खुश हो जाता है। लेकिन बड़े व्यक्ति एक इज्जत नाम के विचार से बंध जाते है और इसके कारण दुःखी–सुखी होते रहते है। यह इज्जत और कोई नही कैरी बेग है।

## The Highest form of Vanity is Love Fame
## बीलिनियर बनने हेतु साक्षी भाव का प्रयोग

कोई व्यक्ति सामान्य अमीर बनना चाहता है तो वो अपनी मेहनत से, अपनी बुद्धिमता के प्रयोग से बन सकता है। लेकिन यदि कोई बीलिनियर बनना चाहता है तो उसे कुछ अदृश्य सिद्धांतो को सींखना पड़ेगा या उनके अनुसार कार्य करना पड़ेगा।

छठी इन्द्री का जागरण, सांतवी इन्द्री का जागरण व साक्षी भाव में रहना, अदृश्य सिद्धांतो को जानना है व उनके अनुरूप कार्य करना है।

# आपकी चेतना के स्तर का जागरण

**नेपोलियन हिल** ने 12 प्रकार की अमीरी बताई है। इन 12 प्रकार की अमीरी को प्राप्त करने हेतु आपको अपनी चेतना के स्तर को ऊंचा करना होगा। वित्तीय चेतना ज्यों–ज्यों आपकी बढ़ेगी, त्यों–त्यों आप आर्थिक दृष्टि से अमीर बनेंगे।

हर चेतना का स्तर एक पेराडाईम परिवर्तन है। एक गरीब व्यक्ति का आर्थिक पेराडाईम होता है। दूसरा पेराडाईम मध्यमवर्गीय व्यक्तियों का होता है अथवा छोटा–मोटा व्यापार करना चाहते है। तीसरा पेराडाईम अमीर लोगों का होता है।

**नेपोलियन हिल** ने 12 प्रकार की अमीरी में पहले नम्बर पर सकारात्मक रवैये को रखा है। इसका अर्थ **'मैं कृतज्ञता लेता हूँ'।** क्योंकि जो वर्तमान में मिला है, जो भूतकाल में मिला है, उनके बारे में सकारात्म सोच रखना व उनके लिए धन्यवाद देना ही कृतज्ञता है।

यदि व्यक्ति को जो कुछ मिला हुआ है, अगर वो उस पर गौर करें तो उसे पता चलेगा कि उसे अनेक कीमती चीजे मिली हुई है। सबसे पहले तो उसे इंसान का जीवन मिला है, यह सबसे बड़ी उपलब्धि है। आपने कभी इसका महत्व समझनें की कोशिश की है।

मजेदार बात यह है कि न तो आप अपने इस जीवन का महत्व स्वीकारते है और न ही आपके परिवेश के अन्य लोग। जब आप इस दुनियां से चले जायेंगे तो हो सकता है कि कुछ लोगों को अफसोस हो और आपके जीवन का महत्व उन्हें तब नजर आये।

आपको ईश्वर ने दो आंखे दी है, देखने के लिए। कान दिए है सुनने के लिए। बड़े मधुर गीत सुनते हो। आनन्दायक संगीत के दिवाने हो जाते हो। कल्पना करिए यदि आपको कान नही मिले

होते तो ? इसलिए कानो के लिए कृतज्ञ रहना बनता है। आंखो के लिए कृतज्ञ रहना भी बनता है।

कृतज्ञता एक जादू की छड़ी है। इस छड़ी के उपयोग से आप बीलिनियर बनने की न केवल शुरूआत कर सकते हो बल्कि मंजिल पर भी आरूढ़ हो सकेंगे।

**बाईबिल** में लिखा है कि जो व्यक्ति कृतज्ञ रहते है वो धनाढ्य रहेंगे, स्वस्थ रहेंगे। जो कृतज्ञ नही रहेंगे उन्हें गरीब व बीमार कर दिया जायेगा। कृतज्ञता की यदि प्रेक्टिस की जाए तो व्यक्ति निम्न 5 प्रकार के भावनात्मक केंसर से मुक्त हो सकता है।

1.  **Complaining** (शिकायत करना):– औसत आदमी की यदि दिन भर की बातचीत को सुना जाये तो 80 प्रतिशत बातचीत दूसरों की शिकायत करने की ही होती है। स्वयं को ठगा हुआ समझना, अभागा समझना, पीड़ित समझना, परिस्थितियों का मारा हुआ समझना और अपनी इन सब निराशाजनक स्थितियों के लिए दूसरों को दोष देना। कुछ लोग तो ईश्वर को भी दोष दे डालते है। कुछ लोग नक्षत्रों को दोष दे डालते है। कुछ लोग पड़ौसी, भाई–बहनो, रिश्तेदारों को दोष दे डालते है। यानी शिकायत करते रहना हमारा माइंड सेट बन गया और दूसरों पर दोष लगाना हमारी संस्कृति बन गया है।

    परिणाम यह होता है कि हमारी 20 प्रतिशत ऊर्जा इसी में लगी रहती है। भूतकाल की बातों को याद करके भी हम शिकायत करते रहते है। वर्तमान की परिस्थितियों पर भी हम शिकायत करते रहते है। यानी पूरी हमारे जीवनी शक्ति की 20 प्रतिशत ऊर्जा व्यर्थ खर्च होती रहती है। ये भावनात्मक कैंसर है। इससे निजात पाने की जरूरत है।

2. **Comparison (तुलना करना):–** बच्चें की आरम्भ से ही उसके रंग की, उसके बनावट की तुलना कभी उसके माता–पिता से की जाती है, कभी उसके भाई बहिनों से की जाती है तो कभी पड़ौस के बच्चों से। बच्चे के लेबल लग जाता है कि ये काला है या गौरा, सुस्त है अथवा सक्रिय। अधिकांशतः निगेटिव लेबल ही लगाये जाते है।

औसत आदमी अपनी तुलना दूसरों से करता रहता है। एक कहावत है कि **"दूसरे की थाली में घी ज्यादा दिखाई देता है। उसकी साड़ी मेरी साड़ी से अधिक सफेद क्यों ?"** अपने आम जीवन में स्कूलों में, कॉलेजेज में, नौकरी या रोजगार के क्षेत्र में भी तुलनाएं की जाती है। यानी कौन किससे ज्यादा होशियार है ? उसे रोजगार मिलता है।

हम भूल जाते है कि हर व्यक्ति यूनिक पैदा होता है। किन्ही दो व्यक्तियों के हाथों के निशान नही मिलतें। किन्ही दो व्यक्तियों के चेहरे नही मिलते। किन्ही दो व्यक्तियों की आंखे नही मिलती।

कभी–कभी मुझें आश्चर्य होता है कि मेरे मोबाईल में 500 लोगों के नम्बर मौजूद है। 500 लोगो की आवाजे मैं बहुदा सुनता हूं लेकिन किसी भी व्यक्ति की आवाज एक जैसी नही है। यही खुशी की बात है कि हम आवाज से व्यक्ति को पहचान लेते है।

मैनें एक बार कोशिश की कि कितने लोगों को मैं जानता हूं और मैनें लिस्ट बनाई। करीबन 15 दिन के प्रयास से मैनें 5000 लोगो की लिस्ट बना पाया और एक विचित्र बात देखी कि सभी 5000 लोगों के चेहरे अलग–अलग है।

मैं यहां एक और बात कहना चाह रहा हूं कि हमारे दिमाग की शक्ति देखिए कि उसने इन 5000 हजार चेहरों की कैसे फाईलिंग कर रखी है ?

अतः तुलना का कोई वाजिब आधार नही मिलता। हर व्यक्ति या हर बच्चा यूनिक पैदा होता है। हमे उसकी यूनिकनेस का आदर करना चाहिए और बच्चें को उसकी यूनिकनेस के अनुसार ही उसके आगे की शिक्षा व प्रशिक्षण की व्यवस्था की जानी चाहिए।

आम आदमी की 20 प्रतिशत ऊर्जा **Complaining (शिकायत करना)** करने में लगी रहती है। इस कम्पेरिजन से कोई लाभ नही है। यह 20 प्रतिशत ऊर्जा व्यर्थ हो रही है। यह ईमोशनल कैंसर है जिससे निजात पाना जरूरी है।

3. **Competition (प्रतिस्पर्धा करना):–** आम आदमी कम्पीटिशन का सताया हुआ है। कोई जॉब पर जाता है तो वहां उसे कम्पीटिशन मिलता है। कोई व्यापार करता है तो कम्पीटिशन से घबराता है। कम्पीटिशन का भय आम आदमी को कैंसर की तरह खाये जा रहा है। वास्तव में कम्पीटिशन भावनात्मक कैंसर है।

यदि व्यक्ति अपने आपको औसत से ऊंचा कर ले, अपने को अति प्रभावकारी बना ले तो उसके जीवन में से कम्पीटिशन रूपी भावनात्मक कैंसर गायब हो जायेगा। यानी अपने कार्य में एक्सिलेन्ट हो जाएं। जहां–जहां एक्सिलेंसी है, वहां–वहां कम्पीटिशन गायब।

4. **Criticism (आलोचना करना):–** 20 प्रतिशत ऊर्जा आम आदमी की आलोचना करने में व्यर्थ होती है। मोहल्ले की बुजुर्ग महिलाओं को पास की नवयोवना बहु के बारे में जिक्र करने व आलोचना करने में बड़ा रस आता है। कई लोग

पीठ पीछे आलोचना करने में बुराई ही नही समझतें। जैसे यह तो ईश्वर की आराधना है। जबकि किसी व्यक्ति के सामने आलोचना करने के बजाय, पीठ पीछे करना और ज्यादा खतरनाक है।

कई लोग पीठ पीछे आलोचना करके अपने आपको चतुर व होशियार भी जतलाते है।

लोग विदेशों में होने वाले युद्धों के बारे में भी समालोचना करते रहते है। क्रिकेट में **विराट कोहली** की परफोरमेन्स पर भी आलोचना करते रहते है। फिल्म में किसी बड़े सितारे की परफोरमेन्स पर भी लोग आलोचना करने लग जाते है।

मजेदार बात यह है कि जिस कला के बारे में कोई जानकारी नही है, उसकी भी व्यक्ति आलोचना कर देता है। यानी कि जिस व्यक्ति ने कभी बल्ला भी नही पकड़ा वह भी **सचिन तेन्दुलकर** के खेल का समालोचक बन जाता है। परिणाम यह होता है कि 20 प्रतिशत उसकी जीवन शक्ति व्यर्थ आलोचना करने में ही नष्ट हो जाती है।

5. **Contending** (विवाद करना):– एक बार पत्नी चाय ला रही थी कि प्लेट गिर गई। चाय बिखर गई। पति ने कहा चाय नही सम्भाल सकती, गृहस्थी क्या सम्भालोगी ? पत्नी कहां पीछे रहने वाली थी। उसने भी दो–चार बातें सुना दी। फिर तो घमासान युद्ध हो गया। दोनों अपने–अपने तर्क देने लगे। दोनों ही वकील थे। दोनों ने बड़े अच्छे तर्क दिये।

मेहमान जो आये थे, जिनके लिए चाय बनी थी वो भी जिला जज थे। उन्होनें दोनों के तर्क सुने और अपना फैसला देना चाहा। पत्नी बोली आप फैसला दे ही नही सकते। आप तो पति के परिवार से हो। बात बढ़ गई। जिनको चाय पीने के लिए बुलाया था, वो जज महोदय नाराज होकर बिना चाय पीये ही चले गये।

पति–पत्नी के बीच बोलचाल बन्द। फिर किसी दिन एक डाकियें ने आकर दस्तक दी कि एड्वोकेट **सुमिता शर्मा** की डाक है, तो पति ने अन्जाने में **सुमिता** को आवाज दे दी। **सुमिता** तो प्रतिक्षा में ही बैठी थी कि कब पति आवाज दे। तत्काल बोल पड़ी की डाक मेरी है, तुम्हें लेने की जरूरत नही है। दोनों में फिर घमासान हो गया। दोनों ने बड़े अच्छे–अच्छे तर्क दिये, लेकिन झगड़ा खत्म नही हुआ।

दोस्तों सॉरी बोल कर जिस विवाद को खत्म किया जा सकता था, वो इतना लम्बा–चौड़ा बढ़ा। पत्नी सॉरी कह देती तो विवाद वही खत्म हो जाता। पति कह देता कि कोई बात नही तो भी विवाद वही खत्म हो जाता। लेकिन आम आदमी तर्क के साथ जवाब देता है, जिससे बातें और ज्यादा विवाद पैदा कर देती है। कई बार तो बातों के घाव इतने गहरे हो जाते है कि फिर सॉरी कहना भी कारगर नही हो पाता।

सॉरी नही कहना और जस्टीफिकेशन देना यह भावनात्मक कैंसर है जो व्यक्ति की 20 प्रतिशत ऊर्जा को खाये जाता है।

यह 5 सीज पूरी 100 प्रतिशत ऊर्जा को खा जाते है और इंसान के पास में जो बच रहता है वो गरीबी, बीमारी, निराशा व अवसाद।

इन पांचो कैंसर्स का मैं एक उपचार बतला सकता हूं। वो बिल्कुल अनुभूत है। न केवल मेरे द्वारा बल्कि मेरे जैसे हजारो के

द्वारा प्रयोग में लिया गया है व अत्यधिक प्रभावकारी सिद्ध हुआ है और वो है 'कृतज्ञ रहना व कृतज्ञता प्रकट करना'।

चाय बनाकर लाई इस बात के लिए कृतज्ञ रहते और पति कह देता कि बना कर लाई, मुझें इसकी खुशी है। गिर गई, कोई बात नही तो पत्नी मायूश नही होती। वो दुबारा बना लाती।

कृतज्ञता से पांचो प्रकार के उपरोक्त भावनात्मक कैंसर दूर हो सकते है और ज्योंही यह कैंसर्स दूर होंगे त्योंही आप **नेपोलियन हिल** के द्वारा बताई गई 12 प्रकार की अमीरी को प्राप्त करने लग जायेंगे और आप एक सच्चे बीलिनियर बन सकेंगे।

## NOTES (जो बातें आपके ह्रदय को छू गई है)

1. _______________________________________

2. _______________________________________

3. _______________________________________

4. _______________________________________

5. _______________________________________

6. _______________________________________

7. _______________________________________

8. _______________________________________

9. _______________________________________

10. ______________________________________

11. ______________________________________

12. ______________________________________

13. _______________________________

14. _______________________________

15. _______________________________

16. _______________________________

17. _______________________________

18. _______________________________

19. _______________________________

20. _______________________________

21. _______________________________

22. _______________________________

23. _______________________________

24. _______________________________

25. _______________________________

**NOTES** (जो निर्णय आपने अपने जीवन में लेने हेतु तय किये है)

26. _______________________________

27. _______________________________

28. _______________________________

29. _______________________________

30. _______________________________

31. _______________________________

32. ______________________________________________

33. ______________________________________________

34. ______________________________________________

35. ______________________________________________

36. ______________________________________________

37. ______________________________________________

38. ______________________________________________

39. ______________________________________________

40. ______________________________________________

41. ______________________________________________

42. ______________________________________________

43. ______________________________________________

44. ______________________________________________

45. ______________________________________________

46. ______________________________________________

47. ______________________________________________

48. ______________________________________________

49. ______________________________________________

50. ______________________________________________

## अध्याय – 24
# गलती आर्शीवाद बन गई – एक कहानी

◆◆◆

(हर गलती कीमत मांगती है, यह जरूरी नही है।
गलती को आर्शीवाद भी बनाया जा सकता है)

बचपन की बात है। एक बड़ा तालाब, उसके चारों ओर ताल की जमीन, एक ओर ऊंची चट्टान, 8–10 साल की उम्र, बहुत बच्चे शाम को इकट्ठे होते। हम भी उस ताल के मैदान में रविवार–रविवार को जाते। उस मैदान में बच्चे साइकिल सीखते।

ऊंचाई की ओर से एक बच्चा दूसरे बच्चें को सहयोग देकर साइकिल पर बैठाता और फिर उसे धक्का देते। कभी तो साइकिल चलाने वाला धम्म से गिर पड़ता। दूसरे बच्चे देखकर हंसते। दो–चार बार गिरता–पड़ता फिर उसे बैठा देते और वो सीधा साइकिल

से चल पड़ता। बस एक बार चलता तो उसे विश्वास हो जाता कि मैं साइकिल चला सकता हूँ।

लेकिन साइकिल चलाना एक बात, साइकिल को रोकते समय भी गिरने का ड़र। इसलिए बच्चे उसे पकड़ने के लिए भागते और उसे गिरने नही देते। कभी–कभी गिर भी जाते है। लेकिन फिर हिम्मत करते। साइकिल चलाने वाले के समझ में आ जाती कि ऐसी क्या गलती कर रहा हूं कि गिर जाता हूँ ? फिर वो सम्भल जाता। बच्चे भी चिल्लाते कि सामने देख, पेडल मार।
बार–बार गलती होती, लेकिन न तो साइकिल चलाने वाला हिम्मत हारता और न ही सीखाने वाले। 5–7 दिनों में बच्चा सीखता हुआ पूरी तरह साइकिल चलाना सीख जाता।

मजेदार बात यह थी कि उसी ताल पर बच्चों ने एक साइकिल प्रतियोगिता रखी। वो 48 घंटे तक साइकिल चलायेंगे, उसी पर नहायेंगे, धोयेंगे, जो भी काम करना है, साइकिल पर ही करना है। बड़ी मजेदार साइकिल प्रतियोगिता होती। कुछ बच्चें दोनो हाथ छोड़कर साइकिल चलाते। किसी से गलती हो जाती तो गिर पड़ता **'धम्म'**। दूसरे बच्चे सहारा देते तो वह फिर उठ कर चल देता। सब आनन्द लेते। आनन्द लेते–लेते बच्चे साइकिल चलाने में धूरंधर हो जाते।

बच्चों को यह बात अन्यथा ही नही लगती कि गलती हो रही है। हर गलती से वो कुछ ना कुछ सीखते और उनका आत्म–विश्वास बढ़ता। एक दिन वो निपुण साइकिल चालक बन जाते।

बच्चें बड़े होकर गलतियों से सीखना क्यों भूल जाते है ? गलतियों के साथ एक माईनस एक्टसफेक्टर क्यों जुड़ जाता है ? कि मेरी तोहीन हो गई, मेरी इज्जत जा रही है। बचपन में गलती होती तो बच्चे मजे लेते। अब बड़े होने पर गलती को स्वीकार करने में ही शर्म आती है। कहते है कि हर गलती कीमत मांगती है।

गलती कीमत नही मांगती है। गलती तो नसीहत देती है,
सीखावन देती है।

तथा

गलतियों में क्या–क्या आर्शीवाद छिपे है ? उन पर गौर
किया जाये तो अनेक आर्शीवाद दिखाई देते है।

एक सूफी संत ने कहा है कि 'मुसीबत मेरी में बसी है रहमत तेरी।'
अंग्रेजी में भी कहावत है कि **'Every cloud has a silver lining'**.

## सीमा 10वीं कक्षा में फेल हुई। ये मुसीबत नही, आर्शीवाद रही उसकी जिंदगी में – एक कहानी

सीमा एक 14 साल की लड़की थी। वो जब 9वीं क्लास में थी तभी से उसके घरवालों को उसकी शादी की चिंता हो गई और उसके लिए उचित वर देखने लगे। सीमा नही चाहती थी कि इतनी कम उम्र में शादी की जाए लेकिन घरवालों ने परम्पराओं का, मर्यादाओं का हवाला दिया। आखिरकार एक लड़का घरवालों ने देख लिया।

दिलचस्प बात यह रही कि वो लड़का भी उसी स्कूल में पढ़ता था, जिसमें सीमा 9वीं क्लास में पढ़ती थी और लड़का 10वीं क्लास में पढ़ता था। लड़के के पिताजी उसी स्कूल में अध्यापक थे। लड़के के पिताजी लड़के के लिए सपना देख रहे थे कि लड़का इंजीनियर बनेगा। इसके लिए मैं ऐसी बहू लाउंगा जो स्कूल में टीचर लग जायेगी। सीमा के सम्बंध की बातचीत में साल–दो साल निकल गये। सीमा 9वीं से 10वीं क्लास में आ गई और वो लड़का 10वीं से 11वीं क्लास में आ गया। लड़का होनहार था, मेधावी था। उसका इंजीनियरिंग में एडमिशन हो गया। उसने जोधपुर इंजीनियरिंग कॉलेज में दाखिला ले लिया।

सीमा 10वीं क्लास में फेल हो गई। सीमा को बहुत बूरा लगा कि वो फेल हो गई। उसने बहुत बड़ी गलती की, ठीक से पढ़ाई नही की। घरवालों को भी सीमा पर बड़ा गुस्सा आया कि तू ढंग से पढ़ी नही और फेल हो गई। जब लड़के के माता–पिता को पता चला कि सीमा फेल हो गई है। उन्होनें कहा कि हम बहू उसी लड़की को बनायेंगे जो 10वीं पास हो। इस तरह से रिश्ता टूट गया। सीमा को बहुत अखरा। इस बात से नही कि उसका रिश्ता टूट गया बल्कि इस बात से कि वो 10वीं में फेल हो गई। उसने अपनी मां से कहा मां मुझसें गलती हो गई, मैं दुबारा 10वीं करूंगी। इस बार मैं गणित नही बल्कि बॉयोलोजी विषय लूंगी।

कुछ भाग्य ने साथ दिया। कुछ सीमा की मेहनत रंग लाई और 10वीं में बॉयोलोजी में प्रथम डिविजन से पास हो गई। उसने 11वीं में एडमिशन लिया तो उसमें भी वो प्रथम श्रेणी में पास हो गई। फिर उसने 12वीं में भी 70 प्रतिशत अंको के साथ पास हो गई। उस समय मेडिकल कॉलेज में अंको के आधार एडमिशन होता था और उसका जोधपुर मेडिकल कॉलेज में एडमिशन हो गया।

एक बार फिर वही जिक्र चला कि सीमा की शादी की जाए लेकिन अब सीमा मेड़िकल में पढ़ती थी। मैच्योर हो गई थी इसलिए उसने स्पष्ट मना कर दिया कि पहले मैं मेड़िकल पूरा करूंगी।

आज एक मेडिकल कॉलेज में सीमा **गायनेकोलोजिस्ट** लगी हुई है। सीमा कहती है कि यदि मैं 10वीं में फेल नही होती तो आज मैं डॉक्टर नही हो पाती। अतः जो मुझसें गलती हुई वह गलती नही ब्लेशिंग इन डिसगाईज थी।

मैं यहां एक बहुत पॉवरफुल सेन्टेन्स प्रयोग करना चाहूंगा कि
**Every mistake is a blessing in disguise**

## आओं मुनी नथमल जी की कहानी बताएं

जैन 13 पंथी समुदाय में एक अच्छे संत हुए है जिनका नाम **आचार्य मुनी नथमल जी** था। बचपन में वो पढ़ने में बहुत होशियार थे, लेकिन थे तो बच्चे ही ना। अतः 10वीं में बोर्ड की परीक्षा चल रही थी। परीक्षा में पीछे बैठे बच्चे ने कोई नकल करनी चाही तो जन्म से संस्कार तो अच्छे थे ही। इसलिए उस बच्चे को उन्होनें डांट दिया। परीक्षा हॉल में ही दोनों बच्चों में झगड़ा हो गया। परीवेक्षक ने दोनों बच्चों की शिकायत केन्द्राधिक्षक (परीक्षा) से कर दी। उस परीक्षक ने उन दोनों को 3 साल के लिए परीक्षा से **'डिबॉर'** कर दिया।

**मुनी नथमल जी** संस्कारवान तो थे ही। वो धीरे–धीरे **आचार्य तुलसी** के सम्पर्क में आ गये। वो जैन धर्म का अध्ययन करने लगे। फिर जैन मुनी बन गये। उन्होनें अनेको पुस्तके लिख डाली। जब **आचार्य तुलसी** का निधन हुआ तो सभी ने **नथमल जी** को जैन 13 पंथ समुदाय का आचार्य घोषित किया गया।

**मुनी नथमल जी** बातों–बातों, हंसी मजाक में कहते थे कि अगर परीक्षा में उस बच्चे से दो–दो हाथ नही करते और हमें परीक्षक 3 साल के लिए परीक्षा देने से बाहर नही करते तो मुझें आज यह मौका नही मिलता। इसलिए मेरी उस गलती, जिसमें मैं आवेश में आकर उस बच्चे से झगड़ पडा, वो गलती मेरे लिए वरदान साबित हुई।

## सदी के महानायक अमिताभ बच्चन की कहानी

अन्य स्नात्तको के साथ **अमिताभ बच्चन** भी देहरादून में सेन्य एकेडमी में सेन्य अधिकारी बनने हेतु उपस्थित हुए। कभी लम्बाई ज्यादा होने के कारण अंक नही मिले तो कभी औरों 

के मुकाबले तेज नही दौड़ पाये, इसलिए अंक नही मिले। कहीं गणित की गलती हो गई, कही अंग्रेजी ढंग से नही बोल पाये, कही हिन्दी इतनी अच्छी बोली कि इन्टरव्यू लेने वाले भी नही समझ पाये। कुल मिलाकर उन्हें असफल घोषित कर दिया गया।

वो बहुत निराश हो गये, बहुत हीनभावना से भर गये, इसलिए नही कि उनका चयन नही हुआ, बल्कि इसलिए कि पढ़ाई में कमजोर और लोगों का चयन हो गया।

## सेन्य एकेडमी में एक अच्छी बात

वहां पर इन्टरव्यू समाप्त होने के बाद जो चयनित हुए और जो चयनित नही हुए इनके साथ मिलकर गेट टू गेदर (साथ में मिलकर भोजन) की जाती है। उसी समय कोंसिलर आता और जो लोग चयनित नही हुए, उनसे बात करता, उनकी तारीफ करता और कहता कि आप लोग थोड़े ही नम्बरों से रह गये है। आपसे थोड़ी बहुत गलती हुई है, लेकिन इस गलती को आप लोग आर्शीवाद समझना। आप सेना के इस साक्षात्कार में असफल हुए है। जिन्दगी में और बड़े–बड़े मुकामों पर साक्षात्कार होगा। उनमें आप सफल हो सकते है। मैं आशा करता हूं कि आप सफल होंगे।

## अमिताभ बच्चन सेन्य एकेडमी में तो सफल नही हुए। उनसे गलतियां हुई लेकिन फिल्म जगत में सदी के महानायक बन गये।

**अमिताभ बच्चन** की जिंदगी में सेन्य एकेडमी में असफल हो जाना ब्लेशिंग इन डिसगाईज रहा।

## यदि किसी कार्य में आप असफल हो जाएं तो निराश ना हो, 2 बातें देखें।

1. इस गलती को दुबारा नही दोहराना है। क्योंकि गलती बार–बार दोहराई जायेगी तो लॉ ऑफ अट्रेक्शन के अनुसार आपके जीवन में वही गलतियां बार–बार आती रहेंगी।

2. **गलती देखने हेतु लेंस दूसरा लगाएः–**

   (अ) क्या इस गलती से मैं कोई लाभ उठा सकता हूँ ?

   (ब) क्या यह गलती मेरे लिए कोई अवसर है ?

   (स) क्या यह गलती मुझें मजबूत बनाती है ?

   (द) क्या यह गलती मुझें नई दिशा देती है ?

   (य) क्या यह गलती वाकई में किसी सफल अवसर का बीज है।

सीमा 10वीं कक्षा में फेल हुई। वो क्या–क्या बाते विचार सकती हैः–

1. मैं फेल हो गई। मुझें विषय बदलने का मौका मिल सकता है। मैं अपनी पसंद का विषय चुन सकती हूँ।

2. मैं फेल हो गई, अच्छा हुआ कि मेरी शादी स्थगित हो गई।

3. मैं फेल हो गई, तो मुझें अगले वर्ष ज्यादा अच्छे नम्बर मिलने की सम्भावना है। क्योंकि पिछले वर्ष की मेहनत और इस वर्ष की मेहनत दोनों मिलकर मुझें कामयाब बनायेगी।

4. मैं 10वीं में फेल हो गई अतः जो 9वीं पास करके 10वीं में आ रहे है उन लड़को–लड़कियों को मैं गाईड़ कर सकूंगी।

सीमा ने सकारात्मक तरीके से अपनी गलती को देखा और पाया कि 10वीं में फेल होना मेरे लिए कोई शर्मनाक बात नही है, बल्कि एक अच्छा अवसर साबित हुआ। मैं इसे ईश्वर के आर्शीवाद के रूप में लेती हूँ। सीमा ने हिम्मत करी, समझदारी दिखाई और

अपने 10वीं में फेल होने को गलती के स्थान पर आर्शीवाद के रूप में परिणित कर दिया।

आप भी अपनी गलतियों के बारे में ऐसा नजरिया बना सकते है और हर गलती में से 10 ऐसी सकारात्मक बातें ढूंढे जो आपके लिए गलती को ईश्वर का आर्शीवाद साबित कर दे।

मैं एक बार पुनः उसी शक्तिशाली वाक्य को दोहराना चाहता हूँ कि हर गलती आपके लिए वरदान हो सकती है। बस आप सकारात्मक नजरियें से देखते रहे और उस पर काम करे ताकि गलती आर्शीवाद के रूप में परिणित हो जाए।

## NOTES (जो बातें आपके ह्वदय को छू गई है)

1. _______________________________________________

2. _______________________________________________

3. _______________________________________________

4. _______________________________________________

5. _______________________________________________

6. _______________________________________________

7. _______________________________________________

8. _______________________________________________

9. _______________________________________________

10 _______________________________________________

11. ______________________________________________

12. ______________________________________________

13. ______________________________________________

14. ______________________________________________

15. ______________________________________________

16. ______________________________________________

17. ______________________________________________

18. ______________________________________________

19. ______________________________________________

20. ______________________________________________

21. ______________________________________________

22. ______________________________________________

23. ______________________________________________

24. ______________________________________________

25. ______________________________________________

## NOTES (जो निर्णय आपने अपने जीवन में लेने हेतु तय किये है)

26. ______________________________________________

27. ______________________________________________

28. ______________________________________________

29. ______________________________________________

30 ______________________________________________

31. ______________________________________________

32. ______________________________________

33. ______________________________________

34. ______________________________________

35. ______________________________________

36. ______________________________________

37. ______________________________________

38. ______________________________________

39. ______________________________________

40. ______________________________________

41. ______________________________________

42. ______________________________________

43. ______________________________________

44. ______________________________________

45. ______________________________________

46. ______________________________________

47. ______________________________________

48. ______________________________________

49. ______________________________________

50. ______________________________________

## अध्याय – 25
# बीलिनियर माइंड सेट वाले व्यक्ति की कहानी

---

**(बीलिनियर बनना पर्याप्त नही है। बीलिनियर माइंड सेट बनाए)**

आपको मैं एक रोचक कहानी सुनाउंगा। जिस खुशनसीब व्यक्ति की कहानी सुना रहा हूँ, मैं उसे सबसे पहले बधाई देना चाहूंगा और मैं कृतज्ञ हूं कि उसने ऐसा कीर्तिमान स्थापित किया जैसा सामान्य व्यक्ति नही कर सकता। लेकिन मैं उसकी जीवनी से और अधिक प्रभावित हूँ क्योंकि मुझें एक बहुमूल्यवान नसीहत जो मिली है। उस नसीहत को अब मैं आम आदमी को बांटता जा रहा हूं।

## सुशील कुमार की खुशनुमा कहानी

बिहार का एक होनहार प्रबुद्ध नौजवान। कौन बनेगा करोड़पति की हॉटसीट पर बैठता है। सदी के महानायक **अमिताभ बच्चन** द्वारा उसे प्रश्न पर प्रश्न पूछे जाते है। महानायक की अदायें, प्रश्न पूछने

का सलिका हर दर्शक को कायल करता है। लेकिन सुशील कुमार के हाजिर और सही जवाब दर्शको को मुग्ध कर देते है।

एक के बाद एक कई राउण्ड हुए। सदी के महानायक ने अनेक तरीके से ऊपर–नीचे उलझाने वाले प्रश्न किये। लेकिन हर प्रश्न का उत्तर एक मंजे हुए खिलाड़ी की तरह सुशील कुमार ने दिये।

**सुशील कुमार को 4 करोड़ के ईनाम के लिए विजयी घोषित किया जाता है:– सदी के महानायक की यह आवाज सुनकर दर्शक खुशी से उछलने लगे।**

सुशील कुमार भी प्रसन्न और आत्म मुग्ध हो गया। 4 करोड़ रूपये के चैक को पाकर अभिभूत था। महानायक के प्रति कृतज्ञता प्रकट की। स्टूडियों से अपने घर की और रवाना हुआ।

घर पर आया, तो बधाई देने वालों का तांता लग गया तथा इन्वेस्ट सलाहकार भी आ धमके, अनेक आकर्षक योजनाएं लेकर। कुछ व्यापारिक सलाहकार भी आ पहुंचे। सभी ने अपनी–अपनी योजनाएं सुशील कुमार को बतलाई। सुशील कुमार ने भी सभी को बड़ी होशियारी से प्रेमपूर्वक हेंडल किया।

4 करोड़ रूपये के.बी.सी. से प्राप्त होने की खुशी में सुशील कुमार ने अपनी और से पूरे 12 गावो में भोजन दिया।

समय गुजरा, एक साल गुजरी, दो साल गुजरी, तीन साल गुजरी। एक दिन हमारे मित्र ने सुशील कुमार के हालचाल पूछने के लिए हमसे टेलीफोन नम्बर मांगे कि सुशील कुमार को 4 करोड़ रूपये के.बी.सी. से मिले थे, उसके क्या हालचाल है ? अपने को जानने चाहिए।

मैनें छोटा सा उत्तर दिया कि मेरे पास नम्बर नही है। लेकिन मेरे मित्र को तसल्ली नही हुई। वो सुशील कुमार के नम्बर कबाड़ने में जुट गया और दो महिने के प्रयास के बाद उसने नम्बर कबाड़

लिये। सुशील कुमार के हालचाल पूछने के लिए फोन कर बैठा। सामने से आवाज आई, आप कौन बोल रहे हो ? मेरे मित्र ने जवाब दिया कि मुझें सुशील कुमार से बात करनी है। जिसके पास मोबाइल था उसने कहा कि सुशील कुमार को तो हम भी ढूंढ रहे है। उसने हमारे पैसे नही चुकाये, इसलिए हमने उसका मोबाइल छीन लिया है।

मेरे मित्र ने कहा ये आपका आपस का मामला है। मुझें तो सुशील कुमार के हालचाल जानने है। तब सामने से आवाज आई कि सुशील कुमार तो हमे ही नही मिल रहा है। पता नही कहां भाग गया ? लाखों का कर्जा उसके सिर पर है। मेरे मित्र ने हल्केपन में लिया और यह कह दिया कि कौन बड़ा व्यापारी है ? जिसके कर्जा नही है। सामने से आवाज आई कि वो बर्बाद हो चुका। हमारे पैसे भी नही दिये और गांव में अनेक लोगों से पैसे उधार ले गया। तुम्हे उसका कुछ पता है क्या ?

## हमारे मित्र ने उसको एक आपबीति सुना दी

हमारे मित्र **नरोत्तम** उससे बोले कि हम भी कभी फुटबाल के बड़े खिलाड़ी रहे थे। हमने भारत और जर्मनी के बीच फुटबाल खेला था। हमे सोने के मेड़ल मिले थे, हजारो रूपये ईनाम में मिले थे, बड़ी नौकरियों के आश्वासन मिले थे। भारत सरकार ने भी हमे स्पोट्स ऑफिसर की नौकरी की पेशकश की थी।

लेकिन हम रहे फुटबाल प्रेमी, हम नौकरियां थोडे ही करने वाले थे। हमने भारत सरकार से कहा कि किसी अन्य को देख ले। हम तो फुटबाल प्रेमी है, फुटबाल ही खेलेंगे।

मित्र आपने **पेले** का भी नाम सुना होगा। वो भी अन्तर्राष्ट्रीय स्तर के फुटबाल विजेता रहे थे। हमने भी **पेले** के दर्शन का अनुसरण करते हुए फुटबाल की सेवा करने का बीड़ा उठाया।

परिणाम यह रहा कि आज 56 साल की उम्र है। दो बच्चे है, एक पत्नी है, बूढ़े मां-बाप है, लेकिन हम बेराजगार है। इस उम्र में फुटबाल भी नही खेला जाता। बस यह मान लो कि दो-दो पैसे के मोहताज है, जैसे कि हमारे गुरू **पेले** हुए थे।

बस मित्र हमने तो सुशील कुमार का हाल इसीलिए पूछ रहे थे कि वो हमारी बिरादरी में आया कि नही आया ? आपसे बातचीत करके हम पूरे आश्वस्त हुए कि वो हमारी बिरादरी में पहुंच ही गया है। भला जब हमारी बिरादरी में पहुंच ही गया तो हमे उससे सम्पर्क करके उसका हालचाल तो पूछना ही चाहिए ना।

## महत्वपूर्ण पैसा नही है, पैसे का माइंड सेट है–

आपका माइंड सेट यदि बीलिनियर का है, तो ही आप बीलिनियर रहेंगे और सदैव बीलिनियर रह पायेंगे। यदि आपका माइंड सेट बीलिनियर का नही है और कहीं से अचानक पैसा आ गया और आप बीलिनियर बन गये तो वो पैसा रूक नही पायेगा। क्योंकि आपके दिमाग में बीलिनियर का माइंड सेट नही है। पैसा जैसे आया, वैसे ही चला जायेगा।

## बीलिनियर माइंड सेट क्या है ?

**कोर्टेक्स ब्रेन** आपको देता है, तार्किक, योग्यता, विश्लेषण की योग्यता। कोई काम कैसे नही हो सकता ? उनको करने की योग्यता, आप कोई काम क्यों नही कर सकते ? उसके कारण। कौन-कौन सी वजहें है ? जिस वजह से आप असफल हो गये। किस तरह से आपकी सम्भावनाएं सीमित है। ये **कोर्टेक्स ब्रेन** ही आम आदमी का ब्रेन है।

## मिड्ब्रेन है, बिलिनियर्स ब्रेन

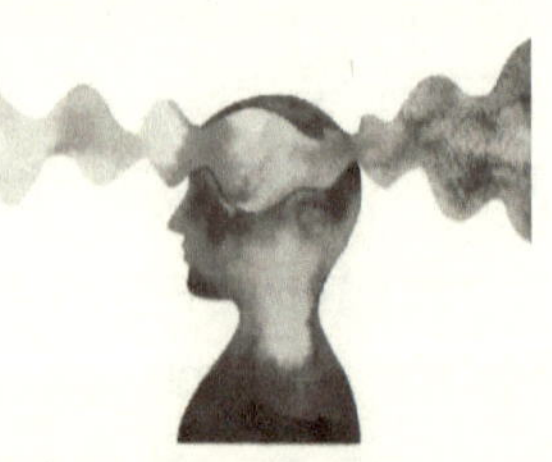

आपके मस्तिष्क में दोनों भौहों के बीच में एक स्थान है, जहां पर पीनियल ग्लैंड रहती है। यही पर मिड्ब्रेन है। लेकिन दुर्भाग्य है कि पिछले 100 साल से इंसान अपने कोर्टेक्स ब्रेन को ही विकसित करने को लगा हुआ है। यानी कि गणित में प्रतिभाएं विकसित कर रहा है, भाषा का ज्ञान बढ़ा रहा है, तार्किक योग्यताएं बढ़ा रहा है, विश्लेषण की योग्यता बढ़ा रहा है। परिणाम यह है कि उसकी योग्यताओं की सीमा सीमित होकर रह गई।

लेकिन मिड्ब्रेन विश्लेषण के बजाय संशलेषण की बात करता है। व्यक्ति विशेष की योग्यता के बजाय समूह/टीम की योग्यता की बात करता है, विश्वास की बात करता है, विजन की बात करता है, छठीं इन्द्री जागरण की बात करता है। यानी कि कोर्टेक्स ब्रेन से कहीं आगे की बातें मिड्ब्रेन करता है। कभी इस ब्रेन को तीसरी आंख कहा जाता था।

आज भी योगिक लोग इसे तीसरी आंख अथवा आज्ञा चक्र का जागरण कहते है। इसी आज्ञा चक्र के जागरण का एक सूक्ष्म रूप है 'मिड्ब्रेन एक्टिवेशन'।

## मिड्ब्रेन एक्टिवेशन जिन बच्चों का हो जाता है, उनमें कुछ अद्भुत योग्यताएं आ जाती है।

1. वो अधिक सौम्य हो जाते है और माता–पिता के साथ मिलकर काम करने लग जाते है, जबकि पहले वो विद्रोही थे।

2. स्टेज पर खड़े होकर बेझिझक वो अपनी बात कहने लगते है।

3. उनकी याददास्ती गजब की बढ़ जाती है। दो घंटे वाली बातों को 20 मिनट में याद कर लेते है।

4. उनकी ओब्जर्वेशन पॉवर बढ़ जाती है।

5. उनके निर्णय लेने की पॉवर बढ़ जाती है।

6. उनमें एक विशेष योग्यता विकसित हो जाती है कि यदि उनकी आंखो पर पट्टी बांध दो, तब भी वो मोबाइल के मैसेज पढ़ लेते है, वस्तुओं के रंग पहचान लेते है। यहां तक कि अपने पांवो से छूकर अखबार को पढ़ लेते है।

मिड़ब्रेन एक्टिवेशन वर्तमान में 5 से 15 साल तक के बच्चों का ही किया जा रहा है, लेकिन **टीम 360** इस दिशा और क्षेत्र में निरन्तर प्रयास कर रही है। परिणाम बड़े उत्साहवर्धक है। 15 साल से बड़े लोगों के बीच भी मिड़ब्रेन एक्टिवेशन करने के अच्छे परिणाम आ रहे है। उनकी आंतरिक प्रतिभाएं बढ़ जाती है। लेकिन आंख बंद कर मोबाइल आदि वो नही पढ़ पाते। कारण भी स्पष्ट है कि मेलाटोलिन हार्मोन जो पीनियल से निकलता है, उसका सिक्रेसन कम हो जाता है। मिड़ब्रेन एक्टिवेशन के लिए मेलाटोलिन हार्मोन ही जिम्मेदार है।

वयस्क के मिड़ब्रेन एक्टिवेशन में निम्न हार्मोन का सिक्रेसन होना अधिक पाया गया है। उनके अनुसार ही वयस्क को लाभ भी प्राप्त होते है।

1. **डोपामाईन हार्मोनः–** इसका सिक्रेसन मिड़ब्रेन एक्टिवेशन की वर्कशॉप अटेण्ड करने से बढ़ जाता है और व्यक्ति का मूड अच्छा रहने लगता है, तनाव दूर हो जाता है। ज्यों ही तनाव दूर होता है, त्यों ही व्यक्ति की अनेक प्रतिभाएं विकसित हो जाती है।

2. **सेरेटोनिनः–** मिड़ब्रेन एक्टिवेशन की वर्कशॉप करने के बाद सिरेटोनिन हार्मोन में वृद्धि पाई गई। जिसके कारण व्यक्ति का तनाव दूर हो जाता है और उसके शरीर की थकावट

भी दूर हो जाती है। वो अवसाद के बजाय खुशनुमा महसूस करने लगता है।

3. **इंडोरफिनः–** मिड़ब्रेन एक्टिवेशन के बाद हाईपोथेलामस व पिट्यूटरी ग्लेंड इंडोरफिन हार्मोन की ज्यादा मात्रा सिक्रिट करने लगती है। जिससे व्यक्ति को दर्द का भान नही होता। इसको इंडोजिनस मोर्फिन भी कहते है। यानी ये नशे की तरह इंसान को दर्द से पृथक कर देती है। अतः जिन लोगों को माइग्रेन व सीएटिका आदि का ज्यादा दर्द होता है, उनका दर्द मिड़ब्रेन एक्टिवेशन से दूर हो जाता है। व्यक्ति को इस तरह लगता है जैसे कि यूफोरियां में आ गया। एक काल्पनिक आनन्ददायक माहौल में अपने अपको महसूस करने लगता है।

4. **ऑक्सिटोसिनः–** जब वयस्क का मिड़ब्रेन एक्टिवेशन किया जाता है तो उसमें ऑक्सिटोसिन हार्मोन भी अधिक मात्रा में पाया जाता है और व्यक्ति रसमय व प्रेममय हो जाता है। इसलिए इसे लव हार्मोन भी कहा जाता है।

आदमी जन्मजात बीलिनियर पैदा होता है। पर उसका आंतरिक संवाद यानी कि उसकी मन की बड़बड़ उसको आम आदमी बना देती है।

## एक असफल हुए उद्योगपति की कहानी

एक **कन्हैया लाल** नाम का सेठ था। छोटे कस्बे में एल्यूमिनियम के बर्तन बनवाकर बेचने का काम करता था। लेकिन धीरे–धीरे उसने एल्यूमिनियम की फैक्ट्री खोल ली। वो देखते–देखते सफलता की सीढ़ियां चढ़ने लगा और एल्यूमिनियम पैदा करने की मैटलर्जी की यूनिट खोल ली।

लेकिन अब वो बार–बार अफसोस करता कि मुझें लेबर ठीक नही मिल रही है। मेरे पास मशीन चलाने वाला स्किल्ड मजदूर नही

है। इस काम में केमिस्ट्री का ज्ञान होना जरूरी है। भांति–भांति के विचार उसके दिमाग में आते और उसका दिन भर मन बड़बड़ करता रहता। ऑफिस में सीट पर बैठता तो दिमाग कहता कि लेबर की हड़ताल ना हो जाये। किसी दिन बैसाखी की छुट्टी हो जाती तो बड़बड़ करता कि हिन्दुस्तान में तो छुट्टियां ही छुट्टियां है।

मजदूर 1 मई को मजदूर दिवस की छुट्टी कर लेते तो कन्हैया लाल चिल्लाता कि मजदूरों को मजदूर दिवस मनाने की तो फुर्सत है लेकिन मेरी फैक्ट्री में काम करने का समय नही है।

एक बार वो अपनी पत्नी से बोला कि मैं इस मैटलर्जी की यूनिट को बंद करूंगा। पत्नी बोली कि इतना अच्छा तो काम चल रहा है, इसे क्यों बदं कर रहे हो ? लेकिन कन्हैया लाल तो काम को बंद करने पर उतारू हो गया।

उसकी पत्नी उसे एक काउंसलर के पास ले गई जो मनोवैज्ञानिक भी था,  मोटिवेशनल स्पीकर भी था तथा प्रभावी आदतें सीखाने का ट्रेनर भी था।

पहले तो पत्नी उस काउंसलर की फीस को सुनकर चिंतित हो गई कि इतनी ज्यादा फीस देना उचित है क्या ? फिर उसने हिम्मत जुटाई और कांउसलर से मिली। कांउसलर ने उसे आश्वासन दिया कि आपका पति बिलकुल ठीक हो जायेगा, यूनिट को बंद नही करेगा। लेकिन मुझें इसकी तीन महिने तक काउंसलिंग करनी होगी जिसके लिए हर सप्ताह इसे आना होगा।

लेकिन इस बात से पति पत्नी से चिढ़ने लगा और एक नई समस्या पैदा हो गई, वो थी, पति–पत्नी के बीच झगड़े।

पत्नी ने काउंसलर से कहा कि एक नया ही मामला हो गया है। ये मुझसें बार–बार झगड़ने लग जाते है। हमारी तो गृहस्थी में ही कटुता आने लगी है। काउंसलर ने कहा कि आप रविवार को सुबह 10 बजे इन्हें लेकर आ जाओं। ईलाज आरम्भ कर देते है। उसने अपने पति से कहा तो वह नाराज हो गया। उसने कहा कि

मैं जब बीमार हूं ही नही तो किस बात का ईलाज, किस बात की फीस। क्यों उसके पास जाना है ?

पत्नी समझदार थी। उसने सारी बातों को सकारात्मक तरीके से लिया। उसने पति को मनाया तो पति ने सोचा कि चलों काउंसलर के पास चलते है। लेकिन मेरे बिजनस के बारे में कोई बात नही होगी। यह काउंसलर मेरे बिजनस के बारे में क्या जाने ? मैं 20 सालों से बिजनस कर रहा हूँ।

## काउंसलर के द्वारा पति की काउंसलिंग करना

1. काउंसलर ने एक कागज व पेन कन्हैया लाल को पकड़ाया और कहा कि 10 वो बातें लिखों जिनको पसंद करे आपने इस लड़की से शादी की। कन्हैया लाल ने 10 बातें लिखने में एक घंटा लगा दिया। क्योंकि अब पत्नी में उसे कोई अच्छी बात नजर ही नही आती थी। अतः उसकी हिम्मत नही पड़ रही थी कि वो कोई अच्छी बात अपनी पत्नी के लिए लिखें। लेकिन काउंसलर ने भी बड़ा विचित्र प्रश्न पूछा कि शादी से पहले इसमें कौनसी 10 अच्छी बातें थी ? जिनसे प्रभावित होकर तुमने इससे शादी की।

काउंसलर ने कहा कि ठीक है कि अभी आप नही लिख पा रहे है। अगले रविवार को आओं तब यहां आकर लिख लेना।

2. अगले रविवार को फिर पत्नी अपने पति को लेकर काउंसलर के पास आई। काउंसलर ने वही बात फिर कही कि 10 वों बातें लिखों जिससे पसन्न होकर तुमने इस लड़की से शादी की।

### कन्हैया लाल ने लिखना आरम्भ किया।

1. **इसकी मुस्कुराहट मुझें बहुत अच्छी लगीः–** ये लिखते ही वो खिलखिलाती हुई, नवयोवना लड़की की तस्वीर उसकी आंखो के सामने आ गई। कन्हैयालाल तो ख्यालों में खो गया। वो

सोचने लगा कि कितनी खुबसूरत मुस्कान है। उसकी तो आंखे बंद हो गई। थोड़ी देर काउंसलर ने जगाया कि आगे तो लिखों, तो उसकी आंख खुली।

2. **आवाज क्या मनमोहक थीः–** हर अदा दिल को खुश करने वाली थी। ये लिखते–लिखते फिर कन्हैया लाल की आंखे बंद हो गई और कन्हैया लाल तो काल्पनिक जगत में खो गया। काउंसलर ने कहा कि आंखे खो लो और आगे लिखों। कन्हैया लाल बोला कि आप डिस्टर्ब मत करों। मुझें हसीन सपनों में खोने दो।

3. **काउंसलर के द्वारा दूसरी डोजः–** काउंसलर बोला कि अब तीन बातें वो लिखों जो आपके मैटलर्जी यूनिट में शानदार है। कन्हैया लाल ने लिखना आरम्भ किया।

मेरी स्टेनो व टाईपिस्ट बहुत सुंदर है। उसके लिखते–लिखते आंखे बंद हो गई और खो गया। काउंसलर ने जगाया कि दूसरी बात भी लिखों। उसने लिखा कि इस यूनिट ने मुझें करोड़ो रूपये कमाकर दिये। करोड़ो रूपये की सोच कर फिर अपनी आंखे बंद कर ली और करोड़ो रूपयों में खो गया।

फिर काउंसलर ने जगाया कि कहां खो गये, अगली बात लिखों। फिर कन्हैया लाल ने अगली बात लिखी कि मुझें मैटलर्जी एसोसिएशन ने सर्वश्रेष्ठ उपलब्धि हेतु सम्मानित किया। और सम्मान समारोह को काल्पनिक दृष्टि से देखने लगा। फिर उसकी आंखे बंद हो गई।

## काउंसलर के द्वारा पत्नी की काउंसलिंग करना

काउंसलर ने पत्नी से कहा कि अब तुम मुस्कुराओं और अपनी मोहिनी बातों से पति को पूछो कि कब यूनिट को बंद कर रहे हो ? मुझें कागज पर लिख दो।

## पत्नी के द्वारा पूछा जाना

पत्नी ने एक मनमोहक मुस्कान दी और शहद घूले शब्दों से पूछा कि जनाब मैटलर्जी यूनिट कब बंद कर रहे हो, मुझें इस कागज पर लिख दो। कन्हैया लाल ने जवाब दिया कि कौन बेवकूफ यूनिट को बंद कर रहा है। ऐसा शानदार बिजनस मैं कभी बंद नही करने वाला हूँ। क्योंकि उसकी जो मन की बकझक थी, निगेटिव बातों को देखने की, वो थोड़ी देर बंद हो गई और ज्योंही वो बकझक बंद हुई वो शानदार बातों को देखने लगा। वो बीलिनियर व बीलिनियर की खूबियों से अभिभूत होने लगा।

**बीलिनियर बनने से यदि आपको कोई रोकता है, तो आपके मन की बड़बड़ को अलग कर दे तो आपतो जन्मजात ही बीलिनियर हो।**

जैसे कि अगर जमीन पर से मिट्टी को हटा दिया जाये और ज्यों–ज्यों मिट्टी हटाते चलते है, पानी स्वतः ही निकल आयेगा। यानी जो मिट्टी थी, उसको हटा दिया तो पानी जमीन के अंदर तो था ही ना। इसी तरह जब आप मन की बड़बड़ को हटा देंगे तो आप भी अपने आपको बिलिनयर पायेंगे क्योंकि आप जन्मजात बीलिनियर ही है। क्योंकि आपका मिड्ब्रेन बीलिनियर ब्रेन है। लेकिन आप कोरटेक्स (लेफ्ट ब्रेन / तार्किक ब्रेन / सीमित ब्रेन) की बड़बड़ से अपने को औसत आदमी मान लेते हो, औसत आदमी के लिबास को ओढ़ लेते हो।

बीलिनियर बनने के लिए प्रयास करने की जरूरत नही है, बल्कि औसत आदमी का जो लिबास ओढ़ रखा है, उसको हटाने की जरूरत है।

# NOTES (जो बातें आपके हृदय को छू गई है)

1. _______________________________________________
2. _______________________________________________
3. _______________________________________________
4. _______________________________________________
5. _______________________________________________
6. _______________________________________________
7. _______________________________________________
8. _______________________________________________
9. _______________________________________________
10. _______________________________________________
11. _______________________________________________
12. _______________________________________________
13. _______________________________________________
14. _______________________________________________
15. _______________________________________________
16. _______________________________________________
17. _______________________________________________
18. _______________________________________________
19. _______________________________________________
20 _______________________________________________

21. ______________________________

22. ______________________________

23. ______________________________

24. ______________________________

25. ______________________________

## NOTES (जो निर्णय आपने अपने जीवन में लेने हेतु तय किये है)

26. ______________________________

27. ______________________________

28. ______________________________

29. ______________________________

30. ______________________________

31. ______________________________

32. ______________________________

33. ______________________________

34. ______________________________

35. ______________________________

36. ______________________________

37. ______________________________

38. ______________________________

39. ______________________________

40. ______________________________________________

41. ______________________________________________

42. ______________________________________________

43. ______________________________________________

44. ______________________________________________

45. ______________________________________________

46. ______________________________________________

47. ______________________________________________

48. ______________________________________________

49. ______________________________________________

50. ______________________________________________

## अध्याय – 26

# बिल गेट्स ने बीलिनियर होने से पहले वर्तमान में बीज डाला – एक कहानी

(भूतकाल का अस्तित्व नही है, वर्तमान आया नही है। अतः जो काम किया जा सकता है वो वर्तमान में किया जा सकता है)

एक बार बिल गेट्स डॉ. पिलई के पास आध्यात्मिक चर्चा के सिलसिले में गये। डॉ. पिलई से बोले कि मैं बीलिनियर होना चाहता हूँ।

वो उस समय बीलिनियर थे नही, होना चाहते थे। डॉ. पिलई ने कहा It is impossible. बिल गेट्स तो अवाक रह गये क्योंकि उन्हें यह उम्मीद ही नही थी कि डॉ. पिलई इतना निगेटिव बोलेंगे। फिर डॉ. पिलई ने कहा कि होना चाहता हूं कि नही, यह कहों की मैं हूं क्योंकि यूनिवर्स सिर्फ वर्तमान काल की भाषा ही समझता है।

**बिल गेट्स** ने कहा कि आप योग विद्या में निपुण है। अतः मुझें कोई मंत्र दे दे ताकि मैं बीलिनियर हो जाऊ। **डॉ. पिलई** ने एक कागज पर मंत्र लिख दिया **"Billionaire I am"** और बोले जब भी खाली हो, इस मंत्र का उच्चारण करें। काम में लगे रहे तो अपना काम करें, खाली हो तब इस मंत्र का उच्चारण करें।

**प्रकृति को खालीपन पसंद नही है:–** वैज्ञानिक भाषा में कहे तो प्रकृति को 'निर्वात' **(Vacuum)** पसंद नही है। जहां कही निर्वात हो जाता है तो आस–पास की हवांए आकर एक साथ जोर से चल पड़ती है और आंधी चल पड़ती है। यदि किसी बोतल में से हवा बाहर खींच लो तो बाहरी दबाव से बोतल चटक सकती है। यानी कि प्रकृति को खालीपन पसंद नही है।

इसी तरह से इंसानी दिमाग को भी खालीपन पसंद नही है। ज्योंही आप खाली होंगे त्योंही कोई ना कोई विचार स्वतः चल पडेगा। बस यहीं आपको सावधान हो जाना है। उस खालीपन में अपने आप कुछ ना आये, आप डालेंगे **"Billionaire I am, Billionaire I am"** बस यह ऐसे ही है जैसे कि खाली पड़ी उपजाऊ जमीन में आप बीज डाल रहे है।

मित्रों यदि आप बीज नही डालेंगे तो खाली जगह में प्रकृति कुछ ना कुछ डाल देगी। वो क्या डालेगी खरपतवार, फालतु के पौधें ? ऐसे ही खाली समय में आप ऐसी कोई चीज नही डालेंगे तो परिवेश विचारों का कचरा आपके दिमाग में डाल देगा।

खाली समय का सदुपयोग व उद्धेश्यपरक उपयोग ही आपको बीलिनियर बनायेगा। क्योंकि इस समय में आप बीलिनियर होने के बीज डालते है। अतः आप इस खाली समय में यानी वर्तमान में बीलिनियर होने के बीज डालते रहेंगे तो धीरे–धीरे आपमें बीलिनियर होने की चेतना विकसित होगी और आप बीलिनियर बनने लग जायेंगे।

आपकी जो ऊर्जा भूतकाल की बातों में लग रही थी वो बच जायेगी और आपने वर्तमान में ऊर्जा के द्वारा जो बीज डाले थे उनको पौष्टिक आहार मिल जायेगा।

**पांच प्रकार से वर्तमान (उपजाऊ गीली मिट्टी) में बीज डाले जा सकते है**

(बीज डालना आपकी निजी जिम्मेदारी है, यदि आप इस जिम्मेदारी को नही उठायेंगे तो प्रकृति आपके भूतकाल से फालतु के बीज उठाकर डाल देगी)

1. अपने विचारों द्वारा (किसी मंत्र का बार–बार उच्चारण करके):– यथा **I am Billionaire, I am Billionaire, I am Billionaire** रात को सोते समय भी इस मंत्र को बोलते हुए निद्रा में चले जाओंगे तो इसका उच्चारण आंतरिक शरीर में स्वतः होने लगेगा।

2. **भावों के द्वारा बीज डालना:–** आपके जैसे भाव होंगे, वो ही बीज डल जायेगा। जैसे कि गुस्सा आया तो गुस्से के बीज, बदले की भावना आई तो बदले के बीज, लोभ की भावना आई तो लोभ के बीज। मित्रों न तो गुस्सा बूरा है, न लोभ बूरा है, न बदला लेना। परन्तु इनका समझदारी से उपयोग लेना व इनके बीज डालना जरूरी है।

3. **वाणी के द्वारा:–** आप जो बोलोगे, वही जीवन में घटेगा। **The Power of Spoken Words** आप जो बोलोगे, वही जीवन में होगा, वही होता आया है। **Power of Unspoken Words** यानी कि आपने जबान से तो नही बोले पर मन ही मन में आपके ख्याल चल रहा है। यह मन के ख्याल भी बहुत पॉवरफुल होते है। जैसे कि एक व्यक्ति एम.एल.ए. हेतु विजयी हुआ। लोग उसे माला पहना रहे थे। लेकिन कई ऐसे भी थे जो मन ही मन उससे चिढ़ रहे थे,

268

उसको गालियां दे रहे थे, मगर माला पहना रहे थे। कई तो माला पहनाते समय तारीफ भी कर रहे थे। मेरे कहने का तात्पर्य है कि मौखिक बात अलग और अंदर की बात अलग। अतः अब प्रकृति कन्फ्यूज हो जाती है कि अंदर वाले की बात माने कि बाहर वाले की बात माने। जहां कन्फ्यूजन हो जाता है, वहां दुःख ही दुःख है, बीमारी है, गरीबी है। जहां सुलझाव है, वहां स्वास्थ्य है, वहीं समृद्धि है, वहीं खुशी है।

4. **क्रियाओं के द्वाराः–** आप जो काम करते है, वो सबसे महत्त्वपूर्ण है। **Action speaks louder than voice** यानी कि आपके शब्दों से अधिक ताकतवर आपके कर्म है, आपकी क्रियाएं है। अतः एक्शन्स को समझदारी से लेना जरूरी है।

5. **संकेतात्मक भाषाः–** संकेतो के द्वारा भी संवाद किया जाता है। जैसे एक व्यक्ति को फूलों की माला पहनाई गई तो इसका एक अर्थ है और उसको ही जूतों की माला पहनाई गई तो इसका अलग अर्थ है। किसी व्यक्ति के लिए तालियां बजाई गई तो उन तालियों का अलग अर्थ है और कोई आदमी फिसल गया तथा आपने तालियां बजाई तो उसका अलग अर्थ है। आपने कई बार मुद्राएं बनाई तो लोगों पर अलग प्रभाव पड़ा। आपके चेहरे की भावभंगिमा, आपकी मुद्राएं वो कह जाती है जो हजार शब्द भी नही कह पाते। एक हाथ का ईशारा आर्शीवाद का संदेश देता है। दूसरे हाथ का ईशारा चांटे का संकेत देता है। यानी सांकेतिक भाषा भी बहुत प्रभावकारी है।

## पांचो का सम्यक संतुलित उपयोग सर्वाधिक महत्वपूर्ण है।

आप क्या विचारते है ? क्या बोलते है ? क्या आपकी भावनाएं है ? क्या आपके एक्शन्स है ? और किस तरह का संकेत आप देते है ? इन पांचो में तालमेल रखकर यदि आप अपने को बीलिनियर बनाने के प्रयास करेंगे तो सफलता सुनिश्चित है।

गत अध्याय में मैनें बतलाया था कि आपके द्वारा किये जाने वाले काम इतने महत्वपूर्ण नही है, जितने की अनजाने में हो जाने वाले नेगेटिव काम, जिनमें मन की बड़बड़ भी शामिल है। अतः खाली समय में मन की बड़बड़ को बढ़ावा ना दे, बल्कि आत्म जागरूक होकर मन को देखे और वही विचार करें जो आपके उद्देश्य को प्राप्त करने में सहायक हो।

## वर्तमान में रहने व बीज डालने की एक प्रक्रिया

खाली समय में आप मन की बड़बड़ को रोके और विचारों के द्वारा, वाणी के द्वारा, एक्शन के द्वारा व संकेतो के द्वारा सही बीजों को वर्तमान में डाले ताकि ये बीज अंकुरित हो और आपके जीवन में सफलता का वटवृक्ष बने। मैं इसके बारे में एक अनभूत क्रिया बता सकता हूँ।

प्रक्रियाः– सामान्य आसन से बैठ जाइए। कुर्सी पर भी बैठ सकते है। आंखे बद कर ले और बंद आंखो से अपनी आने–जाने वाली सांसो को देखे। न तो सांस को रोकना है, न लम्बा करना है बल्कि मात्र देखना है, चौकीदार की तरह। इसका 10–15 मिनट नित्य अभ्यास करीबन 3 महिने तक करें। आप पायेंगे कि ज्योंही आपने श्वास को देखना आरम्भ किया, त्योंही आपके विचार आने बंद हो जायेंगे।

मेरा दावा है कि आप यदि 15 मिनट प्रतिदिन यह अभ्यास करें और लगातार 90 दिन तक करें तो आप अपने श्वास पर अच्छी

पकड़ बना सकेंगे और जब आप श्वास पर निगरानी करेंगे तो निर्विचार भी हो सकेंगे।

निर्विचार का अर्थ है, खालीपन। बस सावधान हो जाइए। ज्योंही खालीपन आये, उसमें आप अपने विचार डालिए अन्यथा प्रकृति पुराने जीवन का कचरा लाकर डाल देगी। अतः इस खाली समय में कमान अपने हाथ में रखिए।

**इस प्रक्रिया का चरण नम्बर–2:–** पहले चरण की तरह ही आराम से कुर्सी पर बैठ जाइएं, मेरूदण्ड को सीधा रखे, आखे बंद कर लीजिए। अपने पूर्ण शरीर को देखें। अपनी आने जाने वाली श्वासों को देखें, फिर आने वाले विचारों को देखें। न तो किसी विचार को पकड़े और न ही किसी विचार में बहे। यदि गलती हो जाए, कहीं बह चले तो वापिस अपने को रोके और अपने को जागरूक बनाए और विचारों को सिर्फ आने–जाने को देखे, न बहे, न रोके।

धीरे–धीरे आप पायेंगे कि विचार आने बंद हो जायेंगे। यानी स्वतः कोई विचार नही आयेगा। अतः आप अब जो विचार डालना चाहते है, उस विचार को मन से बोले, जिह्वा से बोले जैसे कि I am Billionaire, I am Billionaire तो ये विचार आपके अंतकरण में चला जायेगा और जो विचार अंतकरण में चला जाता है। उसे अंतकरण अनंत प्रज्ञा को प्रेषित कर देता है और अनंत प्रज्ञा उस विचार को भौतिक स्वरूप परिणित कर देती है। परिणामस्वरूप वो घटना आपके जीवन में घट जाती है।

## वर्तमान में बीज डालने की एक वेदिक कालीन विधी

वेदों में हवन का बड़ा महत्व आया है। **डॉ. पिलई** ने अमेरिका में अनेक स्थानों पर हवन यज्ञ करवाएं है तथा अनेक यज्ञशालाएं बनाई है, जिन्हे अमेरिकी लोग Fire Labs कहते है। 

हवन की एक विशिष्ट प्रक्रिया है, जिसके कुछ चरण है। उनमें एक ही बात है कि वो सभी वर्तमान में बीज डालने की प्रक्रिया का दिग्दर्शन करते है।

1. हवन में अग्नि को साक्षी मानकर वर्तमान काल में कुछ सकारात्मक वाक्य बोले जाते है। कई बार 108 बार भी सकारात्मक शब्द बोले जाते है और अग्नि में आहूति दी जाती है। आज के मनोवैज्ञानिक कहते है कि यदि बार–बार एक ही वाक्य बोला जाये तो वो सबकोन्सियस में चला जाता है और आपके जीवन में प्रकट होता है। हवन की विधी में सकारात्मक वाक्यों को दोहराया जाता है।

2. हवन में अपने से उच्चतर बुद्धि के रूप में अग्नि को स्वीकार किया जाता है। जब व्यक्ति अपनी छोटी बुद्धि से किसी बड़ी बुद्धि को स्वीकार करता है तो उसके जीवन में बड़ी बुद्धि काम करने लग जाती है और उसके बड़े–बड़े काम आसानी से पूरे होने लगते है। अग्निदेव के सहयोग से सारे काम हो रहे है, ऐसी दिव्य बुद्धि हवनकर्ता की बन जाती है। यहां अग्निदेव से अभिप्राय दैविक शक्तियों से है। यानी कि हवन करने वाले इंसान के चारों और दैविक शक्तियों का संरक्षण बन जाता है।

3. हवन 15–20 मिनट तक चलता है। यानी कि एक प्रोजेक्ट प्लानिंग है। अतः हमें भी अपने लक्ष्यों की पूर्ति की एक हवन यज्ञ के रूप में लेना चाहिए।

4. विवाह आदि में गणेश आहूत करने की परम्परा है और शादी के समय हवन करने की परम्परा है। उसके बाद गणेश को विदा करने की परम्परा है। यानी कि विवाह पूरी तरह एक प्रोजेक्ट प्लानिंग है। हमें भी अपने लक्ष्यों को पूरा करने के लिए इसी तरह के प्रोजेक्ट बनाने चाहिए। उन्हे पूरा करने के लिए एक वर्ष या दो वर्ष में पूरे करने चाहिए।

5. मैं यह तो नही कहता कि एक दिन हवन करने से कोई बहुत बड़ा लाभ हो जायेगा। लेकिन मेरा अनुभव कहता है कि हवन लगातार 365 दिन किया जाए तो अवश्य बड़ा परिवर्तन होता है और आप आम आदमी से बीलिनियर बन सकते है।

आम आदमी यदि बीलिनियर बनने का लक्ष्य बनाता है तो वो इस हवन प्रक्रिया को करके लाभ उठा सकता है। यह हवन प्रक्रिया **टीम 360** के द्वारा आयोजित वर्कशॉप में ऑनलाईन/ऑफलाईन के जरिये सीखी भी जा सकती है।

## NOTES (जो बातें आपके ह्रदय को छू गई है)

1. _______________________________________________

2. _______________________________________________

3. _______________________________________________

4. _______________________________________________

5. _______________________________________________

6. _______________________________________________

7. _______________________________________________

8. _______________________________________________

9. _______________________________________________

10 _______________________________________________

11. _______________________________________________

12. _______________________________________________

13. _______________________

14. _______________________

15. _______________________

16. _______________________

17. _______________________

18. _______________________

19. _______________________

20. _______________________

21. _______________________

22. _______________________

23. _______________________

24. _______________________

25. _______________________

## NOTES (जो निर्णय आपने अपने जीवन में लेने हेतु तय किये है)

26. _______________________

27. _______________________

28. _______________________

29. _______________________

30. _______________________

31. _______________________

32. _______________________________________________

33. _______________________________________________

34. _______________________________________________

35. _______________________________________________

36. _______________________________________________

37. _______________________________________________

38. _______________________________________________

39. _______________________________________________

40. _______________________________________________

41. _______________________________________________

42. _______________________________________________

43. _______________________________________________

44. _______________________________________________

45. _______________________________________________

46. _______________________________________________

47. _______________________________________________

48. _______________________________________________

49. _______________________________________________

50. _______________________________________________

# MISSION BILLIONAIRE
**(To Achieve 12 Riches as Described by Napoleon Hill)**
**Motivation & Activation Mantra**

अध्याय – 27

## बीलिनियर बनने के 10 रास्ते हो सकते है।
## अमित भंसाली ने मात्र एक रास्ता ही चुना – एक कहानी

❖❖❖

(किसी भी समस्या के समाधान के 10 से अधिक विकल्प हो सकते है।
किसी भी लक्ष्य को प्राप्त करने के 10 से अधिक विकल्प हो सकते है, आपको मात्र एक चुनना है।)

अमित भंसाली नामक एक नवयुवक, उसने ठान लिया कि मुझें बीलिनियर बनना है। मैं तो इसी मुद्दे पर अमित भंसाली को बधाई देना चाहूंगा कि उन्होनें ठान लिया। क्योंकि जब कोई व्यक्ति किसी बात की ठान लेता है तो आकाशीय बुद्धिमता अनेक रास्ते सुझाने लगती है और सपोर्ट करने लगती है।

मुगले आजम फिल्म में एक प्रेरणादायक गाना गाया है ''मुश्किल नही है कुछ भी, अगर ठान लीजिए तो''।

मनोवैज्ञानिक भाषा में कहा जाए कि जब आपने कोई इच्छा बनाई। इच्छा से अधिक जब प्रबल इच्छा बना ली और उसके अनुसार क्रियान्चयन की योजना बना ली तो समस्त सृष्टि आपके सहयोग हेतु काम करने लगती है।

अमित भंसाली ने बीलिनियर बनने का हौसला बनाया व विचारने लगा कि ये कैसे सम्भव हो सकता है ? उसने अपने चाचा से पूछा। चाचा हीरालाल पके हुए बालों के व्यक्ति थे। जिंदगी के कई उतराव–चढ़ाव देख चुके थे। उन्होनें उत्तर दिया कि बेटा अमित अपन मध्यमवर्गीय लोग है। बीलिनियर बनना अपने भाग्य में नही है। कोई छोटी–मोटी नौकरी कर लो या कोई दुकान खोल लो।

अमित ने अपना ये विचार कि मैं बीलिनियर बनना चाहता हूँ, अपने एक मित्र को बताया। मित्र ने कहा कि पागलपन छोड़ो, बैंक में जॉब निकली है, कम्पिटिशन की तैयारी करते है। बैंक में नौकरी लग जायेगी तो जिंदगी भर सुख से जिओगे।

अमित हैरान हो गया क्योंकि उसने 10 लोगों से पूछा और 10 ही लोगों ने उससे कहा कि बीलिनियर बनना सम्भव नही है। लेकिन जिनकी दृढ़ इच्छा होती है, ईश्वर उसे मार्गदर्शन का कोई ना कोई निमित बना देता है।

एक रात घनघोर बारिश हुइ। एक सेठ अपनी गाड़ी को स्वयं ही चलाते हुए आ रहे थे। अचानक गाड़ी खराब हो गई। गाड़ी खराब भी अमित के घर के सामने ही हुई। गाड़ी चलाने वाले सेठ के पास और कोई विकल्प नही था। इसलिये उसने मदद के लिए अमित के घर का दरवाजा खटखटाया। अमित ने दरवाजा खोला और कहा

कि आपकी गाड़ी खराब हो गई, कोई बात नही, आप रात को यही रहिए, खाना खाईये और सो जाइए। सुबह मिस्त्री को बुलाकर गाड़ी ठीक करवा देंगे तब आप चले जाना।

सेठ स्वाभिमानी था। अतः अमित की सेवा नही लेना चाहता था लेकिन उसके पास और कोई रास्ता भी नही था। घनघोर बारिश हो रही थी और बारिश की रात में मिस्त्री कहां मिलता ? सेठ ने ईश्वर की इच्छा मानते हुए अमित के घर रूकना व भोजन करना स्वीकार कर लिया।

रात्रि में अमित की मां ने खाना बनाया, सेठ को खाना खिलाया और सेठ से बोली कि हमारा ये अमित जिद कर रहा है कि बीलिनियर बनेगा। जबकि मैं यह चाहती हूं कि ये आप जैसे सेठ के यहां नौकरी कर ले।

सेठ कुछ नही बोला। खाना खाया और थका होने के कारण खाट पर जाकर सो गया। प्रातःकाल जल्दी ही अमित उठ गया, सेठ को चाय पिलाई, नहाने धोने की व्यवस्था की। फिर मिस्त्री को बुलाकर गाड़ी को ठीक करवाया।

गाड़ी ठीक हो गई तो सेठ चलने लगा। अमित को धन्यवाद कहा और अपना विजिटिंग कार्ड अमित को दिया और कहा कि अगर वाकई में बीलिनियर बनना चाहते हो तो मेरे ऑफिस में आकर मुझसें मिलो।

अमित तो खुश हो गया। उसको उसकी मुराद पूरी होती दिखाई दी। लेकिन उसने सेठजी से कोतूहलवश पूछा कि मुझें दस आदमियों ने मना किया है कि मैं बीलिनियर नही हो सकता। फिर आप कैसे मुझें बीलिनियर होने के लिए कह रहे है ?

सेठ ने उत्तर दिया चूंकि मैं स्वयं बीलिनियर हूँ, इसलिए मैं बीलिनियर होने के राज आपको सीखा सकता हूं। जिन्होनें आपको

मना किया है, वो स्वयं ही बीलिनियर नही होंगे। अतः उनके पास मना करना सुरक्षित तरीका था।

उपरोक्त कहानी से मैं ये बात समझाना चाह रहा हूँ कि बीलिनियर बनने के दस से अधिक तरीके मौजूद है, मगर वो छीपे हुए है। जब कोई व्यक्ति बीलिनियर बनने का निर्णय करता है और वो खोजबीन करता है, तब रास्ते निकलते है। जैसे कि जमीन में स्वर्ण की खाने है, लेकिन जो खोदेगा, वो उसको प्राप्त कर पायेगा।

दूसरी बात मैं ये कहना चाहूंगा कि अगर दृढ़ इच्छा के साथ कोई व्यक्ति किसी मुकाम को हासिल करना चाहता है, तो ईश्वर उस व्यक्ति को कोई ना कोई रास्ता, किसी ना किसी व्यक्ति के मुंह से अथवा किसी अन्य तरीके से बतला देता है। वो व्यक्ति तत्काल उस रास्ते को पकड़ भी लेता है।

रास्ते और विकल्प तो इस दुनियां में अनेक है। लेकिन जिनकी दृढ़ इच्छाएं नही है, वो गौर ही नही करते।

## एक बच्चे की कहानी

एक बच्चा पढ़ने में होशियार था। उसके माता–पिता उसे आई.ए.एस. बनाना चाहते थे। पिता अपनी दुकान पर प्रतिदिन पैदल जाते थे। रास्तें में एक स्कूल थी। उसी स्कूल में उसका एडमिशन करवा दिया। लेकिन स्कूल की पढ़ाई से बच्चे के पिता को तसल्ली नही हुई कि यह आई.ए.एस. बन पायेगा।

एक दिन बच्चे का पिता अपनी दुकान पर जा रहे थे, लेकिन सड़क पर एक एक्सिडेन्ट हो गया। इसलिए सड़क बंद हो गई। इसलिए वो व्यक्ति पास की गली में से चक्कर लगा कर दुकान जा रहे थे। वहां पर उसे एक बहुत बड़ी और शानदार स्कूल दिखाई दी। उस स्कूल को देखते ही बच्चे के पिता के दिमाग में आई कि काश मेरा बेटा इस स्कूल में पढ़ता। वो

कल्पनाओं में खोने लगा और अपने बेटे को आई.ए.एस. बनते हुए देखने लगा।

इतने में स्कूल के आगे खड़े सुरक्षाकर्मी ने आकर पूछा कि आपको किसी से मिलना है क्या ? तो उसने कहा कि हॉ, मुझें स्कूल के प्रिंसिपल से मिलना है। सुरक्षाकर्मी ने कहा कि चलों मैं मिलवा देता हूँ।

लड़के का पिता स्कूल में गया। वहां पर पढ़ने वाले बच्चों को देखा। सभी साफ सुथरे, स्मार्ट व सुंदर बच्चे। वो तो काफी अनुशासित थे। तभी प्रिंसिपल साहब बाहर आये और पूछा कि कैसे आना हुआ ? उसने कहा कि मुझें आपकी स्कूल बड़ी अच्छी लगी। मैं चाहता हूं कि मेरा बेटा भी यहीं पढ़े। प्रिंसिपल साहब ने कहा कि अगर आपका बच्चा पढ़ने में मन लगाएगा, तो हम अवश्य उसे हमारी स्कूल में एडमिशन देंगे।

दूसरे दिन क्या देखते है ? बच्चे का पिता स्कूल में एडमिशन फार्म भर रहा है और बच्चे का एडमिशन उस स्कूल में करवा दिया।

उस व्यक्ति ने अचानक देखा कि स्कूल के दरवाजे के आगे एक कार आकर रूकी है, जिस पर लिखा हुआ है *'जिला कलक्टर'*। सभी बच्चे असेम्बली हॉल में बैठ गये। आज जिला कलक्टर महोदय को बच्चों से वार्ता करने हेतु स्कूल में बुलाया गया है। प्रिंसिपल साहब से इजाजत लेकर बच्चे का पिता भी असेम्बली हॉल में बैठ गया।

जिला कलक्टर महोदय ने सभी बच्चों से बड़े प्यार शब्दों में बात की और मोटिवेट किया कि कौन–कौन बच्चा जिंदगी में आगे बढ़ना चाहता है ? कौन आई.ए.एस. बनना चाहता है ? कौन खिलाड़ी बनना चाहता है, कौन उद्योगपति बनना चाहता है ? कौन देश का प्रधानमंत्री बनना चाहता है ? कौन अंतरिक्ष यात्री बनना चाहता है ?

बच्चों की कलक्टर के बीच वार्तालाप चल रही थी लेकिन बच्चे के पिता को याद आया कि मुझें तो दुकान पर जाना है। वहां पर ग्राहक आ गये होंगे। इसलिए वो बच्चे को वहीं पर छोड़ कर दुकान की तरफ रवाना हो गये।

दोपहर में खाना खाने के लिए बच्चे का पिता घर आया तो अपनी पत्नी से बोला कि आज मुझें तसल्ली है कि मैनें अपने बच्चे का एडमिशन सही स्कूल में करवा दिया है। उस स्कूल में बच्चों को मोटिवेट करने के लिए जिला कलक्टर तक आते है।

मैं इस कहानी से ये बतलाना चाह रहा हूं कि व्यक्ति की जब दृढ़ इच्छा हुई कि बच्चा ऐसी स्कूल में पढ़े, जहां से आई.ए.एस. निकलते है, तब ईश्वर ने निमित बनाया और वो ऐसी स्कूल के सामने से गुजरा जहां पर अच्छी पढ़ाई होती है।

जिंदगी के किसी भी ऊंचे मुकाम पर पहुंचने की दृढ़ इच्छा हो तो आकाशीय बुद्धिमता कोई ना कोई विकल्प सुझा देती है।

यहां हमारा उच्चतम उद्देश्य बीलिनियर बनना है। अतः मैं मनोवैज्ञानिक तरीके से बिलेनियर बनने के लक्ष्य को कैसे प्राप्त किया जा सकता है ? कुछ टेक्निक्स बताऊंगा।

1. **सकारात्मक वाक्यों के उच्चारण का उपयोग करें:**– आप प्रतिदिन 10 मिनट के लिए मैं बीलिनियर हूं। मैं बीलिनियर हूं। जोर–जोर से बोलेंगे। ताकि इस आवाज की वाईब्रेशन आपके सबकोंशियस माइंड में घर कर जाये।

2. आप बीलिनियर बन कर क्या–क्या लुत्फ उठाना चाहते है, उसकी लिस्ट बनाए ताकि आपका सबकोंशियस माइंड आपको खुशियां देना प्रारम्भ कर दे।

3. आप इस निष्कर्ष पर पहुंच जाये कि बीलिनियर बनने के अनेक तरीके है। आपको सिर्फ एक तरीका चाहिये। जो आप जब खोज करेंगे तो अवश्य मिल जायेगा।

4. आपको एक काम अवश्य करना होगा कि ऐसे लोगों की संगत से दूर रहना होगा जो लोग आपको बीलिनियर होने के बारे में निगेटिव बातें कहते है।

5. आपको अपने मन की बड़बड़ जो बीलिनियर होने के अलावा अन्य बातें कहती है, उसे बंद करना होगा।

6. आप प्रतिदिन 10 मिनट विजुलाईज करें कि आप बीलिनियर हो गये। आप बहुत बड़ी—बडी फेक्ट्रियों के मालिक है तथा अनेक मजदूरों के परिवार आपके कारण जीवन यापन कर रहे है।

7. आप अपनी भौतिक बुद्धिमता (PQ), मानसिक बुद्धिमता (IQ), भावनात्मक बुद्धिमता (EQ), आध्यात्मिक बुद्धिमता (SQ) को बढ़ाने हेतु प्रतिदिन आधा घंटा अभ्यास करें।

8. आपको यूनिवर्स की और से तीन गिफ्ट मिली हुई है, उनका भरपूर उपयोग करें।

(अ) **Power of Choice:-** आपको ईश्वर ने निर्णय करने की शक्ति दी है, चुनाव करने की शक्ति दी है। अतः आप बीलिनियर बनने का चुनाव करें।

(ब) **सिद्धांतों के अनुकूल चलेः—** बीलिनियर बनने के कुछ सिद्धांत है। अगर उनकी आप पालना करेंगे तो अवश्य आप बीलिनियर बन जायेंगे। जैसे कि आपको मुम्बई जाना है। आपने टिकिट ले ली और गाड़ी में बैठ गये। अब गाड़ी की जिम्मेदारी है कि आपको मुम्बई पहुंचाए।

(स) उपरोक्त चारों बुद्धिमताएं।

## बीलिनियर बनने की रचना भी दो स्तर पर होगी

हर वस्तु या घटना प्रकृति में दो स्तर पर होती है। पहला स्तर कहलाता है 'मानसिक' दूसरा कहलाता है 'भौतिक' यानी कि हर

वस्तु की दो रचना होती है। पहली रचना मानसिक व दूसरी रचना भौतिक।

## औसत आदमी के द्वारा की जाने वाली गलतियाँ

औसत आदमी या तो अपने उपरोक्त प्रकृति के द्वारा दिये गये उपहारों की उसे जानकारी नही है। अगर जानकारी है, तो वो उनका उपयोग नही कर रहा है।

यदि आप बीलिनियर बनने की प्रबल इच्छा रखते है, तो आपको प्रकृति के द्वारा जो निःशुल्क उपहार दिये गये है ? यथा स्वतंत्र एवं शक्तिशाली चुनाव करने की शक्ति।

जब आप बीलिनियर बनने का चुनाव करते है तो ये एक बीज की तरह है और जब आप इसमें अपनी चारों बुद्धिमताओं को जोड़ देते है, तो ये हाईब्रिड बीज बन जाता है। जब आप सफलता के सिद्धांतों के अनुसार इस बीज को जमीन में बो देते है, तब ये बीज पौधा बन जाता है, फिर एक वटवृक्ष बन जाता है।

ऐसे ही जब आप बीलिनियर बनने का चुनाव करते हैं तो एक बीज बनता है। जब अपनी बुद्धिमताओं से बीज की सुरक्षा करते है व सिद्धांतों के अनुसार बीज का रख-रखाव करते है, खाद-पानी देते है तो बीलिनियर का पौधा विकसित होगा और एक दिन वटवृक्ष बन जायेगा। आपने अगर वर्तमान में बीलिनियर का बीज डाला है तो एक नही, कई बीज बिलेनियर बनने हेतु डाले है तो धीरे-धीरे वर्तमान में डाले हुए बीज बगिया बन जायेगी और भविष्य में आप एक बीलिनियर व्यक्ति के रूप में उभरेंगे।

जिन लोगों ने भी इन तीनों निःशुल्क उपहारों का विवेकशील व परिश्रम के साथ उपयोग किया है, वो सभी लोग अपने क्षेत्र विशेष में

कीर्तिमान स्थापित कर पाये है। आपके लिए बीलिनियर बनने का रास्ता इंतजार कर रहा है। दृढ़ इच्छा बनाए और एक प्रभावी योजना बनाए, उनमें से मेसिव एक्शन ले।

यहां मैंने जो व्यक्ति विशेष हेतु निःशुल्क उपहार बताये है, ये प्रत्येक संगठन को भी प्राप्त होते है। अतः अगर व्यक्ति को बीलिनियर बनना है तो संगठन बनाना होगा और संगठन को उपरोक्त उपहारों के साथ विकसित करना होगा।

हर व्यक्ति का जन्मसिद्ध अधिकार है कि वो बीलिनियर बने। अब समय आ गया है, आप भी अपना हक प्राप्त करें।

## NOTES (जो बातें आपके हृदय को छू गई है)

1. _______________________________________

2. _______________________________________

3. _______________________________________

4. _______________________________________

5. _______________________________________

6. _______________________________________

7. _______________________________________

8. _______________________________________

9. _______________________________________

10 _______________________________________

11. _______________________________________

12. _______________________________________

13. _______________________________

14. _______________________________

15. _______________________________

16. _______________________________

17. _______________________________

18. _______________________________

19. _______________________________

20. _______________________________

21. _______________________________

22. _______________________________

23. _______________________________

24. _______________________________

25. _______________________________

**NOTES** (जो निर्णय आपने अपने जीवन में लेने हेतु तय किये है)

26. _______________________________

27. _______________________________

28. _______________________________

29. _______________________________

30. _______________________________

31. _______________________________

32. ___________________________________________

33. ___________________________________________

34. ___________________________________________

35. ___________________________________________

36. ___________________________________________

37. ___________________________________________

38. ___________________________________________

39. ___________________________________________

40. ___________________________________________

41. ___________________________________________

42. ___________________________________________

43. ___________________________________________

44. ___________________________________________

45. ___________________________________________

46. ___________________________________________

47. ___________________________________________

48. ___________________________________________

49. ___________________________________________

50. अरबपति होना हर भारतीय का हक है।

## अध्याय – 28

# एक व्यक्ति बीलिनियर बना, $e = mc^2$ की विश्वप्रसिद्ध आइंस्टिन की दी हुई समीकरण का उपयोग कर – एक कहानी

(कम्पेरिजन की जगह कोओर्डिनेशन के सिद्धांत को अपनाएं
तथा कल्लू मन व तोलू मन को गुड़बॉय कहे)

एक व्यक्ति जिसका नाम चन्दन था। बरसों नौकरी करता रहा लेकिन नौकरी उसे भाती नही थी। क्योंकि वही 10 बजे ऑफिस पहुंचना, शाम को 6 बजे ऑफिस से निकल जाना। रोजाना वही काम। मात्र एक दिन वेतन मिलता बाकि 29 दिन कुछ नही।

चंदन ने बताया कि वो तो कोल्हू का बैल बनकर रह गया। वो अपनी जिंदगी को अपनी जिंदगी नही समझ पा रहा था। लेकिन उसका परिवार, यहां तक कि वो स्वंय दूसरों से तुलना करता और पाता कि और लोगों ने तो बहुत उन्नति कर ली।

वो पाता कि मैं बार–बार तुलना करता हूं लेकिन आगे नही बढ़ पा रहा। दूसरी एक बात और भी चंदन पाता कि वो हर बात कल पर टाल देता और किसी से बात करता तो बीते हुए कल की करता। उसका मन कल–कल करता, कल्लू, तुलनाएं करता इसलिए तोलू। उसकी समस्त ऊर्जा इसी में व्यर्थ होती रहती।

एक दिन वो अपने घर से दुखी होकर निकल गया। यदि मेरा सेठ बीलिनियर है, तो मैं क्यों नही ? मुझमें और उसमें क्या फर्क है? दो हाथ उसके और दो हाथ मेरे है। अंग्रेजी मैं अच्छी बोलता व लिखता हूं। सेठ को तो अंग्रेजी आती नही है। वो अपने ऑफिस से भाग गया और जंगल में चला गया। अचानक उसे जंगल में एक शेर दिखा। वो घबराया। इतने में एक आवाज हुई 'धॉय–धॉय' और शेर वहीं ढेर हो गया।

चंदन ने पीछे की तरफ देखा कि एक महिला चूल्हा जला रही थी। मजेदार बात यह है कि वो चूल्हे में चंदन की लकड़ियॉ जला रही थी। चंदन देख कर दंग रह गया कि इतनी महंगी लकड़ियॉ। यह तो किसी बीलिनियर के ही पास हो सकती है। लेकिन यह औरत तो गरीब है, इसके पास यह कहां से आई। अचानक उसने देखा कि यह धॉय–धॉय की आवाज कहां से आई ? किसने शेर को मारा ? पीछे देखा कि एक व्यक्ति बंदूक लिये खड़ा था।

चंदन से उससे पूछा कि आप कौन हो ? उस व्यक्ति ने उत्तर दिया कि ये मेरा फार्म हाऊस है। उसने पूछा कि यह महिला कौन है ? जो चंदन की लकड़ी को जला कर खाना बना रही है। उसने कहा कि यह मेरा खाना बनाती है। मैं रविवार को फार्म हाऊस में आ जाता हूँ और एन्जोय करके चला जाता हूँ।

चंदन के मुंह से एकाध अंग्रेजी के शब्द निकले जो उस बंदूकधारी को पसंद आये। उसने कहा कि तुम्हे तो बड़ी अच्छी अंग्रेजी आती है। चंदन ने कहा कि अंग्रेजी आने से कौनसा बीलिनियर बन जाऊंगा ?

बंदूकधारी व्यक्ति ने कहा कि हाँ, ये तो ठीक है। मैं सेठ गिरधारीलाल हूँ। मेरे कई फार्म हाऊस है। मैं मेरे बच्चों को अंग्रेजी सीखाना चाहता हूँ। तुम मेरे बच्चों को कल से अंग्रेजी सीखाना शुरू कर दो।

चंदन बोला कि मैं तो अपनी पुरानी नौकरी भी छोड आया। मैं तो जमीन पर हूँ। सेठ बोला कि तुम डरो मत यंग मैन। मैं तुम्हें इतना पैसा दूंगा कि तुम्हारी गृहस्थी आराम से चल पड़ेगी। चंदन ने कबूल कर लिया और कहा कि ठीक है, कल से मैं आपके बच्चों को अंग्रेजी पढ़ाने आ जाऊंगा।

दूसरे दिन से चंदन सेठ गिरधारी लाल के बच्चों को पढ़ाने ठीक समय पर पहुंच गया। बच्चों को वो अंग्रेजी का अभ्यास करा रहा था कि उसकी नजर वहां रखी एक किताब पर पड़ी जिस पर लिखा हुआ था **How to become Billionaire?** चंदन ने कहा कि इस व्यक्ति को तो अंग्रेजी आती ही नही है। फिर इसने अंग्रेजी की पुस्तक क्यों रख रखी है ? इतने में सेठ गिरधारी लाल भी अपने बच्चों को सम्भालने आ गये।

चंदन से नही रहा गया, क्योंकि बिलेनियर बनने के लिए वो तो अंदर से कुलबुला रहा था। इसलिए वो गिरधारी लाल से पूछ बैठा

कि यह किताब यहां क्यों रखी हुई है ? सेठ गिरधारी लाल ने कहा कि यह तो मेरी लिखी हुई है। मैंनें इसे मराठी में लिखा था लेकिन मेरे एक विद्वान मित्र ने इसका अंग्रेजी में अनुवाद कर दिया। यह मेरी आत्मकथा है। मैंने यह उन लोगों के लिए लिखी है जो बीलिनियर बनना चाहते है।

चंदन ने पूछा मेरी भी बहुत इच्छा है कि मैं बीलिनियर बनू। क्या आप मुझें बीलिनियर बना सकते है ?

हाँ, लेकिन तीन बातों पर ध्यान देना होगा।

1. **अज्ञान के सूत्रों से दूर होना होगाः–** तुम्हारे दिमाग में लोगों ने अज्ञान भर दिया कि तुम बीलिनियर नही बन सकते, तुम नौकरी करने के लिए पैदा हुए हो, तुम मध्यमवर्गीय हो। इससे तुम्हारे सबकॉंसियस माइंड में मध्यमवर्गीय बनने के सूत्र बन गये। जैसे गुणसूत्र (Chromosomes) होते है, वैसा ही इंसान का डीलडोल और व्यवहार होता है। गुणसूत्र व्यक्ति में हेरीडिटेरी गुण विकसित करते है। कुछ गुण व्यक्ति परिवेश से ग्रहण करता है।

   दोनों को मिलाने से व्यक्ति का चरित्र बनता है। अतः तुम्हें अज्ञान के कारण अंजाने में जो सूत्र अंदर रख लिये है, उनको दूर करना होगा तथा विज्ञान कुछ भी कहे, मैं कहता हूं कि हेरीडिटेरी जैसी कोई चीज नही है। सब कुछ बदला जा सकता है, बस दृढ़ संकल्प की जरूरत है।

2. **ज्ञान–विज्ञान सूत्रः–** दुनियां में तर्क बुद्धि से अनेक कार्य होते है। बीलिनियर कैसे–कैसे नही बना जा सकता ? लोगों के पास में सारे तर्क है, आंकड़े है। तुम्हारे पास भी है। अतः तुम्हे इन तर्को और आंकड़ो को परे करना होगा। क्योंकि तुम्हारे मन में जो बड़बड़ है कि मैं मध्यमवर्गीय हूँ, मैं अच्छे घर में पैदा नही हुआ, मेरा जन्म अच्छे ग्रह नक्षत्रों में

नही हुआ, मेरी कोई मदद करने वाला नही है। यह सब नेगेटिव बातें तुमने औढ़ रखी है। जबकि तुम जन्मजात बीलिनियर पैदा हुए हो।

मित्रों मुश्किल बीलिनियर बनने में नही है, मुश्किल है इस औढ़े हुए ज्ञान को परे फेंकने में। जब आप और लोगों से चर्चा करते हो, तो वो तुम्हें और ज्यादा नेगेटिव बाते बता देते है। यानी कि तुम एक नई नेगेटिविटी की चादर औढ़ लेते हो। यह जो तुम्हारे चारों तरफ नेगेटिविटी की छतरी छा गई है, इसको हटाना होगा यदि यह हट गई तो छोटा मोटा प्रयास भी आपको बीलिनियर बना देगा।

3. **परम ज्ञानः–** आइंस्टिन ने बतलाया कि सब जगह ऊर्जा के क्वांटाज फैल रहे है। सारी घटनाएं एक साथ चल रही है। आप जिस चीज को देख रहे है, वो आपके लिए सत्य है। तथ्य यह है कि दुनियां है ही नही, बल्कि आपके मन की रचना भर है। पूरा ब्रह्माण्ड ऊर्जा से भरा हुआ है। ऊर्जा के अलावा ब्रह्माण्ड में कुछ भी नही है। इस ब्रह्माण्ड में ऊर्जाओं के पूंज है जो अलग–अलग फ्रिक्वेंसिज पर घूम रही है।

4. इन ऊर्जा पूंजो को घूमाने वाली बुद्धिमता को आकाशीय बुद्धिमता कहा जाता है। जब ऊर्जा को प्रकाश की दर से फेंका जाता है, तो ऊर्जा पदार्थ में बदल जाती है और एक विस्फोट होता है जिसे 'बिग बेंग' कहते है।

यानी कि ऊर्जा का एक समुद्र है। उसमें भिन्न–भिन्न फ्रिक्वेंसिज पर ऊर्जा पूंज घूम रहे है।

## Where is your intention then goes Energy

बस जहां पर आपने इंटेंशन किया वही पर ऊर्जा इकट्ठी होने लग जाती है और जहां पर आपका संकल्प दृढ़, वही पर ऊर्जा की फ्रिक्वेंशी ज्यादा।

बीलिनियर होना और कुछ नही है, एक खास जगह आपको अपने इन्टेंशन को फोकस करना है तथा एक तयशुदा फ्रिक्वेंशी पर ऊर्जा पूंज को घूमाना है।

इस यूनिवर्स में जो—जोन वाइब्रेशन्स बिलिनियर्स को बनाने के लिए जरूरी है, वो सभी वाइब्रेशन्स आपके पास में आने लग जायेंगे यदि आपने उस उपयुक्त फ्रिक्वेंशी की रचना कर दी।

ये बात क्वांटम फिजिक्स के द्वारा तय की जा चुकी है, जिसे आज सभी वैज्ञानिक स्वीकारते है।

$$e = mc2$$

यहां e का अर्थ है, पूर्ण ऊर्जा, m का अर्थ है मॉस व c का अर्थ है प्रकाश की गति।

यदि किसी वस्तु को प्रकाश की गति से घूमाया जाये तो वो ऊर्जा में बदल जाती है और इन्टेंशन से वो फ्रिक्वेंशी कायम की जा सकती है जो व्यक्ति को बिलेनियर बनाती है।

**Law of Intention and Law of Attention** के द्वारा हम अदृश्य जगत में किस प्रकार से बीलिनियर बनने के वाइब्रेशन्स बनते है, समझ सकते है। जो वाइब्रेशन्स 'बीलिनियर वाले बन जाते है', अवश्य उनका इंसान के जीवन में प्रकटीकरण होता है।

अतः बीलिनियर बनने के अनेक बाह्य उपचार लेखक के द्वारा आपकों बताये गये है लेकिन अदृश्य जगत से सहयोग ले तो शीघ्र व सुनिश्चित रूप से बीलिनियर बन सकते है।

# NOTES (जो बातें आपके ह्रदय को छू गई है)

1. _______________________________________

2. _______________________________________

3. _______________________________________

4. _______________________________________

5. _______________________________________

6. _______________________________________

7. _______________________________________

8. _______________________________________

9. _______________________________________

10 _______________________________________

11. _______________________________________

12. _______________________________________

13. _______________________________________

14. _______________________________________

15. _______________________________________

16. _______________________________________

17. _______________________________________

18. _______________________________________

19. _______________________________________

20 _______________________________________

21. _______________________________

22. _______________________________

23. _______________________________

24. _______________________________

25. _______________________________

## NOTES (जो निर्णय आपने अपने जीवन में लेने हेतु तय किये है)

26. _______________________________

27. _______________________________

28. _______________________________

29. _______________________________

30 _______________________________

31. _______________________________

32. _______________________________

33. _______________________________

34. _______________________________

35. _______________________________

36. _______________________________

37. _______________________________

38. _______________________________

39. _______________________________

40. ______________________________________________

41. ______________________________________________

42. ______________________________________________

43. ______________________________________________

44. ______________________________________________

45. ______________________________________________

46. ______________________________________________

47. ______________________________________________

48. ______________________________________________

49. ______________________________________________

50. ______________________________________________

# MISSION BILLIONAIRE
## (To Achieve 12 Riches as Described by Napoleon Hill)
## Motivation & Activation Mantra

## अध्याय – 29
# बीलिनियर बनना हर भारतीय का हक है – एक कहानी

**(अब समय आ गया है, इसे प्राप्त करें)**

एक साक्षात्कार में प्रसिद्ध उद्योगपति **श्री रतन टाटा** ने अपनी जिंदगी की कहानी इस प्रकार सुनाई। 

मैं सामान्य परिवार से था। स्कूल में पढ़ने में होशियार था लेकिन घर की आर्थिक स्थिति ज्यादा ठीक नही थी। रिश्तेदारों की स्थितियां बड़ी अच्छी थी। रिश्तेदार कलकत्ता, मुम्बई से आते तो कारों में आते। लोग कहते कि तुम्हारे रिश्तेदार तो बहुत पैसे वाले है। मेरा भी दिल भी कर्ता कि मैं भी बड़ा होकर पैसे वाला बनू।

मेरे पिताजी मुझसे कहते कि अच्छी तरह पढ़ाई करो, अच्छे अंक लाओं तो तुम्हे अच्छी नौकरी मिल जायेगी। मैं बड़ा मन लगाकर पढ़ाई करता। जो टीचर बताते वो सारी चीजें याद कर लेता लेकिन

मुझें एक बात कभी समझ में नही आती कि पैसा कैसे कमाया जाता है, इस स्कूल में वो क्यों नही सीखाया जाता ?

जब मैं स्कूल में 10वीं क्लास में आ गया तो मुझें विश्वास हो गया कि किसी भी स्कूल में पैसा कमाने की तरकीब नही सीखाई जाती। सिर्फ किताबी ज्ञान दिया जाता है, ताकि छोटी मोटी नौकरी कर सके।

इसलिए मुझें समझ में आ गया कि पैसा कमाने की तरकीब तो मुझें खुद ही सीखनी पड़ेगी और मैं पैसा कमाने की तरकीबों को Hit and Trial के जरिये सीखना आरम्भ कर दिया।

## बड़ी अव्यवहारिक स्कूलिंग है, देश में

जिंदगी में बिना पैसे कोई काम नही चलता और आज तो अर्थयुग है। घर से कॉलेज जाओं, स्कूल जाओं तो भी बिना पैसे अपनी स्कूल–कॉलेज नही पहुंच सकते। वो समय तो कभी का जा चुका जब लोगों को जंगलो में फल मिल जाते थे और तोड़ कर खा लेते थे। कुछ लोग  जानवरों का शिकार कर लेते और अपनी भूख को शान्त कर लेते।

आज परिस्थितियां बदल गई आज हमे जिस भारत को बनाना है, वह भारत बीलिनियर लोगों का भारत होगा, एक समृद्ध भारत होगा।

## माइंड सेट बदलना होगा

अभी हमारे देश में सामान्य लोगों का माइंड सेट किस प्रकार का है, आओं थोड़ी नजर ड़ाले।

1. बच्चों को अच्छी से अच्छी, महंगी स्कूल में डाले। प्राईवेट स्कूलें ज्यादा महंगी होती है। उनके भवन भी शानदार होते है। आम आदमी अपने बच्चों को इन महंगी प्राईवेट स्कूलों में पढ़ाना चाहता है।

2. पढ़लिख कर अच्छी नौकरी लग जाओं।

3. पैसा पेड़ो पर लगता है क्या ? पैसे को समझ के साथ खर्च करों।

4. तेते पांव पसारिये, जेति लाम्बी चादर।

5. साई इतना दीजिए, जामे कुटुम्ब समाए।

6. अमीर लोग बूरे होते है। या तो सूदखोर होते है, या मुनाफाखोर।

लेकिन आजकल लोगों की सोच बदल रही है और व्यक्ति सोचने लगा है कि नौकरियों में जो वेतन मिलता है, उससे काम नही चलता है, इसलिए नौकरी के साथ कोई पार्ट टाईम काम भी करना चाहिए।

प्राचीनकाल में भारतवर्ष सोने की चिड़िया रहा है। अंग्रेज तो हिन्दुस्तान आये ही इसीलिए थे कि उन्होनें सोने की चिड़िया का नाम सुन रखा था। प्राचीन समय में गुप्तकाल में परिवार की महिलाओं के पास में अत्यधिक स्वर्ण के आभूषण होते थे। लोग अपने घरों के ताले भी नही लगाते थे। मोर्यकाल में भी भारत जबरदस्त समृद्ध था।

जब प्राचीनकाल में इतना समृद्ध था और स्वर्ण के भण्डार देश में थे, तो आज पुनः हमारा देश एक समृद्ध देश बन सकता है और हमारे देश का हर नागरिक बीलिनियर बन सकता है।

## हमारी सरकार को तथा हमारे नागरिको को अपना फोकस बदलना होगा।

हमारे देश कि सरकारें व जनसामान्य गरीबों के बड़े हिमायती है। हर सरकार गरीबों की मदद करने के लिए संकल्पित होकर शासन सम्भालती है। अपने देश के धनी लोग भी गरीबों की मदद करते है। गरीब मदद लेना पसंद भी करते है तथा पसंद करते–करते मदद लेने के आदी भी हो जाते है।

**Rich Dead  Poor Dead** के लेखक रॉबर्ट कियोस्की का एक पॉवरफुल स्टेटमेंट मैं यहां बताना चाहूंगा। उन्होनें लिखा है कि जब मैं बीलिनियर बन गया तो मेरे पुराने साथी, परिचित, मित्र यदा–कदा मुझसें मिलने आते थे। वो मुझसें दो बातों की उम्मीद करते थे। या तो मुझसें कर्ज लेने की बात करते या नौकरी की।

मुझें आज तक मेरे किसी पुराने परिचित, मित्र ने मुझसें यह नही पूछा कि आप बीलिनियर कैसे बने ? आप मुझें भी बीलिनियर बनाने में मदद करें। ऐसी इच्छा किसी ने भी जाहिर नही की।

मुझें भी कई बार आश्चर्य होता है कि हर पांचवी–छठी साल सरकार गावों में शिविरों का आयोजन करती है और सबसे गरीब कौन ? उनका चुनाव किया जाता है। गरीबी की रेखा के नीचे रहने वालों की चयन सूचियां बनती है।

मैं मेरे जीवन की एक सत्य घटना बतलाता हूं। जब मैं गोवर्नमेन्ट में ऑफिसर था और मुझें भूमि विकास देनिगम में लगया गया था। यह बात होगी करीब 1981 की। उस समय अंत्योदय योजना चल रही थी। हमने बैंको से लोनिंग कराई और सरकार से अनुदान दिया और सैंकड़ो लोगों को गरीबी से उपर उठाया।

एक बार मैं जयपुर के सवाई मानसिंह हॉस्पिटल में किसी कार्य से गया था, तो वहां मुझें 30 साल पुराने परिचित लोग मिल गए। उन्होनें मुझें पहचान लिया और मैं भी उन्हें पहचान पाया। दुआ सलाम हुई। मैनें पूछा यहां कैसे आए? उन्होनें कहा कि हमारे रिश्तेदार है, जिन्हें कैंसर हो गया है। उनका ईलाज कराने आये है।

मैनें कहा कि कैंसर की बीमारी है, तब तो बहुत खर्चा होगा। उन्होनें कहा कि खर्चे की कोई बात नही है। हमारे पास में गरीबी की रेखा से नीचे का चयनित प्रमाण पत्र है। मैनें कहा कि आप लोगों को तो हमने गरीबी की रेखा से ऊपर कर दिया था। उन्होनें कहा कि आपके करने से क्या होता है ? यह तो सरकार के नियम कायदे है, हम वापिस गरीबी में चयनित हो गये।

यानी एक बार जो गरीबी की रेखा से नीचे की लिस्ट में आ गया, उसे तो जीवन भर का प्रमाण पत्र मिल गया और सरकार बार–बार उसे विभिन्न प्रकार की मदद देती जा रही है। अब उस व्यक्ति को भी रस आने लगा, वो भी उम्र भर गरीब बना रहना चाहता है।

उनमें एक व्यक्ति हंसोड़ था। उसने कहा श्रीमान मैं आपको एक बात बतलाता हूँ। एक वैद्य ने एक औरत से कहा कि मैं आपको ऐसी अनुभूत औषधी दे सकता हूँ जिससे आपके चेहरे की झुर्रीयां मिट जायेगी और पुनः जवान हो जायेंगी। मैं राजवैद्य हूं, गलत नही कहता हूं। उस औरत ने कहा कि ना बाबा ना अगर आप मुझें जवान कर देंगे तो मेरी पेंशन बंद हो जायेगी। सब हंस पड़े।

हालात यह है कि गरीबों का चुनाव होता है, गरीबो की मदद की जाती है, गरीबों के लाभ की बड़ी–बड़ी योजनाएं बनती है। अमीर बनाये जाने की कोई योजना न तो सरकार बनाती है और न ही उद्योगपति बनाते है।

## धनी लोग दान देते है

एक आपको मजेदार कहानी सुनाता हूँ। **जयदयाल जी गोयन्का** जिन्होंनें गीता प्रेस, गोरखपुर की स्थापना की, उनकी बताई हुई। उन्होनें कहा कि एक बार हम जयपुर के रेलवे स्टेशन पर ट्रेन से उतरे, सर्दी का मौसम था। कड़ाके की ठंड थी। रेलवे स्टेशन के अंदर और बाहर गरीब लोग सोएं हुए थे, सर्दी से ठिठुर रहे थे। मेरे दिमाग में आया कि इन गरीब लोगों को ओढ़ने के लिए कम्बल की व्यवस्था होनी चाहिए।

हमने एक योजना बनाई और कम्बलों से भरा हुआ ट्रक लेकर जयपुर पहुंचे और सभी को कम्बल बांट दिये। फिर हम जयपुर से बीकानेर आये तो वहां कि रेलवे स्टेशन के अंदर व बाहर लोग सर्दी में लेटे हुए थे, ठिठुर रहे थे। वहां तो और भी ज्यादा सर्दी थी। हमने वहां पर भी लेटे हुए सभी लोगों को कम्बल ओढ़ा दी। इस तरह से हम राजस्थान के सभी बड़े–बड़े रेलवे स्टेशनों से गुजरे और रात को जो सर्दी से ठिठुर रहे थे उन लोगों को कम्बर ओढ़ा दिया।

तीन साल तक लगातार हमने यह प्रोजेक्ट चेलाया। सर्दी में ठिठुरते लोगों कम्बल ओढ़ाते थे। वो चुरू जिले के रहने वाले थे और मैं भी चुरू जिले का था। किसी समय वो चुरू पधारे थे तो मैनें उनसे यह निवेदन कर लिया कि आप बहुत अच्छा काम कर

रहे हो। गरीबो को कड़कड़ाती ठंड के अंदर मुफ्त में कम्बल ओढ़ाते हो। मैं आपकी तारीफ करता हूं।

लेकिन मैं आपसे दो सवाल पूछना चाहता हूँ। जयदयालजी बड़े सद्भावी थे, उन्हानें कहा कि पूछा।

मैनें पहला प्रश्न पूछा कि आप इतने कम्बल लाते कहां से हो ?

आप लोगों को कम्बल ओढ़ाते हो, आप बीलिनियर व्यक्ति है, लोगों को बीलिनियर बनना क्यों नही सीखा देते ?

**गोयंका जी** हंसने लगे। बोले पहले प्रश्न का उत्तर तो यह है कि हम जयपुर के रेलवे स्टेशन पर कड़ाके की ठंड में सोए हुए लोगों को कम्बल ओढ़ाते है। जब तक हम बीकानेर पहुंचते है तो लोग अपने कम्बल बेच देते है और वही कम्बल हमें बीकानेर में मिल जाते है। यानी कि फैक्ट्री के आदमी जो हमें कम्बल बेचते है, वा उन लोगों से कम कीमत पर कम्बल खरीदते है और वापिस हमे ही बेच देते है। फिर जोर से हंसने लगे, कहने लगे कि यह दुनियां ऐसी ही है।

दूसरे प्रश्न का उत्तर यह है कि किसी महापुरुष ने कहा है कि किसी भूखे को मछली खाने को दो। इससे बेहतर है कि उसे मछली पकड़ना सीखा दो। हमने अनेक कॉलेजेज खोले है। उद्योगों के साथ में उन्हें जोड़ा भी है। लेकिन लोगों में धनाढ्य बनने का उत्साह नही है। उनको गरीब बनकर रहने में ही आनंद आता है। आलस्य, गरीबी, निर्धनता में उन्हें रस आने लगा है। मैनें कहा कि ऐसा कैसे हो सकता है ? गरीबी में किसे रस आयेगा।

उन्होनें सामने एक मिर्ची बड़े बेचने वाले की गाड़ी खड़ी थी। उसकी और ईशारा करके कहा कि वो देखों वो औरतें क्या कह रही है ? वो कह रही है कि मिर्ची बड़े के ऊपर और मिर्ची ड़ालों, मसाला ड़ालो। उन औरतों को जैसे मिर्ची खाने का अभ्यास हो गया

और मिर्ची खाने में आनंद आने लगा वैसे ही लोगों को गरीबी में रस आने लगा।

उन्होनें एक और उदाहरण दिया कि जैसे कोई शुरू में शराब पीना शुरू करता है, तो कड़वी लगती है, मीठी नही होती है। लेकिन जैसे–जैसे पीता जाता है तो कड,?वी शराब भी रूचिकर लगने लगती है।

## समृद्ध भारत का सपना यथार्थ हो सकता है
## व हर भारतीय बीलिनियर बन सकता है।

हम बीलिनियर बने इस हेतु अपने विचारों से, अपने भावों से, अपनी वाणी से व अपनी क्रियाओं से बीज बोने होंगे। जब हमारे लोगों के सबकोंसियस में बीलिनियर होने की बात जायेगी तो धीरे–धीरे सबकोंसियस उसे स्वीकार कर लेगा और अनन्त प्रज्ञा को बीलिनियर होने का विचार प्रेषित कर देगा तथा सभी भारतीयों के जीवन में बीलिनियर होना प्रकट होने लगेगा।

हर भारतीय बीलिनियर बने, भारत समृद्ध बने। इस हेतु अब समय आ गया है। इसके लिए एक क्रान्ति की जरूरत महसूस होती है।

स्टीफन आर कोवी लिखते है कि हर वस्तु की दो स्तर पर रचना होती है। पहली मानसिक स्तर/वैचारिक स्तर पर दूसरी भौतिक स्तर पर। इसको स्टीफन अपनी सात आदतों में दूसरे नम्बर की आदत रखते है।

मैं **स्टीफन** की बात से सहमत हूँ कि व्यक्ति अपने दिमाग के सोफ्टवेयर का स्वंय प्रोग्रामर है। लेकिन सामान्य व्यक्ति अपनी वैचारिक रचना को स्वयं करने का जिम्मा नही लेता। वो या तो परिवेश के भरोसे छोड़ देता है या अपनी भूतकाल की घटनाओं के भरोसे।

बस इसी बिन्दु पर भारत की सरकार व हर भारतीय को काम करने की जरूरत है। हर भारतीय अपनी जिंदगी का ब्ल्यू प्रिन्ट बनावें और अपने ब्ल्यू प्रिन्ट में बीलिनियर से कम की कोई बात ना रखे। जैसे किसी बिल्डिंग को बनाने से पहले उसका ब्ल्यू प्रिन्ट बनाया जाता है। वैसे ही हर भारतीय अपनी जिंदगी को अपने ब्ल्यू प्रिन्ट के आधार पर निर्मित करें।

यदि ब्ल्यू प्रिन्ट बीलिनियर होने का बना लेंगे तो यह प्रथम रचना होगी। फिर द्वितीय रचना के लिए तो मात्र प्रयास भर करने रहेंगे। प्रयास करने में भारतीय लोग किसी से भी कम नही है।

एक बार स्टीफन आर कोवी से फोन पर वार्ता हुई तो मैनें पूछा कि भारतीय लोग बीलिनियर व समृद्ध नही बन पा रहे है, क्या कारण है ? उन्होनें बताया कि भारतीय लोग बहुत मेहनती है। लेकिन वो अपनी जिंदगी का विजन स्वंय नही बनाते। अपनी जिंदगी के लिए प्रथम रचना बनाने का जिम्मा स्वंय नही लेते बल्कि परिवेश के भरोसे अथवा भूतकाल की घटनाओं के भरोसे छोड़ देते है।

स्टीफन की बात में मुझें दम नजर आता है। यदि लोग अपनी जिंदगी का ब्ल्यू प्रिंट बनाना आरम्भ कर दे यानी अपनी वैचारिक रचना स्वंय बनाने का जिम्मा ले ले और अपने ब्ल्यू प्रिंट में बीलिनियर होने की बात लिख ले।

सरकार भी सभी भारतीयों को ध्यान में रखते हुए एक व्यापक ब्ल्यू प्रिंट बनाए और उसके अनुसार फिर योजनाबद्ध तरीके से स्किल सीखाने का कार्य आरम्भ हो तो हर भारतीय बीलिनियर बन सकता है। भारत पुनः सही मायने में समृद्ध हो सकता है। इसके लिए प्राईमरी स्कूलों से ही बच्चों को ब्ल्यू प्रिंट बनाने की बात सीखाई जानी चाहिए।

# हर भारतीय बीलिनियर बने, यह कोरी कल्पना लग सकती है

भगत सिंह ने बहुत छोटी उम्र में देश की आजादी का सपना देखा। उस समय लोगों को आजादी कल्पना लगी लेकिन 1947 में देश आजाद हुआ। राईट ब्रदर्स ने जब यह कहा कि हम लोहें की मशीन को पक्षियों की तरह आसमान में उड़ायेंगे तो लोगों को ये कोरी कल्पना लगी। लोगों ने उनका मजाक बनाया। लेकिन उनके अथक प्रय ास व बुद्धिमता से एरोप्लेन बनने में सक्षम हुआ।

अभी हाल ही में हमने देखा कि कोरोना का जबरदस्त विस्फोट हुआ। पूरा विश्व भयभीत हो गया। हिन्दुस्तान में भी कोरोना ने पैर फैलाएं। हमारे वैज्ञानिकों ने, हमारी सरकार ने वेक्सिनेशन बनाने का ब्ल्यू प्रिंट बनाया और कार्य आरम्भ किया। परिणाम यह हुआ कि हम साल भर में तीन–तीन वेक्सिन बनाने में कामयाब हुए। जो काम उस समय कल्पना लग रहा था, वो काम हमारे वैज्ञानिकों ने साकार कर दिखाया।

प्रथम रचना वैचारिक है और वो बीज बोने की तरह है। उसका जिम्मा यदि हर भारतीय ले ले और बीलिनियर होने के बीज बोना आरम्भ कर दे तो हम विश्वास के साथ अनुमान लगा सकते है कि आगे आने वाले 50 वर्षों में हर भारतीय बीलिनियर बन सकता है।

## NOTES (जो बातें आपके ह्रदय को छू गई है)

1. ___________________________________________

2. ___________________________________________

3. ___________________________________________

4. _______________________________________________

5. _______________________________________________

6. _______________________________________________

7. _______________________________________________

8. _______________________________________________

9. _______________________________________________

10. ______________________________________________

11. ______________________________________________

12. ______________________________________________

13. ______________________________________________

14. ______________________________________________

15. ______________________________________________

16. ______________________________________________

17. ______________________________________________

18. ______________________________________________

19. ______________________________________________

20. ______________________________________________

21. ______________________________________________

22. अरबपति होना हर भारतीय का हक है।

23. ______________________________________________

24. ______________________________________________

25. ______________________________

## NOTES (जो निर्णय आपने अपने जीवन में लेने हेतु तय किये है)

26. ______________________________

27. ______________________________

28. ______________________________

29. ______________________________

30. ______________________________

31. ______________________________

32. ______________________________

33. ______________________________

34. ______________________________

35. ______________________________

36. ______________________________

37. ______________________________

38. ______________________________

39. ______________________________

40. ______________________________

41. ______________________________

42. ______________________________

43. ______________________________

44. _______________________________________

45. _______________________________________

46. _______________________________________

47. _______________________________________

48. _______________________________________

49. _______________________________________

50. _______________________________________

## अध्याय – 30
# बीलिनियर बनने हेतु प्रचुरता की मानसिकता जरूरी – एक कहानी

(अभाव की मानसिकता व्यक्ति को एकाकी बनाती है। संगठन नही बनने देती)

जिस व्यक्ति का उद्देश्य छोटा था वो अधिक नही कमा पा रहा था। फिर उसने अपना उद्देश्य बड़ा बनाया और वो बीलिनियर बना। उस व्यक्ति की रोचक कहानी मैं आपको सुनाता हूं।

रमेश नाम का एक व्यक्ति था जो पुरानी किताबे खरीदता था और आधे मूल्य पर या उससे भी कम मूल्य पर प्रतियोगी परीक्षा में बैठने वाले विद्यार्थियों को बेचता था। रमेश बड़ी मेहनत करता था। बाजार के एक कोने से दूसरे कोने तक अपनी किताबों की गाड़ी को घूमाता रहता था।

एक दशाब्दी बीत गई, लेकिन वो दाल—रोटी से अधिक नही कमा पाया। वो बहुत व्यथित था कि इतनी मेहनत करता हूं लेकिन उसके बावजूद भी दाल—रोटी ही निकलती है। उसने सुन रखा था कि ग्रह नक्षत्र ठीक हो तो व्यक्ति का कारोबार बढ़ जाता है। इसलिए वो ज्योतिषियों के भी चक्कर लगाता रहता था, लेकिन उसके काम में कोई तरक्की नही हुई।

एक बार एक मोटिवेशनल स्पीकर उसके शहर में पधारे। सभी जागरूक लोग उस मोटिवेशनल स्पीकर का व्याख्यान सुनने गये। 20 रूपये टिकिट थी जो रमेश जैसे व्यक्ति के लिए बहुत महंगी थी। लेकिन रमेश ने हिम्मत की और अपने काम को बढ़ाने के लिए कुर्बानी देने का मानस बनाया और 20 रूपये की टिकिट खरीदी और जिस ऑडिटोरियम में व्याख्यान होना था, वहां पर गया।

उसने देखा कि ऑडिटोरियम के चारों और कई लोगों ने मोटिवेशनल के द्वारा लिखी गई किताबों की स्टॉल्स लगा रखी है। रमेश तो हैरत में पड़ गया और सोचा कि मैं जरूर पूछूंगा कि क्या मैं अपनी स्टॉल यहां लगा सकता हूं। रमेश ऑडिटोरियम में गया तो वहां श्रोता लोग वक्ता के स्वागत में तालियां बजा रहे थे।

वो भी खुशी—खुशी सबके साथ नाचने लगा। स्टॉल लगाने के बारे में तो पूछना भूल ही गया। आखिर वक्ता ने बोलना आरम्भ किया लेकिन रमेश के कोई बात पल्ले नही पड़ी, फिर प्रश्नोत्तर सत्र हुआ। उसमें रमेश ने प्रश्न पूछा कि मैं मेरा धन्धा कैसे बढ़ा सकता हूं ? मुझें तो यह बतलाइये ? यह कहते—कहते उसकी आंखों से आँसू गिरने लगे। वो बोला कि मैं पिछले 10 साल से पुरानी किताबे बेच रहा हूँ लेकिन मेरी दाल—रोटी ही निकल रही है। मेरी तो किस्मत ही खराब है।

वक्ता ने रमेश से कहा कि आम मुझसें मेरे चेम्बर में मेरे व्याख्यान के बाद मिले और दूसरे लोगों के प्रश्नों के उत्तर देने लगे।

रमेश व्याख्यान खत्म होने के बाद ऑडिटोरियम के चेम्बर में वक्ता से मिला। वक्ता ने कहा कि रमेश तुम रमेश हो। वो बोला कि हां। बोला यदि तुम ज्यादा पैसा कमाना चाहते हो तो रमेश एण्ड कम्पनी बन जाओं। रमेश बोला मैं समझा नही। उन्होनें कहा कि तुम क्या काम करते हो ? रमेश ने कहा कि मैंने एक गाड़ी ले रखी है जिसमें मैं पुरानी किताबे बेचता हूँ।

वक्ता ने कहा कि तुम एक गाड़ी में बेचते हो, ऐसी 12 गाड़ियां ले लो। उन सभी पर टाई लगे हुए 12 कर्मचारियो को बैठा दो। उन्हें 10000  रूपये तनख्वाह दे दो और एक किताब पर 10 रूपये कमिशन दे दो। हर मोहल्ले में अपनी गाड़ियां खड़ी कर दो। वहां पर एक बैंक मैनेजर बैठे हुए थे। उन्होनें कहा कि यदि तुम 12 गाड़िया लगाने की स्कीम मेरी बैंक को देते हो तो हम लोन दे देंगे तथा ब्याज की दर भी बहुत कम रहेगी। हम गारंटी भी नही लेंगे सिर्फ आपका सामान हमारे पास हाईपोथिगेट रहेगा। इसका अर्थ है कि कितनी किताबे बेच दी और कितनी आपके पास शेष है, इसका विवरण हर शाम आप हमारी बैंक में देंगे और यदि बैंक अधिकारी द्वारा जरूरी समझा गया तो आपके स्टॉक को गिना जायेगा।

मोटिवेशनल स्पीकर ने कहा कि मेरे मित्र रमेश इसको बड़ी सोच कहते है, इसको प्रचुरता की मानसिकता कहते है, इसे भरपूर कमाना कहते है। तुम एक गाड़ी में किताबे बेचने के बजाय 12 गाड़ियों में किताबें बिकवाओं। एक कागज पर हिसाब पर लिख लो कि कुल कितनी किताबें एक महिने में बिक सकती है। उनकी कितनी आमदनी होगी तथा कर्मचारियों को देने के बाद क्या बचेगा?

रमेश इसको टेक्निकल भाषा में ब्ल्यू प्रिन्ट बनाना कहा जाता है। यदि तुम ब्ल्यू प्रिन्ट बनाकर काम को बढ़ावोगें तो साल भर बाद तुम्हारी आमदनी 10 गुना हो जायेगी, यह मैं आपसे वादा करता हूँ।

रमेश के समझ में आ गई। उसने 15–20 दिन में बैंक की कार्यवाही कर ली और 12 गाड़िया ले ली, 12 लड़को को काम पर रख लिया और शहर की मुख्य जगह पर गाड़ियों को खड़ा कर दिया। समय बीतता चला और ऐसा करते हुए उसे 5 साल हो गये। वो तो पुरानी किताबों के विक्रय का किंग बन चुका था और लोगों को अपने अनुभव से मोटिवेट करने लगा। कई नौजवानों को उसने मोटिवेट किया।

## अभाव की मानसिकता बनाम् प्रचुरता की मानसिकता

बीलिनियर बनना कोई मुश्किल नही है। मुश्किल है अभाव की मानसिकता को त्याग करके प्रचुरता की मानसिकता को स्वीकार करना।

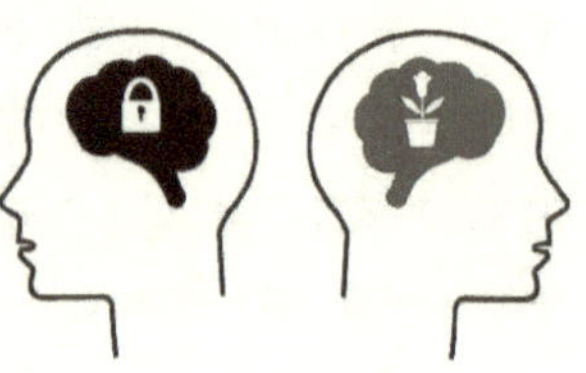

### प्रचुरता की मानसिकता वाला व्यक्तिः–

बड़े पैमाने पर काम करता है। इसलिये उसे लाभ भी अधिक मात्रा में होता है। वो एक बड़ा संगठन बनाता है और संगठन में सभी व्यक्तियों को बड़ी सोच रखने का प्रशिक्षण देता है। वो संगठन में समन्वय व सहयोग की संस्कृति पैदा करता है। टीम वर्क व टीम स्पिरिट को इन्डिविज्यूअल से अधिक महत्व देता है।

**अभाव की मानसिकता वाला व्यक्तिः–** अपने प्रयासों तक, अपनी समझ तक अपने को सीमित रखता है। दूसरे लोगों से परे रहता है। दूसरों से तुलना करता रहता है। कुछ लोग तो दूसरो से जलते–भूनते रहते है। दूसरे शब्दों में कहूं तो ये वन मैन आर्मी कमाण्डर होता है। दूसरे व्यक्तियों में इसे दोष ही दोष नजर आते है, इसलिये वो उनके साथ मिलकर टीम नही बनाता।

अगर कोई व्यक्ति अधिक लाभ कमा लेता है तो अभाव की मानसिकता वाला व्यक्ति सोचता है कि मेरे हिस्से में से छीन कर ले गया। अभाव की मानसिकता वाला व्यक्ति किसी की तारीफ भी नही कर सकता। अगर सामाजिक दिखावे के लिए तारीफ करनी भी पड़ती है, किसी को सम्मान देना पड़ता है, तो वो सामाजिक दबाव के कारण देता है लेकिन अंदर से कट कर रह जाता है।

अभाव की मानसिकता वाला व्यक्ति किसी टीम का पूरक सदस्य नही बन सकता।

## एक बार मैं फिर मधुमक्खियों की कहानी यहां बतलाना चाहूंगा

आपने देखा होगा कि मधुमक्खियों का छत्ता होता है। उसमें लाखों, करोड़ो की संख्या में मधुमक्खियां होती है। मजेदार बात यह होती है कि हर मधुमक्खी का काम बंटा हुआ होता है। कुछ मधुमक्खियां सुरक्षा का काम करती है, उन्हें सुरक्षा मधुमक्खियां कहा जाता है। कुछ मधुमक्खियां मजदूरी का काम करती है। उन्हें ड्रॉन मधुमक्खियां कहा जाता है। कुछ मधुमक्खियां फूलों से शहद लाने का काम करती है। एक रानी मक्खी होती है जो सब पर कंट्रोल करती है। इन मधुमक्खियों में आपस में इतनी समझ होती है कि वो अपने ग्रुप में काम करती हुई भी दूसरे ग्रुप को सहयोग करती है।

## मधुमक्खियों का छत्ता एक बड़ी ओर्गेनाईजेशन का स्वरूक है

मधुमक्खियां मिलकर छत्ते का निर्माण करती है, उसमें शहद का निर्माण करती है। सभी मिलकर एक जबरदस्त टीम के रूप में काम करती है। हर मधुमक्खी की मानसिकता प्रचुरता की होती है। रानी अपने को बड़ा नही मानती। गुलाम मधुमक्खी अपने को छोटा नही

समझती। किसी भी मधुमक्खी का कार्य छोटा नही आंका जाता। कौन मधुमक्खी क्या कार्य कर रही है ? यह महत्वपूर्ण नही है। बल्कि कुल मिलाकर छत्ता कितना बड़ा बना, उसमें कितना शहद इकट्ठा हुआ है, यह महत्वपूर्ण है।

बीलिनियर बनने की चाहत रखने वाले व्यक्ति को मधुमक्खी के इस छत्ते से सीख लेनी चाहिए। बीलिनियर बनने वाले हर व्यक्ति को एक बड़ा संगठन कायम करना होगा। यद्यपि संगठन बनाना मुश्किल नही है, मुश्किल है तो एकल भाव से सामूहिक भाव को विकसित करना।

## एक कम्पनी के सी.ई.ओ. की व्यथा

मिस्टर आर.के. काफी इंटेलिजेन्ट है। उन्होनें एम.बी.ए. भी कर रखा है। एक कम्पनी ने उनको चीफ एक्जीक्यूटिव की पोस्ट पर लगा रखा है।

मिस्टर आर.के. अपने आपको काफी बुद्धिमान समझते है। वो है भी प्रतिज्ञा सम्पन्न। वो यह भी जानते है कि कम्पनी में उनसे ज्यादा बुद्धिमान कोई नही है। पिछले 7 वर्षो से वो लगातार प्रयास कर रहे है, लेकिन उनकी कम्पनी में कोई प्रगति नही हो रही। कम्पनी का निदेशक मण्डल अब उनको काम पर आगे रखा जाये, अथवा नही। इस पर विचार करना चाहता है। इस हेतु निदेशक मण्डल की बैठक रखी गई। मुख्य कार्यकारी अधिकारी के द्वारा सम्पन्न किये गये कम्पनी के कार्यो की समीक्षा की गई। लगभग सभी निदेशकों ने कहा कि आर.के. कम्पनी चलाने में सक्षम नही है, अतः इनको कम्पनी से बाईज्जत विदा कर दिया जाना चाहिये। लेकिन कम्पनी के एक अनुभवी डॉयरेक्टर ने कहा कि मैं मिस्टर आर.के की फाईल को देख रहा हूँ। आर.के. बड़ी मेहनत से काम करते है। इनकी ईमानदारी व निष्ठा पर भी कोई प्रश्न नही उठा सकता। हाँ कार्य क्षमता काफी नीची है।

अतः मैं मेरी सशक्त राय है कि आर.के. को तीन महिने के लिये कहीं परफोरमेन्स वृद्धि हेतु प्रशिक्षण के लिए भेजा जाए, ताकि परफोरमेन्स को किस तरह से बढ़ाया जा सके, इन्हें इसकी ट्रेनिंग मिल सके।

अन्य डॉयरेक्टर्स को भी यह विचार पसंद आया कि आदमी ईमानदार व मेहनती है। इसे एक मौका और देना चाहिये और उसे तीन महिने के डेल कार्निगी द्वारा आयोजित परफोरमेन्स बढ़ाने के प्रशिक्षण में भिजवाया गया।

## डेल कार्निगी के द्वारा दिये जाने वाले प्रशिक्षण की विशेषताएँ

1. कम्पनी में तुम क्या हो ? तुम्हारा कोई वजूद नही है। तुम्हारी टीम ने क्या परफोरमेन्स दी है ? यही मूल्यांकन का आधार होगा।

2. **डेल कार्निगी** स्वयं पूछते थे मिस्टर आर.के. तुम्हारी कम्पनी में निरन्तर तरक्की नही हुई, इसकी क्या वजह है ? तो आर. के. ने कहा कि मैनेजर प्रोडक्शन रामलाल काम नही करते थें। सेल्स मैनेजर सोहन  लाल भी समय पर नही आते थे। **डेल कार्निगी** ने डांटते हुए कहा कि मैनें तुम्हारे कम्पनी के कार्या की समीक्षा पूछी है, न कि रामलाल या सोहन लाल के बारे में पूछा है। रामलाल व सोहन लाल तो आयेगे व जायेंगे लेकिन कम्पनी हमेशा काम करेगी। इसलिए कम्पनी के अंदर सिस्टम ड़ालना तुम्हारी ड्यूटी है, रामलाल या सोहन लाल की नही। तुम भी यदि कम्पनी में नही रहों, तो भी कम्पनी द्रुत गति से चलनी चाहिए।

3. कुल मिलाकर कम्पनी ने पिछले साल से क्या तरक्की की ? अन्य कम्पनियों के मुकाबले क्या तरक्की की ? कम्पनी की परफोरमेन्स के ये पैरामीटर हो सकते है। लेकिन कर्मचारियों की आपस में तुलना, किसने ज्यादा किया, किसने कम किया, ये सी.ई.ओ. लेवल पर देखना उचित नही है। यह निर्णय छोटे अधिकारियों को करने दो।

4. कम्पनी के पांच वर्ष का विजन बोर्ड आपने बनवाया क्या ? आर.के. ने पूछा कि यह विजन बोर्ड क्या होता है ? डेल कार्निगी ने कहा कि पांच साल में आप कम्पनी में क्या काम करोगे, उसको एक पेपर में लिखो, फिर उनका चित्रांकन करो और एक दीवार पर शिल्पकारों की मदद से एक विजन बोर्ड बनवा दो।

5. फिर मेसिव एक्शन्स लो।

6. सभी कर्मचारियों को भावनात्मक रूप से एकजूट करों।

7. हर तीसरे महिने बाद रिव्यू करों की विजन बोर्ड की कौन–कौनसी बातें पूरी हो गई व कौन–कौनसी होनी शेष है।

मुझें अपनी कम्पनी का आगामी सात साल का एक विजन बोर्ड बनाकर उसका ब्ल्यू प्रिंट तीन दिवस के अंदर प्रस्तुत करोंगे। अभी जो आपकी कम्पनी के टार्गेट है, उससे सात गुना ज्यादा टार्गेट का विजन बोर्ड होना चाहिए।

जबरदस्त सक्रिय मोनिटेरिंग के बीच आर.के. ने जबरदस्त ट्रेनिंग ली और जब वो तीन महिने बाद वापस अपनी कम्पनी में सी.ई.ओ. के पद पर आरूढ़ हुआ तो वो एक बदला हुआ इंसान था। उसकी आंखों के आगे कम्पनी का आगामी 7 वर्षो का पूरा नक्शा था।

सभी कर्मचारियों की मिटिंग बुलाई गई और पहली मिटिंग में ही आर.के ने कम्पनी के ब्ल्यू प्रिंट को सब कर्मचारियों के समक्ष रख

दिया तथा सभी कर्मचारियों की कार्यक्षमता में पूरा विश्वास दोहराया। मिटिंग में यह तय किया गया कि 15 दिन के अंदर इस ब्ल्यू प्रिंट के अनुसार कर्मचारियों को उनके पदों के अनुसार कार्य बांट दिया जाए।

सभी लोग अपने पूरे प्रयत्नों से ब्ल्यू प्रिंट के अनुसार कार्य करने लगे। एक टीम भावना विकसित हो गई। एक सामूहिक रचनात्मक सिनर्जी डिवलप हो गई।

बातों ही बातों में सालभर निकल गईं। कम्पनी की वार्षिक आम सभा की बैठक होनी थी। अतः उससे पहले निदेशकों की बैठक बुलाई गई। निदेशको ने कम्पनी के कार्यों की समीक्षा की। कम्पनी की परफोरमेन्स में हुई प्रगति को देखकर सभी निदेशक चीफ एक्जीक्यूटिव ऑफिसर की सराहना करने लगे।

अभाव की मानसिकता से जब प्रचुरता की मानसिकता को आर. के. ने अपनाया व उचित प्रशिक्षण पाया तो उसकी प्रभावकारिता में कई गुणा वृद्धि हुई।

जो व्यक्ति अपने को बीलिनियर बनाना चाहता है। मेरा सुझाव है कि उसे निम्न छः गुण अपनी तकनीकी क्षमताओं के अलावा विकसित करना चाहिए।

1. प्रचुरता की मानसिकता **(Mentality of Abundance)**

2. कृतज्ञता की मानसिकता **(Mentality of Gratefulness/Thankfulness)**

3. शुभकामनाएं/आर्शीवाद की मानसिकता **(Mentality of Well Wishing/ Blessing)**

4. क्षमा करना व क्षमा मांगने की मानसिकता **(Mentality of Forgiveness / Apologizing)**

5. स्वीकार करने की मानसिकता (Mentality of Acceptance – Please learned to accept the people and think as they are)

6. ग्रहणशीलता (Mentality of Receptivity)

उपरोक्त सभी गुण व्यक्ति के उच्च चरित्र को बनाते है, जो कि व्यक्ति की प्रोफेशनल दक्षता के साथ—साथ जरूरी है।

**स्टीफन आर कोवी** ने अपनी विश्व प्रसिद्ध पुस्तक **'8वीं हेबिट'** में एक कहानी लिखी है, जो मैं यहां दोहराना चाहूंगा।

एक बार एक बड़े मेड़िकल रिसर्च सेन्टर में डॉक्टर्स के अपाओइंटमेन्ट हो रहे थे तथा सर्जन के इन्टरव्यू चल रहे थे। जो लोग इन्टरव्यू ले रहे थे, उनसे स्टीफन ने पूछा कि आपके पास दो प्रकार के सर्जन आते है, एक तो ईमानदार है, लेकिन सामान्य सर्जन है। दूसरा भ्रष्ट है लेकिन अपने हूनर में निपूण है। आप किसकी सेवाएं लेना पसंद करेंगे ? आप मुझें बताये कि यदि आप मरीज हो तो आप कौनसे सर्जन को पसंद करेंगे ?

काफी विचार विमर्श के बाद एक अनुभवी व्यक्ति बोलो कि अगर मुझें ऑपरेशन करवाना है या नही करवाना है। यह राय लेनी है तो मैं ईमानदार व सामान्य सर्जन से राय लूंगा। लेकिन यदि मुझें ऑपरेशन करवाना होगा तब मैं अपना ऑपरेशन भ्रष्ट व निपूण सर्जन से करवाना चाहूंगा।

यह कहानी हमें यह नसीहत देती है कि व्यक्ति ईमानदार भी होना चाहिए एवं वो अपने व्यवसाय में निपूण भी होना चाहिए। निष्ठा व कार्यक्षमता दोनों जरूरी है। किसी भी एक को अनदेखा नही किया जा सकता।

बीलिनियर बनने के लिए संगठन को प्रचुरता की मानसिकता के साथ बनाया जाना जरूरी होगा। निष्ठा व कार्यक्षमता दोनों संगठन में विकसित करनी होगी।

बीलिनियर बनने की इच्छा सबसे प्रथम व मुख्य बिन्दु है। यह बात अब समय आ गया कि हमें प्राईमरी स्कूल के बच्चों को भी स्कूलों में सीखानी चाहिए। ताकि जब वो युवक बने तब तक उनके अंदर बीलिनियर बनने की आधारशीला स्थापित हो सके और बीलिनियर बनने के लिए देश में एक माकूल माहौल पैदा हो सके।

## NOTES (जो बातें आपके ह्रदय को छू गई है)

1. ________________________________________

2. ________________________________________

3. ________________________________________

4. ________________________________________

5. ________________________________________

6. ________________________________________

7. ________________________________________

8. ________________________________________

9. ________________________________________

10. ________________________________________

11. ________________________________________

12. ________________________________________

13. ________________________________________

14. ________________________________________

15. ________________________________________

16. _______________________________________

17. _______________________________________

18. _______________________________________

19. _______________________________________

20. _______________________________________

21. _______________________________________

22. _______________________________________

23. _______________________________________

24. _______________________________________

25. _______________________________________

**NOTES** (जो निर्णय आपने अपने जीवन में लेने हेतु तय किये है)

26. _______________________________________

27. _______________________________________

28. _______________________________________

29. _______________________________________

30. _______________________________________

31. _______________________________________

32. _______________________________________

33. _______________________________________

34. _______________________________________

35. _______________________________________
36. _______________________________________
37. _______________________________________
38. _______________________________________
39. _______________________________________
40. _______________________________________
41. _______________________________________
42. _______________________________________
43. _______________________________________
44. _______________________________________
45. _______________________________________
46. _______________________________________
47. _______________________________________
48. _______________________________________
49. _______________________________________
50. _______________________________________

## अध्याय – 31
# डाकू अंगूलीमार की कहानी छिपा मनोवैज्ञानिक तथ्य – एक कहानी

(पीनियल ग्लेंड एक्टिवेशन होने के पश्चात अनेक चमत्कार घटते है)

भगवान बुद्ध के समय की बात है। एक नृशंस डाकू था, जो रात को सोये हुए लोगों की अंगूलियां काट लेता था और अंगूलियों में पहनी हुई अंगूठी निकाल लेता था। वो महिलाओं के आभूषण आदि भी छीन ले जाता था, लेकिन वो अपनी एक पहचान छोड़ जाता था कि वो जिसके यहां डाका डालता, उसकी अंगूलियां काट कर ले जाता था।

जहां वो रहता था, वहां का राजा बड़ा सख्त था। इसलिये उसने चारों तरफ पहरा लगा रखा था कि जहां कही भी अंगूलीमार मिल जाये उसे जिंदा या मुर्दा मेरे पास लेकर आओं। वो था तो बहुत बहादुर और अपने हूनर का भी मास्टर, लेकिन उसका कार्य

सामाजिक मान्यता के विपरीत था। इसलिये उसे हर वक्त ड़र बना रहता था कि कहीं राजा के सिपाही आकर मुझें पकड़ ना ले।

एक बार उसने **महात्मा बुद्ध** जो कि एक कुटियां में ठहरे हुए थे। वहां लोगों को जाते हुए देखा। उसने वहां एक अजीब बात देखी। जो भी व्यक्ति बुद्ध के पास जाता, वो शांत हो जाता और प्रसन्नचित हो जाता। एक बार तो उसने एक अद्भुत दृश्य देखा कि एक सरोवर जिसमें बहुत कम पानी था। लेकिन उसमें कमल खिल रहे थे और वो कमल भी बेमौसम में। अंगूलीमार ने सोचा कि बेमौसम कमल कैसे खिल रहे है ? मैंने ऐसा दृश्य आज तक नही देखा। लोगों ने कहा कि इस तालाब में अभी–अभी बुद्ध नहा कर निकले थे।

एक दिन अंगूलीमार बहुत टेंशन में था। एक तरफ राजा के सिपाहियों का भय, दूसरी तरफ अपनी ही गेंग के आदमी की बगावत। अतः वो अशांत हो गया। इसलिए वो चाहता था कि मैं भी भगवान बुद्ध के पास जाकर शांति प्राप्त करूं। लेकिन उसे ड़र था कि अगर मैं बुद्ध के पास गया तो राजा के सिपाही मुझें पकड़ लेगें। मैं तो कहीं का नही रहूंगा। इसलिए वो दूर एक पेड़ के पीछे खड़ा होकर चिल्लाया कि 'हे बुद्ध यदि तुम्हारे पास अंगूलीमार डाकू आये तो क्या तुम उसे अपने जैसा बना सकते हो' ? और ये आवाज देकर छिप गया।

बुद्ध ने उत्तर दिया 'कोई व्यक्ति डाकू है ही नही। डाकू होना आदमी का स्वभाव नही है। यह तो औढ़ा हुआ चरित्र है, जिसे किसी भी दिन उतार कर फेंका जा सकता है।'

इस उत्तर से अंगूलीमार को बड़ी राहत मिली और वो प्रातःकाल जब थोड़ा अंधेरा शेष था, बुद्ध के यहां पहुंच गया। बुद्ध ने कहा, आ गये। अंगूलीमार ने कहा 'हाँ'। बुद्ध ने कहा कि जब आ ही गये हो तो होश में आ जाओं। मुझें देखों, इस कुटियां को देखो, अपनी दोनों आंखों से हम सब को देखो।

अब अपनी बुद्धि की आंखों से यहां जो कुछ घट रहा है, उसे देखो। अब तुम अपनी अंदर की आंखो से देखो, जो तुम्हारी भावनाएं है, उनसे हम सब को देखो। तुम्हारे भाव संसार को देखो। अंगूलीमार ने ज्योंही अपने को दोनों आंखो से देखा, बुद्धि से देखा, फिर भावनाओं से देखा। भावनाओं को देखना ही पीनियल ग्लेंड का एक्टिवेशन होना है। ज्योंही पीनियल ग्लेंड से मेलाटोलिन हार्मोन का सिक्रेशन बढ़ा अंगूलीमार के तन–बदन में डोपामीन हार्मोन, इंडोर्फिन हार्मोन तथा ऑक्सिटोसिन हार्मोन का स्तर भी बढ़ने लगा।

परिणाम यह हुआ कि अंगूलीमार तो किसी दूसरी दुनियां में खो गया। चेहरे के हिंसक भाव अचानक गायब हो गये और चेहरे से प्रेम टपकने लगा। हाथों में तलवारों की बजाय अब बुद्ध के पास पड़ी माला थी, वो ले ली।

अब अंगूलीमार को किसी भी राजा के सिपाही का भय नही रहा और न ही अपनी गेंग की बगावत करने वाले आदमी का। भगवान बुद्ध ने अपने प्रिय शिष्य आनंद से कहा कि अंगूलीमार को दीक्षा प्रदान करों। अंगूलीमार को बुद्धत्व प्राप्त हो गया। एक डाकू संत बन गया। उसकी छठी इन्द्रि का जागरण हो गया।

इस कहानी से यह सिद्धांत प्रतिपादित होता है कि यदि व्यक्ति किसी बीलिनियर के सम्पर्क में आवे और बीलिनियर से बीलिनियर बनने के गुर सीखे तो एक सामान्य व्यक्ति में भी पीनियल ग्लेंड एक्टिवेशन हो सकता है। जो हार्मोन्स बीलिनियर बनाने के लिए जिम्मेदार होते है, उन हार्मोन्स का सिक्रेशन होने लगता है।

बायोकेमिस्ट्री कहती है कि इंसान की हर गतिविधि हार्मोन से संचालित होती है। यदि किसी व्यक्ति के पास धन की अधिक मात्रा इकट्ठी होती है तो शरीर में एक प्रकार हार्मोन सिक्रिट होने लगता है जिससे कि उसके धन में अधिक से अधिक वृद्धि होने लगती है। किसी व्यक्ति में निर्धनता आने लगती है तो उसमें निर्धनता के लिए जिम्मेदार हार्मोन विकसित होने लगता है।

जो लोग खुश रहते है, उनके पास में अधिक से अधिक धन आने की सम्भावना रहती है, यदि उनका लक्ष्य धन कमाना है। यदि किसी व्यक्ति का लक्ष्य दस लाख रूपये प्रतिमाह कमाना है, लेकिन वो यदि दुखी रहता है, उसकी टीम दुखी रहती है, तो दुःख के कारण से और ज्यादा तंगी होती है। क्योंकि तंगी पैदा करने वाला हार्मोन विकसित होने लगता है। आकर्षण का सिद्धांत उनके विपरीत काम करने लगता है।

यहां मैं एक महत्वपूर्ण वाक्य बताना चाहूंगा कि आपको कुछ उपलब्धियॉ हो, तब खुशियां होंगी, यह सोच ही गलत है। बल्कि यदि आप खुश होंगे तो आप अधिक उपलब्धियों को प्राप्त करेंगे।

## खुश रहना आपकी एक प्रोएक्टिव च्योइस है

जो लोग प्रोएक्टिवली अपने आपको खुश रखते है तथा अभ्यास पूर्वक कृतज्ञता प्रकट करते है। इस दुनियां में जो कुछ उन्हें मिला है या भविष्य में मिलने वाला है, उसके प्रति कृतज्ञता प्रकट करते है। जो मिला है, उसके लिए कृतज्ञता प्रकट करते हैछ तो उन्हें **ईसा मसीह** के अनुसार और दिया जायेगा। जो कृतज्ञता प्रकट नही करते है व प्रसन्न नही रहते है, उनके पास जो है वो भी छीन लिया जायेगा (बाईबिल के अनुसार)।

उपरोक्त अंगूलीमार की कहानी सकारात्मक संदेश देती है। पीनियल ग्लेंड एक्टिवेशन का एक सुखद आयाम प्रदान करती है। लेकिन मैं अब आपको एक ऐसे व्यक्ति की कहानी सुनाना चाहूंगा जहां पीनियल ग्लेंड एक्टिवेशन ने निगेटिव आयाम भी प्रदान किया है। लेकिन इस कहानी के अंत में भी निगेटिव आयाम पोजिटिव में परिवर्तित हो गया, इसलिए कहानी काफी रोचक है।

## अजामिल की कहानी

अजामिल सीधी साधी प्रकृति का व्यक्ति था। भगवान का भजन करता। मंदिर आदि में अपना समय व्यतित करता, अपने माता-पिता

की सेवा करता और बचपन से ही अच्छे संस्कार वाला था। सात्विक प्रवृति का होने के कारण उसने शादी करने का इरादा भी त्याग दिया था। सुबह से शाम तक खेतीबाड़ी करता रहता, और मस्त रहता था।

एक दिन वो जल्दी प्रातःकाल अपने खेत के लिए जा रहा था। रास्ते में जंगल पड़ा। उसे झाड़ी में कुछ आवाजे आई। उसने कोतूहलवश देखना चाहा कि क्या है ? वह झाड़ियों के उधर गया तो देखा कि एक स्त्री और पुरुष आपस में आलिंगन बद्ध थे। उसने सोचा कि यह गलत दृश्य है, मुझें नही देखना चाहिये और वो अपने खेत की तरफ बढ़ने लगा। लेकिन उसने कहा कि ऐसा दृश्य बार–बार तो दिखाई देता नही है। चलो एक बार फिर देख लेते है। यह सोच कर वह वापिस घूमा और उसने वह दृश्य वापिस देखा। अब उसे पक्का विश्वास हो गया कि यह गलत है, मुझें अब नही देखना चाहिये और वो खेत की तरफ रवाना हो गया।

उसने दो बार वह दृश्य देख लिया था इसलिए उसकी बुद्धि ने विचार देने आरम्भ कर दिये कि इस दृश्य में लड़का कौन है ? लड़की कौन है ? हो सकता है कि पड़ौस के ही हो। मुझें ठीक से चेहरे देखने चाहिये ताकि पता चल सके कि लड़की है कौन ? वो वापिस आया और ठीक से देखा कि लड़की कौन है। लगभग लड़का व लड़की नग्न अवस्था में थे। उसकी आंखे लड़की के बदन पर टिक गई। लेकिन फिर उसने हिम्मत की कि मुझें क्या मतलब है, कोई भी हो। वो वापिस अपने खेत की तरफ बढ़ चला।

बुद्धि ने विचार दिये और उस दृश्य का आनंद भावनाओं ने लेना चालू कर दिया और पीनियल ग्लेंड से स्राव बढ़ने लगा। जब पीनियल ग्लेंड एक्टिवेशन से स्राव बढ़ता है तो व्यक्ति भावनाओं की

कैद में आ जाता है। फिर भावनाएं उस व्यक्ति पर अधिकार कर लेती है।

भावनाओं ने उस व्यक्ति से कहा कि ऐसा आकर्षक दृश्य बार–बार थोडे ही देखने को मिलता है। चला उसे एक बार फिर से उसे ठीक से देखों और मानव जीवन में जिसने स्त्री सुख का आनन्द नही लिया, उसका जीवन भी कोई जीवन है। उसमें कामूक भाव जागृत हो गये और वो उस झाड़ी के पीछे फिर गया। तब तक वो लड़का जा चुका था और लड़की अपने घर जा रही थी।

उसने उस लड़की से पूछा कि जो प्रेम का व्यवहार उस लड़के से कर रही थी, वो प्रेम का व्यवहार मुझसें भी करोगी। मैं तुम्हे पर्याप्त धनराशी दूंगा। चूंकि वो लड़की गणिका थी, नृतक थी, शरीर के आकर्षण के द्वारा लोगों को हर्षित करती थी और अपना जीवन यापन करती थी। इसलिये उसने हां कर दी।

समय तय कर लिया गया। उस झाड़ी के पीछे लगभग रोजाना अजामिल भी आने लगा। लेकिन अजामिल था तो सात्विक व्यक्ति। उसे लगा कि मैं जो कुछ भी कर रहा हूं, यह इस लड़की के साथ न्याय नही है। मुझें इस लड़की से शादी कर लेनी चाहिये। उसने उस लड़की से शादी कर ली और अपने घर ले गया।

अजामिल उस लड़की की मांग को पूरा करने में अपने आपको असमर्थ पा रहा था। नित नई मांग होने के कारण वो चोरी व डाका डालने लगा। वो उस एरिये का बड़ा डाकू बन गया। जो भी उसे देखता तो उससे दूर भाग जाता।

यह निगेटिव पीनियल ग्लेंड एक्टिवेशन का उदाहरण है। अब कहानी यूटर्न लेती है। एक दिन अजामिल डाका आदि डालने के लिये कहीं गया हुआ था। पीछे से घर पर पत्नी व बच्चे थे। कुछ साधू, सन्यासी लोग आ गये। उन्होंनें कहा कि हमें कुछ खाने को दो। हम रात्रि में यही पर विश्राम करेंगे। अजामिल की पत्नी की

स्वीकृति पाकर वो लोग अजामिल के घर रात्रि विश्राम करने के लिए रूक गये।

रात्रि में अजामिल आया। उसने देखा कि यह लोग कौन सो रहे है ? वह उन्हे मारपीट करके भगाने लगा कि यहां तुम लोगों का क्या काम है ? अजामिल की पत्नी ने उसे डांटा कि ये तुमसे कुछ मांगने थोडे ही आये है। इन्हें क्यों मार रहे हो। तो उसने कहा कि यह क्यों आये है ? उनमें से एक बुजुर्ग ने कहा कि हम चले जाते है। बस एक बात चाहते है कि आपके यहां कोई भी लड़का हो तो उसका नाम 'नारायण' रख देना। पति–पत्नी ने कहा कि ठीक है।

नौ महिने बाद लड़का हुआ तो उसका नाम नारायण रख दिया। लड़का बडा सेवाभावी था। अजामिल जब बीमार हुआ तो उसने उसकी बड़ी सेवा की। अजामिल बार–बार नारायण–नारायण पूकारता। एक दिन अजामिल का अंतिम समय आ गया। उसने आवाज दी कि नारायण। लेकिन अब नारायण की जगह यमदूत आये बोले कि चलों तुम्हारा समय आ गया है। लेकिन इतने में ही भगवान के देवदूत आये और बोले कि यह तो नारायण–नारायण कहता हुआ प्राण छोड़ रहा है। इसलिये इसे हम स्वर्ग लोक व उससे भी अधिक ऊपर के लोको में लेकर जायेंगे।

इस कहानी में निगेटिव पीनियल ग्लेंड एक्टिवेशन से अजामिल चोर, डाकू बना और जब नारायण–नारायण बार–बार उच्चारण हुआ तो पीनियल ग्लेंड एक्टिवेशन पोजिटिव हुआ। परिणाम यह हुआ कि नर्क के बजाय स्वर्ग आदि का भागीदार बना।

एक बड़े बिजनस ओर्गेनाईजेशन की कल्पना करने वाला व्यक्ति जिसका उद्देश्य बीलिनियर बनना है। उसके लिये यह कहानी बड़े काम की है कि अपनी भावनाओं को दुषित ना होने दे। यदि भावनाएं दूषित हो गई तो बीलिनियर नही बन पायेंगे, निर्धन हो जायेंगे।

# ओर्गेनाईजेशन में भी व्यक्ति की तरह ही चार आयाम होते है

जैसे कि एक व्यक्ति में भौतिक शरीर है, मानसिक शरीर है, भावनात्मक शरीर है व आध्यात्मिक शरीर है। इनके अनुरूप ही बुद्धिमताएं है और ये चारों बुद्धिमताएं प्रकृति की और से इंसान को उपहार में मिली है तथा अभ्यास के द्वारा इन बुद्धिमताओं को बढ़ाया जा सकता है।

इन बुद्धिमताओं के अलावा इंसान को दो उपहार और मिले है। एक है अपने जीवन में चुनाव करने की शक्ति व ईच्छा। दूसरी है जीवन में दृश्य व अदृश्य सिद्धांत।

इंसान अपने इन उपहारों को अभ्यास के जरिये बढ़ा सकता है और इनका सटीक उपयोग करके बीलिनियर ही नही **नेपोलियन हिल** के द्वारा बताई गई सभी 12 प्रकार की अमीरी को प्राप्त कर सकता है।

इंसानों के अनुरूप ही संगठनों में भी ये चार प्रकार की बुद्धिमताएं होती है।

1. **शारीरिक बुद्धिमता (PQ):-** संगठन में इस बुद्धिमता का अर्थ है, संगठन की आर्थिक स्थिति।

2. **मानसिक बुद्धिमता (IQ):-** संगठन में संगठन के लोगों के द्वारा लिये जाने वाले निर्णयों की क्षमता, योजना बनाना, विजन डोक्यूमेंट तैयार करना आदि वैचारिक जो निर्णय किये जाते है, वो सभी इस क्षेत्र में आते है। नई—नई टेक्नोलोजी का उपयोग, नये मार्केटिंग का प्रयोग व नये प्रोडक्ट लोंच करना, कस्टर्स के स्वभाव व रूचि का अध्ययन करना। यह सब संगठन की आई.क्यू. के तहत आते है।

3. **भावनात्मक बुद्धिमता (EQ):-** संगठन में संगठन के कर्मचारियों के बीच के सम्बंध, संगठन के कस्टमर्स के साथ सम्बंध व संगठन जिन अन्य संगठनों के साथ मिलकर काम

करता है, उनके बीच सम्बंध। ये समस्त सम्बंध संगठन की ई.क्यू. को प्रदर्शित करते है।

4. **आध्यात्मिक बुद्धिमता (SQ):-** प्रत्येक संगठन कुछ मूल्यों पर कार्य करता है। कुछ सिद्धांत और विजन के साथ संगठन कार्य करता है। अतः सिद्धांतो के अनुरूप जो मूल्य है, जिनके अनुसार संगठन को चलाया जाता है। ये संगठन की एस.क्यू. कही जाती है।

संगठनों को भी स्वतंत्र चुनाव करने का अधिकार है। यद्यपि संगठन के कर्मचारी, अधिकारी एक व्यवस्था के तहत निर्णय लेते है। लेकिन फिर भी संगठन को किसी बात को करने अथवा न करने का विकल्प रहता है।

अतः संगठन को चूंकि Freedom and Power of Choice है तथा उपरोक्त चारों बुद्धिमताएं भी उपलब्ध है। इसलिये विवेकशील निर्णय करते हुए संगठन को चलाया जा सकता है। हर बीलिनियर बनने वाले व्यक्ति को अपने निजी उपहारों का समुचित अभ्यास व प्रयोग करना चाहिये व उसके द्वारा बनाये गये संगठन को चुनावों का सदुपयोग व बुद्धिमताओं का उचित उपयोग करना चाहिये।

हर व्यक्ति के पास बीलिनियर बनने की च्योईस है। वो बीलिनियर बनने का चुनाव कर सकता है। उपरोक्त बताई बुद्धिमताओं को अभ्यास के जरिये बढ़ा सकता है और निश्चित रूप से बीलिनियर बन सकता है।

## NOTES (जो बातें आपके हृदय को छू गई है)

1. _______________________________________________

2. _______________________________________________

3. _______________________________________________

4. _______________________________________

5. _______________________________________

6. _______________________________________

7. _______________________________________

8. _______________________________________

9. _______________________________________

10. _______________________________________

11. _______________________________________

12. _______________________________________

13. _______________________________________

14. _______________________________________

15. _______________________________________

16. _______________________________________

17. _______________________________________

18. _______________________________________

19. _______________________________________

20. _______________________________________

21. _______________________________________

22. _______________________________________

23. _______________________________________

24. _______________________________________

25. _______________________________________

## NOTES (जो निर्णय आपने अपने जीवन में लेने हेतु तय किये है)

26. _______________________________________

27. _______________________________________

28. _______________________________________

29. _______________________________________

30. _______________________________________

31. _______________________________________

32. _______________________________________

33. _______________________________________

34. _______________________________________

35. _______________________________________

36. _______________________________________

37. _______________________________________

38. _______________________________________

39. _______________________________________

40. _______________________________________

41. _______________________________________

42. _______________________________________

43. _______________________________________

44. _______________________________________

45. _______________________________________

46. _______________________________________

47. _______________________________________

48. _______________________________________

49. _______________________________________

50. _______________________________________

# MISSION BILLIONAIRE
## (To Achieve 12 Riches as Described by Napoleon Hill)
## Motivation & Activation Mantra

## अध्याय – 32
# बीलिनियर बनने की राह में भावनात्मक बुद्धिमता का महत्व – एक कहानी

❖❖❖

(लोगों के आपसी सम्बंधो पर ही परफोरमेन्स निर्भर करती है)

एक व्यक्ति साईकिल चला रहा था। वो अपने शहर में साईकिल चलाने में पारंगत माना जाता था। उसका नाम **डॉल्टन** था। वो किसी कार्यवश पेरिस यात्रा हेतु गया।

पेरिस की सड़के कांच की तरह चमक रही थी। उसकी इच्छा हुई कि अपनी साईकिल लाई जाये और यहां पर चलाई जाये। लेकिन उसे साईकिल कहीं भी विक्रय हेतु दिखाई नही दी। उसने अपने नेटिव गांव समाचार भेजा कि मुझें पेरिस में साईकिल की जरूरत है। आप साईकिल भेजे। 15 दिन में साईकिल उसके पास आ गई। साईकिल बिल्कुल नई थी, चमचमाती हुई थी। चमचमाती हुई पेरिस की सड़को पर साईकिल चलाने में मजा आ जायेगा। डॉल्टन बेहद खुश था।

ज्योंही वो साईकिल चलाने का प्रयास करता, साईकिल आगे ही नही खिसकती। वो पेड़ल लगाता रहता लेकिन साईकिल आगे ही नही खिसकती और ज्योंही वो पांवों को ऊपर उठाता, त्योंही साईकिल से गिर पड़ता।

वो आस–पास आने वालों से पूछता कि मेरी यह साईकिल चल क्यों नही रही है ? लेकिन कोई जवाब नही दे पाया क्योंकि उन सड़को पर किसी ने साईकिल चलाई ही नही थी। वो दुखी होकर अपने होटल में आ गया और होटल के मैनेजर से बोला कि हम अपने देश में तो तेजी से साईकिल चलाते है लेकिन यहां क्या चक्कर है ? उस मैनेजर ने कहा कि अपने होटल में एक मैकेनिकल इंजीनियर है, उसे बुलवाता हूँ कि क्या मामला है ?

दूसरे दिन मैकेनिकल इंजीनियर आया तो उससे पूछा गया तो उसने कहा कि पेरिस की सड़के इतनी चिकनी है कि यहां पर साईकिल नही चल सकती क्योंकि यहां कोई फ्रिक्सनल फोर्स सड़क के द्वारा नही बनाया जाता। जो साईकिल के पहिये को रोक सके अतः यहां साईकिल नही चल सकती। यानी किसी भी कार्य को करने के लिए अगर सामने कोई अवराध नही है तो वो कार्य पूरा नही होता।

**अवरोधक बल भी उतना ही जरूरी है, जितना कि आगे बढ़ाने वाला बल।**

यू.एस.ए. में एक क्लब चलता है, जिसमें अधिकांश भारतीय लोग है। वो खाना खाने का बाद घूमने जाते है। खाना पचाने के लिए उनका घूमने जाना बहुत जरूरी है। उनका कहना है कि भारत में घूमने जाना जरूरी नही है, क्योंकि जब कार में बैठे होते है, तो सड़क इतनी उबड़–खाबड़ होती है, इतने धक्के लगते है कि अपने आप ही कसरत हो जाती है। लेकिन अमेरिका की सड़के कहीं पर भी उबड़–खाबड़ नही है, इसलिये बहुत स्मूथ ड्राईविंग होती है, इसलिए

यहां अलग से घूमने जाना जरूरी है। भारतीय सड़को पर यह करारा व्यंग है।

## भावनात्मक बुद्धिमता का बिलिनियर्स बनने हेतु महत्व

जब हम कोई भी कार्य बड़े पैमाने पर करना चाहते है, तो हमें कई लोगों को साथ में लेकर कार्य को बढ़ाना होता है। मैं आपको कुछ रोचक उदाहरण दू।

1. कोई भी क्रिकेटर अच्छा बोलर नही बन सकता, जब तक कि उसके सामने कोई अच्छी बेटिंग करने वाला ना हो।

2. कोई भी कुश्ती में निपुण होना चाहता है तो उसे कोई ना कोई सामने शिकस्त देने वाला जब नही मिले, वो कुश्ती में माहिर नही हो सकता।

3. बॉलीबाल के खेल में सामने वाली टीम यदि अनुभवी व बराबर की टक्कर देने वाली न हो तो खेल का मजा ही क्या ?

दो व्यक्तियों की शक्तियों व बुद्धिमता का जोड़ ही भावनात्मक बुद्धिमता है। एक व्यक्ति की बुद्धिमता हो सकती है दूसरे के विपरीत कार्य करें। लेकिन कार्य को सम्पन्न होने के लिए उसकी अपनी अहमियत है।

दिन का महत्व तभी है, जब रात्रि हो। सुख का महत्व तभी है, जब दुःख है। समाधानों का महत्व तभी है, जब समस्याएं हो।

भावनात्मक बुद्धिमता बीलिनियर को किस तरह से अपने में विकसित करनी चाहिए इसके लिए **स्टीफन आर कोवी** द्वारा अपनी विश्व प्रसिद्ध पुस्तक **'7 हेबिट ऑफ हाईली पीपुल'** में चार आदते बताते है। जिन्हें वो चौथी, पांचवी, छठी व सांतवी आदत कहते है। इन आदतों में छठी आदत सिनगर्ईज करना कहलाती है।

# सिनर्गाईज

दो लोगों के विचार भिन्न हो सकते है। लेकिन मतभेद होना संगठन में सहज बात है। जो लोग परिपक्व होते है, वो दूसरो के मतो को सुनते है। जब दो लोगों के बीच में मतो का अंतर होता है, तब ही कोई तीसरा नया मत जो कि उन दोनो व्यक्तियों के मतो से ज्यादा लाभकारी हो, निकल कर आता है। **स्टीफन आर कोवी** इसे तीसरा विकल्प कहते है।

जब दो स्वतंत्र व्यक्ति किसी संगठन में मिलकर काम करते है, तो उनके बीच में किसी मुद्दे विशेष पर मतभेद होता है। यदि मतभेदों को रचनात्मक रूप से लिय जाये तो मतभेद प्रभावकारिता को Exponential रूप से बढ़ा देता है। यहां पर प्रभावकारिताएं दोनों व्यक्तियों की घातांकीय तरीके से जुड़ती है। यहां पर 1+1 = 2 नही होते, बल्कि 11 होते है।

यही नही यहां 1 और 1 मिलकर 111, 1111, 11111 ....... हो सकते है। यानी कि रचनात्मक सहयोग की स्थिति विकसित होती है। भावनात्मक बुद्धिमता एक दूसरे के भिन्न मत को भी न केवल स्वीकार करती है, बल्कि उसका आदर करती है।

## Win-Win की मानसिकता

जब दो लोग जीत–जीत की मानसिकता से काम करते है तो उनकी संयुक्त प्रभावकारिता कई गुना बढ़ जाती है। क्योंकि उनकी भावनात्मक बुद्धिमताएं एक दूसरे से जुड़ जाती है। जैसे कि टीम होती है उसमें कई लोग जब मिलकर काम करते है तो उन सबकी संयुक्त परफोरमेन्स बढ़ जाती है।

## भावनात्मक बुद्धिमता को बढ़ाने के तरीके

भावनात्मक बुद्धिमता को बढ़ाने हेतु भी अभ्यास करने की जरूरत है। लोग मिलकर काम करें। एक दूसरे से कनेक्ट होकर काम करे, एक दूसरे को स्वीकार करके काम करें, एक दूसरे के सहयोगी होकर काम करें, पूरक टीम मेम्बर की तरह काम करें।

1. **साथ–साथ काम करें।**

2. **साथ–साथ भ्रमण करें।**

3. **साथ–साथ बातचीत करें।**

4. **साथ–साथ लंच करें।**

5. **साथ–साथ गीत गाये।**

6. **साथ–साथ गेम्स खेले।**

यह साथ–साथ गेम्स खेलने से टूगेदरनेस की भावना बढ़ती है। भावनात्मक बुद्धिमता को बढ़ाने हेतु सबसे पहले आत्म चेतना विकसित करने की जरूरत है। आत्म चेतना (Self Awareness) से व्यक्ति अपने अच्छे व बूरे गुणों को देखता है तथा अपने आंतरिक संवाद को देखता है। अपने शरीर, अपने विचारों से अपने आपको पृथक देखता है। इस कारण से वो अन्य लोगों के अंदर भी बैठी हुई चेतन आत्मा को स्वीकार करता है। अतः स्वीकार करने की इस प्रक्रिया से भावनात्मक बुद्धिमता कई गुणा बढ़ जाती है।

## अपरिपक्व भावनात्मक बुद्धिमता

जो लोग अमीर बनना चाहते है एवं बीलिनियर बनना चाहते है, उन्हें अपनी भावनात्मक बुद्धिमता को अत्यधिक ऊंचे स्तर तक बढ़ाने की जरूरत है। लेकिन सामान्यतः लोगों की भावनात्मक बुद्धिमता का स्तर नीचा होता है।

जिन लोगों की भावनात्मक बुद्धिमता का स्तर नीचे होता है, उनमें निम्न लक्षण पाये जाते है।

1. **वो अभाव की मानसिकता से ग्रसित रहते है:–** अगर उन्हें कोई चीज नही मिलती है तो वो इसका दोष अन्य लोगों को देते है। यदि किसी अन्य व्यक्ति को कोई अतिरिक्त लाभ मिल जाता है, कोई सम्मान मिल जाता है, तो वो उसे अपने हिस्से में से छिन जाना समझते है।

2. निम्न भावनात्मक बुद्धि वाला व्यक्ति तुलना करने में अपना समय व ऊर्जा लगाता रहता है।

3. निम्न भावनात्मक बुद्धि वाला व्यक्ति दूसरों की आलोचना करता रहता है।

4. निम्न भावनात्मक बुद्धि वाला व्यक्ति प्रतिस्पर्धा में विश्वास रखता है।

5. निम्न भावनात्मक बुद्धि वाला व्यक्ति किसी के तर्क को सहजता से नही लेता बल्कि तकरार करता है। यानी कि वाद–विवाद पर ज्यादा फोकस रहता है।

6. अंदर से आत्मिक चेतना का उदय नही होने से वो दूसरे लोगों की तरक्की से जलता भूनता रहता है।

7. वो पूरक टीम का सदस्य नही बन सकता।

8. विचारों की भिन्नता को वो अपना अपमान समझता है।

9. अगर कोई उसके मत के विपरीत कोई सूचना देता है, तो वो सूचना देने वाले से भी नाराज हो जाता है।

10. वो दूसरों की बातों को गौर से सुनता नही है।

# बीलिनियर बनने हेतु भावनात्मक बुद्धिमता को बढ़ाने की जरूरत है।

स्टीफन आर कोवी अपनी प्रथम तीन आदतों में व्यक्ति को आत्म नियंत्रित बनाने हेतु प्रेरित करते है। मैं यह समझता हूं कि आत्म प्रेरित व्यक्ति जब दूसरे लोगों के साथ मिलकर काम करता है तो दोनों के बीच में एक सकारात्मक जुड़ाव बन जाता है और दोनों की बुद्धिमताएं एक तीसरी बुद्धिमता को जन्म देती है जो दोनों की बुद्धिमता से अधिक प्रखर होती है।

## छठी इन्द्रि का जागरण

जब व्यक्ति अपनी भावनात्मक बुद्धिमता को बढ़ाने का अभ्यास करता है, तब वो दूसरों की बातों को अधिक ग्रहणशीलता के साथ सुनता है। धीरे–धीरे वो व्यक्तियों के अलावा निर्जीव वस्तुओं व पेड़ पौधों आदि से भी संवाद बनाने में कायम हो जाता है। पूरे यूनिवर्स से उसे मार्गदर्शन मिलने लगता है। क्योंकि जब उसके अंदर दूसरों की भावनाओं के प्रति आदर, दूसरों के ज्ञान के प्रति सम्मान की भावना विकसित होती है तो वो रिसेप्टिव हो जाता है और उसे असीमित बुद्धिमता से भी मार्गदर्शन मिलने लग जाता है। इसी स्थिति को छठी इन्द्रि का जागरण कहा जाता है।

छठी इन्द्रि के जागरण से व्यक्ति को भविष्य में होने वाले नुकसानों का पूर्व में ही आभास हो जाता है और वो समय रहते ही उनका उपचार कर लेता है। इसके अलावा उसे भविष्य में आने वाले सुअवसरों का भी पूर्व में ही ज्ञान हो जाता है, जिनका वो अपने संगठन में लाभ उठा सकता है।

अनेक वैज्ञानिकों ने अपनी छठी इन्द्रि के जागरण से अनेक प्रकार की खोजे व आविष्कार किये है। छठी इन्द्रि के जागरण से

दैवीय शक्तियों का संरक्षण व मार्गदर्शन प्राप्त होने लगता है। लेकिन छठी इन्द्रि का जागरण तभी सम्भव है, जब हम भावनात्मक बुद्धिमता को एक अच्छे स्तर तक बढ़ा ले।

जिन लोगों की भावनात्मक बुद्धिमताएं बढ़ जाती है, उन्हें यह महसूस होने लगता है कि भौतिक शरीरो से परे गैर भौतिक शरीर भी इंसान के है। वो सभी लोगों के आपस में जुड़े हुए है। अतः वो दूसरे लोगों के अंदर बैठी हुई चेतन आत्मा को न केवल स्वीकार करते है बल्कि उसका भी उतना ही आदर करते है जितना की अपनी स्वंय की आत्मा।

## NOTES (जो बातें आपके ह्दय को छू गई है)

1. ______________________________________________

2. ______________________________________________

3. ______________________________________________

4. ______________________________________________

5. ______________________________________________

6. ______________________________________________

7. ______________________________________________

8. ______________________________________________

9. ______________________________________________

10 ______________________________________________

11. ______________________________________________

12. ______________________________________________

13. _______________________________________

14. _______________________________________

15. _______________________________________

16. _______________________________________

17. _______________________________________

18. _______________________________________

19. _______________________________________

20. _______________________________________

21. _______________________________________

22. _______________________________________

23. _______________________________________

24. _______________________________________

25. _______________________________________

**NOTES** (जो निर्णय आपने अपने जीवन में लेने हेतु तय किये है)

26. _______________________________________

27. _______________________________________

28. _______________________________________

29. _______________________________________

30. _______________________________________

31. _______________________________________

32. ______________________________

33. ______________________________

34. ______________________________

35. ______________________________

36. ______________________________

37. ______________________________

38. ______________________________

39. ______________________________

40. ______________________________

41. ______________________________

42. ______________________________

43. ______________________________

44. ______________________________

45. ______________________________

46. ______________________________

47. ______________________________

48. ______________________________

49. ______________________________

50. ______________________________

## अध्याय – 33
# बीलिनियर बनने वाले मुसाफिर बदलाहट को स्वीकार करों – एक कहानी

(कभी गर्मी, कभी सर्दी, कभी बारिश प्रकृति बदलाव का नाम है। इसे स्वीकारे और एन्जोय करें)

 एक बार अलबर्ट आइंस्टिन ने कहा था कि अगर आप वही करोगे, जो आज तक करते आये हो तो  वही मिलेगा जो आज तक मिलता आया है। बदलेंगे नही तो सुधरेंगे नही। बिना बदलाव सुधार मूर्खता की परिभाषा है। बदलाहट का यह एक पक्ष है। इस पक्ष के तहत माइंड सेट को बदलना है, स्किल सेट को बदलना है और टूल सेट को बदलना है। जब बदलना स्वीकार करेंगे तो दिनोदिन उन्नति करेंगे।

लेकिन बदलाव का दूसरा पक्ष है कि प्रकृति का सिद्धांत है, बदलाव। प्रकृति कभी एक जैसी नही रहती, यह धीरे–धीरे बदलती है तो कभी अचानक भी बदलती है। इस बदलाव को स्वीकारना,

बदलाव को एन्जोय करना और बदलाव को अवसर के रूप में बदल देना व्यक्ति को बीलिनियर बनाने वाला मुख्य गुण है।

## एक व्याख्याता की मैं आपको कहानी सुनाता हूं:–

एक अंग्रेजी के व्याख्याता थे। उनका एक छोटे कस्बे के कॉलेज में ट्रांसफर हो गया। इस बात से वो अत्यधिक व्यथित थे। क्योंकि उनकी एक व्यवस्थित जिंदगी थी। बच्चे पढ़ रहे थे। पत्नी भी कहीं प्राईवेट जॉब कर रही थी। उन्होनें तबादला रूकवाने की कोशिशे की मगर कामयाब नही हो पाये।

बड़े दुखी मन से उस कस्बे की कॉलेज में जाकर ज्योईन किया। उस कॉलेज में ज्यादा छात्र भी नही थे। छोटा कॉलेज था। मन मार कर वहां पर काम करते रहे। तबादले के प्रयास भी करते रहे। साल भर हो गई लेकिन तबादला नही हुआ।

आखिरकार एक साथी व्याख्याता ने समझाया कि आपको सालभर हो गई है। आपको एक सरकारी क्वार्टर भी मिला हुआ है। अपनी पत्नी व बच्चों को यहीं ले आईये। आपकी पत्नी को यहीं पर कोई अच्छी जॉब भी मिल जायेगी। अंग्रेजी के व्याख्याता महोदय को साथी व्यवस्थापक की सलाह उस विषम परिस्थिति में ठीक ही नजर आई। इसलिये वो अपने परिवार को ले आये।

कॉलेज में नये विद्यार्थियों के एडमिशन चल रहे थे। एक दिन कस्बे का उपखण्ड अधिकारी अपनी बेटी का एडमिशन करवाने आया। तब अंग्रेजी के व्याख्याता महोदय से उसने सम्पर्क किया क्योंकि उसकी बेटी ने अंग्रेजी साहित्य विषय ले रखा था।

उपखण्ड अधिकारी महोदय बड़े चिन्तित थे कि उनकी बेटी पढ़ाई में ठीक से परफोर्म करे और आगे चलकर आई.ए.एस. बने। इसलिये वो समय निकाल कर अंग्रेजी के व्याख्याता महोदय से कई बार मिले। अंग्रेजी के व्याख्याता ने भी उपखण्ड अधिकारी का बार–बार सरकारी जीप से आना, पुलिस वालों के द्वारा उन्हें सेल्यूट

देना। यह रोब रूआब व उनकी शानोशोकत देखकर अंग्रेजी के व्याख्याता महोदय को भी प्रशासनिक सेवाओं का आकर्षण होने लगा।

अचानक एक दिन अखबार में प्रशासनिक अधिकारियों की इमरजेन्सी रिक्रूटमेन्ट की विज्ञप्ति छपी। पचास पद थे मात्र, अंग्रेजी, हिन्दी और सामान्य ज्ञान, तीन ही पेपर देने थे। अंग्रेजी के व्याख्याता महोदय की अंग्रेजी तो अच्छी थी ही लेकिन उन्होनें स्नातकोत्तर हिन्दी में कर रखी थी।

अतः उन्होनें अपने विपरीत समय का सदुपयोग करना चाहा और इमरजेन्सी रिक्रूटमेन्ट हेतु आवेदन किया। परिश्रम किया, जनरल नोलेज को तैयार किया। परिणाम यह रहा कि उनका चयन प्रशासनिक अधिकारी के रूप में हो गया। वो तो बागबाग हो गये और सरकार को धन्यवाद देने लगे कि सरकार ने छोटे कस्बे में मरा ट्रांसफर किया इसलिये प्रशासनिक अधिकारी बनने का मौका मिला।

उनको ऑफिसर्स ट्रेनिंग कॉलेज में ट्रेनिंग हेतु बुलाया गया। वहां उनको पता चला कि उनको डॉयरेक्ट सीनियर स्केल दिया जायेगा व सीधा अतिरिक्त जिला कलेक्टर लगाया जायेगा।

यह तो उन्हें बोनस मिला। अब तो वो बार–बार जो भी मिलता उससे सरकार की तारीफ करते कि सरकार ने मेंरा यहां पर ट्रांसफर किया। इसलिये मैं अतिरिक्त जिला कलेक्टर बन सका।

## बदलाव तो होना तय है। आप उसे स्वीकार कर ले तो मजेदारी है।

बदलाव प्रकृति की फितरत है। मैं मेरे जीवन की कहानी बतलाऊ। मैं 8वीं कक्षा में पढ़ता था। तब किसी राष्ट्रीय संस्था द्वारा सामान्य ज्ञान की परीक्षा आयोजित की गई। हमारी स्कूल में भी उस संस्था

के प्रतिनिधि आये और 10–10 रूपये लिये और कहा कि जो परीक्षा देगा व पास होगा, उसको सर्टिफिकेट दिया जायेगा।

मैनें भी उस सामान्य ज्ञान की राष्ट्रीय प्रतियोगिता में भाग लिया। मेरे उसमें 64 प्रतिशत अंक आये। जब मुझें सर्टिफिकेट दिया गया तो उस संस्था के प्रतिनिधियों ने कहा कि यह परीक्षा 11वीं क्लास तक के बच्चों की है और तुमने 8वीं कक्षा में होते हुए भी 64 प्रतिशत अंक प्राप्त किया है। तुम भविष्य में प्रशासनिक अधिकारी बनोगे।

मैं अपने मन में प्रशासनिक अधिकारी बनने के ख्वाब देखने लगा। लेकिन मेरे परिवार वालों को मुझमें कोई खूबी नजर नही आती थी। वो अपने अनुभव के अनुसार मुझें डॉक्टर बनाना चाहते थे, क्योंकि डॉक्टर कभी रिटायर नही होता। मैनें तीन बार प्रीमेडिकल टेस्ट दिया लेकिन हर बार दो–चार नम्बर कम रह जाते। फिर समय पाकर मैनें प्रशासनिक अधिकारी हेतु आयोजित प्रतियोगी परीक्षा को दिया और उसमे चयनित हुआ। तब मैनें सोचा और आज भी सोचता हूं कि यदि मेरा मेड़िकल में चयन हो जाता तो मैं कभी प्रशासनिक अधिकारी नही बन पाता।

अतः बदलाव आते है, लेकिन बदलाव को स्वीकार करना और उसे अवसर में बदलना समझदारी का काम है। परिस्थितियां बदलेंगी, समस्याएं भी आयेंगी लेकिन हर समस्या को देखने का नजरिया ही महत्वपूर्ण है।

## घटनाएं और परिस्थितियां तो तथ्य है

हर बीलिनियर बनने वाले व्यक्ति के रास्ते में तरह–तरह की घटनाएं घटेंगी, विपरीत परिस्थिति भी रहेंगी। लेकिन जो परिस्थिति को मौका समझ कर लाभ उठा लेंगे वो जीत जायेंगे और जो परिस्थितियों से घबरा जायेंगे वो निराश होकर बैठ जायेंगे।

विपरीत परिस्थितियां होती ही नही। आपका नजरिया ही परिस्थितियों को अनुकूल व प्रतिकूल बनाता है। हर विपरीत परिस्थिति आपके व्यक्तित्व को और अधिक धारदार बनायेगी।

## हर विपरीत परिस्थिति में दस बातें सकारात्मक देखने की मानसिकता की चुनोती:–

मैं यहां जो बीलिनियर बनना चाहते है, उन लोगों के लिए एक चुनोती रखता हूॅ कि विपरीत परिस्थितियां आयंगी। आपको प्रत्येक विपरीत परिस्थिति में दस सकारात्मक बातें ढूंढनी है।

एक उदाहरण लेते है कि आप गाड़ी को चला रहे है, जल्दी पहुचंना है, उसकी स्पीड़ तेज कर दी। पीछे से ट्रेफिक पुलिस वाले ने आकर आपको रोका और आप पर 1000 रूपये का जुर्माना कर दिया। ये विपरीत परिस्थिति बनी।

अब इसमें दस सकारात्मक बातें जो देखी जानी चाहिये और उनसे नसीहत लेनी चाहियेः–

1. गाड़ी की स्पीड़ तेज थी, यह मेरी गलती थी। दुर्घटना हो सकती थी। पुलिस वाले ने अच्छा किया जो मुझें रोका। मैं ट्रेफिक पुलिस का अहसानमंद हूॅ।

2. गाड़ी की स्पीड़ तेज थी, मैनें नियमों को तोड़ा, लापरवाह बना। इससे मुझें नीचा देखना पड़ा और जुर्माना जमा करवाना पड़ा लेकिन मुझें एक सबक मिला कि निर्धारित स्पीड़ से अधिक गाड़ी नही चलानी चाहिये।

3. यह तो अच्छा हुआ कि चौराहे से पहले ही पुलिस वालें ने मुझें रोक लिया अन्यथा चौराहे पर तो ट्रेफिक पुलिस के बड़े अफसर खड़े है। वहां तो और ज्यादा जुर्माना देना पड़ता।

4. यह तो अच्छा हुआ कि आज वो परिचित पुलिस ऑफिसर मौके पर नही था, अन्यथा उसके आगे मुझें नीचा देखना पड़ता।

5. स्पीड़ तो तेज थी। पर आज मेरी गाड़ी में शराब नही रखी हुई थी। इसलिये मैं बड़े जुर्माने से बच गया।

6. यह तो अच्छा हुआ कि मुझें यहीं पर ट्रेफिक पुलिस ने पकड़ा। अगर 20 किमी. पहले पकड़ता तो मेरे साथ कई अध्यापिकाएं गाड़ी में थी। अतः ना जाने क्या बवाल मच जाता।

7. गाड़ी में मेरा लड़का जो कि 16 वर्ष का है, वो भी साथ में था। उसने भी भविष्य में गाड़ी को तेज नही चलाने का वादा किया जो कि मेरे लिए बहुत ही गौरव की बात है कि मेरे बच्चे को अनुशासित होने का सबक मिला।

8. यह ठीक रहा कि उस ट्रेफिक पुलिस वाले ने यह नही पूछा कि तुम कौन हो ? अगर यह पूछ लेता तो मुझें बताना पड़ता कि मैं कॉलेज में व्याख्याता हूं। तो वो मुझें दो बाते और सुनाता कि व्याख्याता होकर अनुशासन तोड़ते हो।

9. यह भी अच्छा हुआ कि मेरे पास पर्स में 1000 रूपये थे। अतः मैनें जुर्माना चुका दिया अन्यथा वो मेरी गाड़ी को ले जाते और मुझें पैदल ही घर जाना पड़ता।

10. एक अच्छी बात हुई कि अब जब भी मैं उस रूट से जाता हूं तो वह ट्रेफिक पुलिस वाला बडे आदर से नमस्कार करता है। एक बार तो मेरी गाड़ी खराब हुई तो उसने मेरी गाड़ी ठीक करने में मदद की और गाड़ी को धक्का भी लगाया। अब वो मेरा दोस्त बन गया है।

## कोरोना काल ने बदलाव की चुनोती पेश की है

**प्रधानमंत्री मोदी** ने अपने रेड़ियों संदेश पर बताया कि 2020 में जिस तरीके से आप व्यापार करते थे, आज भी उसी तरीके से व्यापार करोगे तो आपका व्यापार चलने वाला नही है। 2022 में कोरोना के कारण आई प्रकृति की तब्दिलियां, अर्थव्यवस्था की तब्दिलियां विकराल रूप लिये हुए है, लेकिन आप इनको स्वीकार करें।

एक कोचिंग इन्स्टीट्यूट के मालिक ने मुझें अपनी एक कहानी बतलाई। उसका इन्स्टीट्यूट एक बड़े शहर की आलिशान कॉलोनी में था। लेकिन कोरोना के कारण बंद हो गया। पिछले 2 सालों से लगभग बंद रहा। कोचिंग इन्स्टीट्यूट का मालिक बता रहा था कि मैं बहुत दुःख हुआ। मुझ पर कर्जा चढ़ गया था। लेकिन तभी मुझें एक व्यक्ति मिला जो बोला कि मैं आपकी कुछ मदद कर सकता हूँ।

मैं आपको एक ऐप बनाकर देता हूँ। आप उस ऐप के जरिये पूरे विश्व में अपनी कोचिंग को करें और हर छात्र से न्यूनतम चार्जेज ले। वो कैसे फीस जमा करायेगा ? कैसे आप उसे ट्रेनिंग देंगे ? कैसे उसकी आप परीक्षा लेंगे ? वो सब मैनें ऐप में डाल रखा है।

उसने उस ऐप को खरीद लिया और काम में लेना आरम्भ किया। कोचिंग इन्स्टीट्यूट का मालिक बताता है कि मैनें अपनी जिंदगी में इतना पैसा नही कमाया जितना इस ऐप के द्वारा कमाया है। मेरे लिये तो कोरोना Blessing In Disguise बना। बदलाव को अंगीकार किया तो उस व्यक्ति ने लाभ उठाया।

एक अध्यापक बड़ी मेहनत से स्कूल में पढ़ाता था। वो गणित का अध्यापक था, इसलिये स्कूल में लोकप्रिय था, लेकिन प्राईवेट स्कूल में था। कोरोना के कारण स्कूले बंद हुई। दो साल तक

लगभग बंद रही। उस अध्यापक को वेतन भी नही मिला। परिस्थितियां बदल गई। उसने बदलाव को अंगीकार किया और विचार किया कि मैं क्या कर सकता हूँ ? इन बदली हुई परिस्थितियो का मैं कैसे लाभ उठा सकता हूँ ?

वो ये विचार कर ही रहा था कि टी.वी. पर उसने समाचार देखा कि नगर परिषद के सदस्यों के चुनाव घोषित हुए है। उसने भी पार्षद का चुनाव लड़ने का मानस बना लिया और लोगों से मिलना आरम्भ कर दिया। लोगों ने भी देखा कि पढ़ालिखा आदमी है, मेहनती भी है। लोगों ने उसे वोट दिया और वो जीत कर पार्षद बन गया। आज वो पार्षद है और भविष्य में वो मेयर बनने के सपने देखने लगा।

वो कहता है कि कोरोना तो मेरे लिये **Blessing In Disguise** बना। उसी स्कूल में, उसी अध्यापक का एक साथी जो लिपिक का कार्य करता था। उसे स्कूल ने स्टोर को सम्भालने का काम दे रखा था। इसलिये वो स्टोरकीपर भी था।

जब स्कूले बंद रही और प्रकृति की बदलाहट ने वेतन भी बंद कर दिये तो स्टोरकीपर ने विचारा कि मुझें इन परिस्थितियों का लाभ उठाना चाहिये। यह परिस्थितियां मुझें कुछ फायदा देने के लिए आई है। उसने स्टेशनरी आईटम बेचने का मानस बनाया। तीन महिने रटेशनरी सामान बेचने का काम भी किया लेकिन कोई खास कमाई नही हुई।

उसे एक दिन एक व्यक्ति ने अमेजन के बारे में बताया। फिर वो अमेजन के बारे में पूरी जानकारी करने में जुट गया और अपने स्टेशनरी के प्रोडक्टस अमेजन पर डालने लग गया। आज वो लाखों रूपये महिने के कमा रहा है।

दैनिक भास्कर के एक संवाददाता ने उस स्टोरकीपर से पूछा कि कैसी चल रही है ? तो उसने कहा कि कोरोना तो मेरे लिये **Blessing In Disguise** रहा।

बदलाव प्रकृति का नियम है। अतः इसे स्वीकार करना और इसको सुअवसर में बदलने हेतु दिमाग को लगाया जाना चाहिए। बदलाव बूरा क्यों लगता है। क्योंकि अपनी आदत पुरानी परिवेश में पड़े रहने की होती है। अतः पुरानी आदत को छोड़ना नही चाहते। ज्योंही पुरानी आदत छोड़ते है, तो बदलाव सुअवसर नजर आने लगता है।

मैं हर बीलिनियर बनने वाले भारतीय को आह्वान करूंगा कि वो बदलाव को सकारात्मक दृष्टि से ले और उसे सुअवसर में बदलने के लिए उस पर मेहनत करें।

## NOTES (जो बातें आपके हृदय को छू गई है)

1. ______________________________________

2. ______________________________________

3. ______________________________________

4. ______________________________________

5. ______________________________________

6. ______________________________________

7. ______________________________________

8. ______________________________________

9. ______________________________________

10 ______________________________________

11. ______________________________________

12. ______________________________________

13. _______________________________

14. _______________________________

15. _______________________________

16. _______________________________

17. _______________________________

18. _______________________________

19. _______________________________

20 _______________________________

21. _______________________________

22. _______________________________

23. _______________________________

24. _______________________________

25. _______________________________

**NOTES** (जो निर्णय आपने अपने जीवन में लेने हेतु तय किये है)

26. _______________________________

27. _______________________________

28. _______________________________

29. _______________________________

30 _______________________________

31. _______________________________

32. ______________________________________________

33. ______________________________________________

34. ______________________________________________

35. ______________________________________________

36. ______________________________________________

37. ______________________________________________

38. ______________________________________________

39. ______________________________________________

40. ______________________________________________

41. ______________________________________________

42. ______________________________________________

43. ______________________________________________

44. ______________________________________________

45. ______________________________________________

46. ______________________________________________

47. ______________________________________________

48. ______________________________________________

49. ______________________________________________

50. ______अरबपति होना हर भारतीय का हक है।______

## अध्याय – 34
# बीलिनियर बनने हेतु उच्च आध्यात्मिक बुद्धिमता की जरूरत – एक कहानी

(मात्र आर्थिक उद्धेश्य से व्यापारिक संस्थान चलाने
वाले लोग लम्बे नही चल पाते)

राजस्थान के चुरू जिले में एक राजगढ़ कस्बा है। वहां के एक नगर सेठ हुए है स्व. श्री सूरजमल मोहता। उन्होनें एक बार अपने जीवन की एक घटना सुनाई। चूंकि वो व्यक्ति बड़े धनपति थे, कई उनकी फेक्ट्रियां थी। वो बिड़ला परिवार के भान्जे भी थे।

उन्होनें एक बार बताया कि एक कर्मचारी जो उनकी फैक्ट्री में काम करता था, उसके कैंसर हो गया। इसलिए उसे इलाज के लिए पचास हजार रूपये की जरूरत पड़ी। फैक्ट्री के मैनेजर आदि से वो मिला लेकिन राशि ज्यादा होने के कारण किसी भी मैनेजर ने इतनी बड़ी राशि की सहायता देने हेतु सहमति नही दी। यह बात करीबन 40 वर्ष पूर्व की है, तब पचास हजार की रकम काफी बड़ी होती थी।

सेठ सूरजमल दिल्ली के पास स्थित फैक्ट्री के पास प्रातःकाल घूमने जा रहे थे। वो व्यक्ति सीधा ही उनके पास पहुंच गया और प्रार्थना की कि मेरे कैंसर हो गया है। मुझे ईलाज करवाना है, अतः मुझे पचास हजार रूपयों की जरूरत है। सेठ सूरजमल मोहता यह बात बताते समय बड़े भावुक हो गये। उन्होनें कहा कि उस व्यक्ति के चेहरे पर ऐसे भाव थे कि मैनें आपके यहां वर्षो तक निष्ठा से नौकरी की है। अतः मेरा ईलाज करवाने की जिम्मेदारी आपकी है।

मैनें कहा कि आप सुबह 10 बजे अपना पहचान पत्र लेकर मेरे ऑफिस में आ जाओं। दस बजते ही वो व्यक्ति ऑफिस में आ गया और मैनें उसे बिना कोई रसीद लिए पचास हजार रूपये पकड़ा दिये और कहा कि जल्दी जाओं, अपना ईलाज कराओं। उसने कहा कि आप डॉक्टर की रिपोर्ट देख लीजिए। वाकई में मुझे कैंसर है। सेठजी ने कहा आप रिपोर्ट यहीं छोड जाओं। वो व्यक्ति बोला ज्योंही मैं ठीक हो जाऊंगा, आपकी राशि मैं लौटा दूंगा।

बात आई–गई हो गई। सूरजमल मोहता कलकत्ता ऑफिस चले गये, वो भूल गये। एक बार वो ऑडिट करवा रहे थे तब प्रोपर्टीज की लिस्ट में एक प्लाट का नाम सूरजमल मोहता के नाम से था। सेठजी बोले कि मैं हैरत में आ गया कि मेरे नाम किसने प्लाट का विक्रय नामा किया है ? मैं इतना छोटा प्लाट क्यों खरीदूंगा ? सम्बंधित लिपिक से मैनें मूल विक्रय नामा मंगवाया तो देख कर दंग रह गया कि वो व्यक्ति जिसको मैनें पचास हजार रूपये दिये थे, वो मेरे पैसे नही लौटा पाया। उसकी मृत्यु भी हो गई। लेकिन वो मरने से पहले अपना एक प्लाट मेरे नाम कर गया।

सेठजी ने बताया कि मेरी मां ने मुझे शिक्षा दी थी कि आध्यात्मिक मूल्यों पर कहीं समझौता नही करना है। व्यापार कितना ही बढ़ाओं लेकिन आध्यात्मिक मूल्यों पर कहीं समझौता नही करना है। अतः सेठजी ने वो प्लाट अपने पास रखना उचित नही समझा और उस व्यक्ति के वारिसों को बुलाया। उनसे बातचीत की और बातचीत के बाद प्लाट की रजिस्ट्री उनके नाम करवा दी।

## आध्यात्मिक बुद्धिमता एक अदृश्य शक्ति का नाम है। लेकिन यह जब दृश्य जगत में आती है या सगुण रूप में प्रकट होती है तो इसके तीन स्वरूप बन जाते है।

1. **महासरस्वतीः–** यह ज्ञान की देवी है। इसकी कृपा से व्यक्ति प्रबुद्धता प्राप्त करता है। उसे नये–नये विचार आते है। नई–नई योजनाएं बनाता है।

2. **महालक्ष्मीः–** यह रूपये पैसे, आर्थिक संसाधन देने वाली देवी है।

3. **महाकालीः–** यह सुरक्षा प्रदान करती है और दुश्मनों को दूर भगाने वाली देवी है।

एक व्यक्ति में अनेक प्रकार की बुद्धिमताएं है लेकिन आध्यात्मिक बुद्धिमता ही व्यक्ति की अपनी निजी बुद्धिमता है। बाकि बुद्धितमताएं जैसे भावनात्मक बुद्धिमता, शारीरिक बुद्धिमता, अंकगणितीय बुद्धिमता आदि तो अन्य पशुओं व कम्प्यूटर्स में भी पाई जाती है। लेकिन आध्यात्मिक बुद्धिमता सिर्फ इंसानो में देखने में आती है।

आध्यात्मिक बुद्धिमता के तीन सोपान मुख्य हो सकते हैः–

1. **मूल्यों व सिद्धांतो के प्रति निष्ठावान होना।**

2. **लोगों के प्रति योगदान व किसी श्रेष्ठ कार्य के लिए प्रतिबद्धता।**

3. **आन्तरिक आवाज।**

आत्मा की आवाज को ही मुख्यतः आध्यात्मिक बुद्धिमता कहा जाता है। जब कोई व्यक्ति सामान्य प्राकृतिक सिद्धांतो के विपरीत

कोई कार्य करता है तो उसे उसकी अन्तरात्मा रोकती है, टोकती है। ये अन्तरात्मा की आवाज इतनी तेज नही होती, इसलिए इसे नजरअंदाज किया जा सकता है। लेकिन ये इतनी धीमी भी नही होती कि व्यक्ति को मालूम ना चले।

## सिद्धांतो के अनुसार जो व्यापार चलते है, वो ही लम्बी अवधि तक सफलतापूर्वक चल पाते है।

यद्यपि व्यापार जगत में आर्थिक उपार्जन हेतु अधिकतर व्यापारिक प्रतिष्ठान काम करते है। लेकिन यदि एकमात्र यही उद्देश्य प्रमोटर्स का रहेगा तो वो व्यापार लम्बा नही चल पायेगा। यदि सूझ–बूझ से व्यापार नही चलाया जायेगा तो भी व्यापार किसी भी समय घाटे में आ सकता है। यदि आध्यात्मिक मूल्यों की अनदेखी की जाती है, कर्मचारियों से निरर्थक कार्य करवाये जाते है अथवा कर्मचारियों के द्वारा वो काम करवाये जो उनकी अन्तरात्मा गंवारा नही कर पाती तो भी व्यापार लम्बी अवधि तक नही चल पायेगा।

चूंकि व्यापार में, उद्योग में, बड़े–बड़े झंझावत आते है। उस समय वही उद्यमी टिका रह पाता है, जिसकी आध्यात्मिक बुद्धिमता उच्च स्तरीय हो। अतः आध्यात्मिक बुद्धिमता को बढ़ाया जाना एक बीलिनियर बनने वाले व्यक्ति के लिए नितांत आवश्यक है।

## आध्यात्मिक बुद्धिमता बढ़ाने की विधि

आध्यात्मिक बुद्धिमता के पूर्व में बताये गये अनुसार तीन आयाम हो सकते है।

**निष्ठा, वादा करना और निभानाः–** व्यापार में अनेक प्रकार के वादे करने होते है और उन्हें समय पर निभाना होता है। जो लोग छोटे–छोटे वादों को करते है और उन्हें यथासमय गुणवत्ता पूर्वक पूरा करते है तो धीरे–धीरे उनमें क्षमता विकसित हो जाती है कि वो बड़े वादों को भी पूर्ण करने में समर्थ हो जाते है। जो व्यक्ति अपने

वादों को पूरा करता है, उसकी विश्वसनीयता बढ़ जाती है। जहां विश्वसनीयता है, वहां आध्यात्मिक उत्थान है। ऐसे व्यक्तियों के लिए उनसे उनके मूड़ से अधिक सम्मान प्रिय होता है। निष्ठा से तात्पर्य है सिद्धांतो के प्रति निष्ठावान होना अर्थात उस शक्ति के प्रति निष्ठावान होना जो इस पूरे ब्रह्मांड को चला रही है।

**निष्ठाः–** विवेक को प्रशिक्षित करना। यदि निष्ठा पूर्वक कार्य करना है तो व्यक्ति को अपने मन और बुद्धि को एक उचित प्रशिक्षण देना होगा ताकि भूतकाल की बातों में मन व बुद्धि ना घूसे। वर्तमान में जैसा निर्देश दिया जाए वैसा ही बुद्धि व मन कार्य करें।

**सार्थकताः–** जब कोई व्यक्ति किसी सार्थक कार्य को करने में लगता है जिसका लोगों के लिए कोई महत्व हो, उपयोगी हो तो उस व्यक्ति की आध्यात्मिक उन्नति होने लगती है। इसे अंग्रेजी में **Good to Great** होना कहते है।

यदि आध्यात्मिक बुद्धिमता की उद्यमी द्वारा अवहेलना की जाए तो निम्न स्थितियां बन सकती है।

यदि आध्यात्मिक बुद्धिमता की अवहेलना होती है तो व्यक्ति तार्किक ढंग से भी कार्य नही कर सकता और उसकी आई.क्यू. कमजोर हो जाती है। जो लोग प्राकृतिक सिद्धांतो के विपरीत व सामान्य जीवन मूल्यों के विपरीत कार्य करते है, उन्हें शारीरिक बीमारियां भी घेर लेती है। जिन लोगों की आध्यात्मिक बुद्धिमता ऊंचे लेबल की नही होती, वो दूसरे लोगों को न तो आदर देते है और ना ही उन्हे महत्व देते है। इस कारण से उनके दूसरे लोगों से सम्बंध भी मधुर नही रहते और उनकी ई.क्यू. भी गिर जाती है।

भगवत्गीता के 18वें अध्याय के अंतिम श्लोक में कहा गया है कि 'जहां पर श्रीकृष्ण है और जहां पर

धनुर्धर अर्जुन है, वहां निम्न चार बातें सदैव रहेगी।

1. पर्याप्त लक्ष्मी
2. विजय
3. अति प्रभावकारी बुद्धिमता/शक्ति
4. दीर्घकालिन नीति

**यत्र योगेश्वरः कृष्णों यत्र पार्थो धनुर्धरः।**
**तत्र श्रीर्विजयो भूतिध्रुवा नीतिर्मतिर्मम॥**

आध्यात्मिक बुद्धिमता के उच्च स्तर पर होने से उद्यमी को उपरोक्त चारों प्रकार के लाभ मिलेंगे। आध्यात्मिक बुद्धिमता को अभ्यास करके ऊंचे स्तर का बनाया जा सकता है और एक सामान्य व्यक्ति भी इस तकनीक को अपना कर बीलिनियर बनने के मार्ग पर आरूढ़ हो सकता है।

## एक डिप्रेशन में आये हुए व्यक्ति की कहानी

एक व्यक्ति एक बड़े उद्योग की स्थापना कर चुका था और उसे चला रहा था। लेकिन अचानक उसे कई तरह की दिक्कते आने लगी और वो उद्योग को चलाने में अपने आपको असमर्थ महसूस करने लगा। उसने चिकित्सकों को बतलाया कि मुझमें जोश-जुनून की कमी आ जाती है। मैं लोगों को फेस नही कर पाता। लोग मुझ पर दबाव ड़ालकर अपने काम निकलवा ले जाते है। मुझें मेरा स्पष्ट कोई परपज भी दिखाई नही देता।

वो एक मोटिवेशनल स्पीकर व मनोवैज्ञानिक के पास गया। मनोवैज्ञानिक ने पहले तो अपने मित्र चिकित्सक के पास उसे भेजा कि अगर कोई शारीरिक बीमारी है तो उसकी जांच की जाए। चिकित्सक ने सभी तरह के टेस्ट करवायें लेकिन कोई बीमारी पकड़ में नही आई।

मनोवैज्ञानिक ने उस व्यक्ति से कहा कि कोई ऐसी जगह है, जहां तुम एक पूरा दिन अकेले रह सको, जो रमणीक स्थान हो। उसने कहां 'हॉ'। मुझें समुद्री किनारे पर जाने का शोक है, मैं जब–तब जाता रहता हूं। उसने कहा कि तुम कल सुबह 6 बजे अपने घर से निकल जाओं और शाम को 6 बजे उस रमणीक स्थल से वापिस लौटना। तब तक मैं तुम्हें चार लिफाफे देता हूँ, उनमें तुम्हारे लिये निर्देश ड़ाले हुए है। नम्बर एक लिफाफा तुम सुबह 9 बजे खोलोगे और उसमें दिये गये निर्देशों की पालना करोगे। दूसरा लिफाफा तुम 12 बजे खोलोगे और उसमें दिये गये निर्देशों की पालना करोगे। तीसरा लिफाफा तुम दोपहर बाद 3 बजे खोलोगे और उसमें दिये गये निर्देशों की पालना करोगे। चौथा लिफाफा तुम शाम 6 बजे खोलोगे और उसमें दिये गये निर्देशों की पालना करोगे। तब तुम अपने घर चले आवोगे। वो व्यक्ति सुबह 6 बजे उठकर रमणीक स्थल पर गया और चारों लिफाफे साथ ले गया।

सुबह 9 बजे उसने पहला लिफाफा खोला, जिसमें लिखा था तुम्हारी चिंताओं को समुद्र की गिली मिट्टी पर लिख दो। उसने निर्देशों की पालना की। दोपहर 12 बजे दूसरा लिफाफा खोला, जिसमें लिखा था कि कोई भविष्य की चिंता है तो वो लिख दो। तीन बजे तीसरा लिफाफा खोला तो उसमें लिखा था कि अपनी पत्नी–बच्चों के बारे में कोई चिंता है तो वो लिख दो। शाम 6 बजे चौथा लिफाफा खोला तो उसमें लिखा था कि समस्त चिंताओं को समुद्र की गिली मिट्टी पर लिख दो, अपने घर की तरफ मूड़ जाओं, पीछे मूड़ कर मत देखना।

वो बस में बैठकर अपने घर आ रहा था कि उसकी आंख लग गई। उसे स्वप्न आया कि समुद्र में लहरे आई और मेरी लिखी हुई सारी चिंताओं को मिटा गई। वो एक नया उत्साह लेकर एक नये पर्पज को दिमाग में लेकर खुशी–खुशी अपने घर गया। उसका सारा डिप्रेशन दूर हो गया। वो अपने मेन्टर मनोवैज्ञानिक से मिला

और पूछा कि मुझें क्या बीमारी थी और वो कैसे ठीक हो गई। मेन्टर ने कहा कि आपके आध्यात्मिक अवरोध था जो मैनें आपको क्रिया बताई, आपने उसे पूरी की और उससे दूर हो गया।

यदि किसी भी तरह से कोई कार्य नही बन रहा है, तो सम्भव है कि उद्यमी आध्यात्मिक रोग से पीड़ित हो। आध्यात्मिक रोग से तात्पर्य है कि उसकी आध्यात्मिक बुद्धिमता में गिरावट आ गई हो। अतः आध्यात्मिक बुद्धिमता को अभ्यास करके हर बीलिनियर बनने वाले मुसाफिर को बढ़ाते रहना चाहिए। आध्यात्मिक बुद्धिमता का उच्च स्तर हर बीलिनियर बनने वाले व्यक्ति को बड़ी–बड़ी मुसीबतों से बाहर निकाल ले जायेगा।

## NOTES (जो बातें आपके ह्दय को छू गई है)

1. _______________________________________________

2. _______________________________________________

3. _______________________________________________

4. _______________________________________________

5. _______________________________________________

6. _______________________________________________

7. _______________________________________________

8. _______________________________________________

9. _______________________________________________

10. _______________________________________________

11. _______________________________________________

12. _______________________________________________

13. _______________________________________________

14. _______________________________________________

15. _______________________________________________

16. _______________________________________________

17. _______________________________________________

18. _______________________________________________

19. _______________________________________________

20 _______________________________________________

21. _______________________________________________

22. _______________________________________________

23. _______________________________________________

24. _______________________________________________

25. _______________________________________________

**NOTES** (जो निर्णय आपने अपने जीवन में लेने हेतु तय किये है)

26. _______________________________________________

27. _______________________________________________

28. _______________________________________________

29. _______________________________________________

30 _______________________________________________

31. _______________________________________________

32. _______________________________________________

33. _______________________________________________

34. _______________________________________________

35. _______________________________________________

36. _______________________________________________

37. _______________________________________________

38. _______________________________________________

39. _______________________________________________

40. _______________________________________________

41. _______________________________________________

42. _______________________________________________

43. _______________________________________________

44. _______________________________________________

45. _______________________________________________

46. _______________________________________________

47. _______________________________________________

48. _______________________________________________

49. अरबपति होना हर भारतीय का हक है।___________________

50. _______________________________________________

# MISSION BILLIONAIRE
### (To Achieve 12 Riches as Described by Napoleon Hill)
### Motivation & Activation Mantra

## अध्याय – 35
# पांच आदमियों ने एक ग्वाले की गायों और बकरियों को गिना – एक कहानी

◆◆◆

(लोग चलाकर अपनी जिंदगी को उलझा लेते है, व्यवसाय को भी उलझा लेते है। **Kiss – Keep it Simple & Straight**)

एक बार संभ्रान्त परिवारों के पांच मित्र एक ऊंची पहाड़ी पर यात्रा करने गये। मौसम बड़ा सुहावना था। चारों और हरियाली फैली हुई थी। सभी के दिल खुश हो रहे थे। गपशप करते हुए चले जा रहे थे। अचानक एक जगह नाश्ता–पानी करने के लिए बैठ गये। इतने में एक ग्वाला आया जिसके पास में कुछ गायें व बकरियां थी। वहां कुछ घने पेड़ थे, उनके नीचे

ग्वाले ने अपनी गायों व बकरियों को खड़ा कर दिया और खुद भी दोपहर का भोजन करने लगा।

मित्रों को आपस में कुछ हंसी मजाक करने की सूझी। एक मित्र ने कहा कि यह जो सामने ग्वाले की गायें और बकरियां खड़ी है, इनको अपने–अपने तरीके से गिनकर कौन बतायेगा कि कितनी है? क्या तरीका अपनाओंगे गिनने का ?

उन मित्रों में से एक तो गणित के प्रोफेसर थे। उन्होंने कहा कि मै अभी इन सबको गिन देता हूँ। मैं यह तरीका अपनाउंगा कि सभी गायों व बकरियों की टांगो को गिन लूंगा। फिर उसमें चार का भाग दे दूंगा जिससे कि बिल्कुल सही संख्या निकल जायेगी।

दूसरा मित्र आर्थिक मुद्दों का जानकार था। उसने कहा कि गणित के लोग तो उलझे हुए होते है। मैं इतना जटिल तरीका काम में नही लूंगा। गणित के लोग तो होते ही कन्फ्यूज्ड एण्ड कोम्पलिकेटेड है। मैं सभी गायों व बकरियों के सींगो को गिनूंगा और टोटल में दो का भाग दे दूंगा उससे अपेक्षित उत्तर निकल आयेगा।

तीसरा मित्र उनमें डॉक्टर था। उसकी बड़ी प्रतिष्ठा थी। उसने कहा कि गणित वाले भी उलझे रहते है और अर्थशास्त्र वाले भी उलझे रहते है। मैं सरल तरीके से अभी गिन देता हूँ। मैं सभी की पूंछ गिनूंगा और टोटल कर लूंगा जिससे अपेक्षित उत्तर निकल आयेगा।

चौथा मित्र सामान्य था। उसने कहा कि मैं तो सिम्पल तरीके से जीने वाला व्यक्ति हूँ। ज्यादा जटिलता मुझें पसंद नही है। मैं तो सरल तरीके से सभी पशुओं को एक–एक करके गिनूंगा और पूरी संख्या निकल आयेगी। वाकई में यह आदमी सिम्पल व सरल था।

पांचवा मित्र बोला भाई मैं तो ज्यादा पचड़े में पड़ना जानता ही नही हूँ। मैं तो पशुओं के मालिक से जाकर ही पूछ लूंगा कि यह सब कितने है, तो सही संख्या निकल आयेगी। वाकई में यही व्यक्ति

सबसे सिम्पल और सुलझा हुआ था। जब मालिक को पूछने से सही जानकारी मिल सकती है तो क्यो कर कठिन तरीका अपनाया जाए।

यह कहानी यह नसीहत देती है कि कुछ लोग घूमा फिराकर बातों को करते है। पांवो को गिनते है, टोटल करते है, चार का भाग करते है, बहुत जटिल होते है, यह लोग। कुछ लोग जो थोडे जटिल होते है, वो टांगे नही, सींग गिनते है। टांगो को गिनने वाला व्यक्ति अपने आपको शक्तिवान समझते है व सींगो को गिनने वाला बुद्धिमान है। दोनो ही उलझे हुए। ऐसे लोग किसी कारपोरेशन में बैठ जाए तो आसान बातों को भी वो रॉकेट साइंस बना देते है।

कुछ लोग पूंछ को गिनते है, यानी कि हमारी प्रतिष्ठा है या नही है। जहां जायेंगे वहां लोग हमे महत्व देंगे या नही देंगे। हमारी कोई सुनता भी है या नही। हमारी पूछ है या नही, कितने लोग चलाकर मुझसें बात करने आये। यानी कि वो अपनी पूछ और प्रतिष्ठा में उलझें रहते है। ये दान पूण्य भी करते है। अच्छे कार्य भी करते है, लेकिन कार्य करने के पश्चात अखबारों में, पत्रिकाओं में जमकर प्रचार करते है, ताकि उनके अहम की पुष्टि हो और प्रतिष्ठा मिले। यह प्रतिष्ठा के मायाजाल में उलझे रहते है।

कुछ लोग गिनती करते है। यानी कि कितने लोग मेरे पक्ष में है। कौन लोग मेरे को समझते है। कितने लोग मेरे फेसबुक में है, कितने लोग मेरे वॉट्सअप ग्रुप में है। ये लोग इसी में उलझे रहते है। जबकि हालात यह है कि इन लोगों के सगे भाईयों में ही बोलचाल बंद है।

पांचवा व्यक्ति इन सब उलझाओं से दूर परम शक्ति से अपने को जोड़े रखता है। यानी कि अपना जो परम लक्ष्य है, अपने जो सिद्धांत है, उनके अनुसार काम करता रहता है। वो उलझाओं से दूर रहता है। ऐसा व्यक्ति जीवन मुक्त है।

कारपोरेशन के मालिकों व सीनियर ऑफिसर्स में यह पांचो प्रकार की नस्ल पाई जाती है। उचित यह हो कि बीलिनियर बनने की चाहत है, तो किसका फार्मूला अपनायें। यानी कि **Keep it simple and straight.**

एक सच्ची घटना सुनाता हूँ। मेरे एक मिलने वाले व्यक्ति थे जो साइकोलोजी के प्रोफेसर थे। किसी कारणवश यूनिवर्सिटी में वाईस चांसलर का पद रिक्त हो गया तो उन्हें वाईस चांसलर का पद सम्भला दिया गया। अब वो वाईस चांसलर हो गये। वाईस चांसलर की गाड़ी में बैठकर यूनिवर्सिटी से घर आते–जाते। वाईस चांसलर के चैम्बर में बैठते। उनके पास करीब 6 महिने वाईस चांसलर का पद रहा। वो पूरी तरह वाईस चांसलर के रूप में परिवर्तित हो गये।

मजेदार बात यह है कि जब पत्नी से बात करते है तब भी वो वाईस चांसलर की तरह धीरे–धीरे गम्भिरता पूर्वक बोलते। जब बच्चों से बात करते तब भी धीरे–धीरे गम्भिरता से बोले और वाईस चांसलर के डेकोरम को मेन्टेन करें।

थे बड़े भले इंसान। मेरे साथ एक सत्संग प्रोग्राम में गये। उस प्रोग्राम में भी उन्होनें अपने आपको वाईस चांसलर के रूप में पेश किया। वो वाईस चांसलर के पद के कारण इतने उलझ गये कि वो ना तो पति के रूप में पत्नी से बात कर पाते, न ही पिता के रूप में बच्चों से बात कर पाते और न ही मित्र के रूप में मित्रों से बात कर पाते। यानी कि बूरी तरह उलझ गये।

जब तक यह उलझाव रहा तब तक वो टेन्शन में रहे। उनका वाईस चांसलर का पीरियड़ भी बढ़ गया। लेकिन एक दिन सुनने में आया कि वो डिप्रेशन में आ गये।

## एक उलझे हुए बड़े व्यापारी की कहानी

एक व्यापारी ने छोटी सी दुकान से अपना काम आरम्भ किया। लेकिन धीरे–धीरे उसका व्यापार कारपोरेशन का रूप ले चुका था। उसने अपने नीचे 20 मैनेजर्स रख रखे थे। प्रातःकाल 10 बजे ऑफिस में आते ही 20 मैनेजर्स की मिटिंग लेता और एक–एक  बात को पहले तो समझता फिर उस पर अपना मन्तव्य बताता। जो मिटिंग घंटे भर में खत्म हो जानी चाहिए थी, उसको वो पांच–पांच घंटे चलाता। साधारण बिन्दुओं को भी ऐसे उलझा देता कि सब लोग किम कर्तव्य मूढ़ हो जाते।

एक बार मुझें भी उनकी मिटिंग में जाना पड़ गया। मेरा मुद्दा तो बहुत छोटा था कि हमें हमारे ऑर्गेनाईजेशन में आर.ओ. लगवाने थे। उनका कोटेशन लेना था, क्वालिटी को तय करना था व कीमत तय करनी थी। मुश्किल से 10–15 मिनट लगती। लेकिन मेरे इस मुद्दे को मिटिंग में खुल्ला उछाल दिया। सबने अपने–अपने विचार बताये। लोगों ने यहां तक बता डाला कि ब्राजिल में एक ऐसी मशीन है, जिसमें सूर्य की किरणों से पानी साफ किया जाता है। किसी ने बताया कि क्रिस्टल की बनी हुई मशीने होती है। सभी लोग बता रहे थे क्योंकि चैयरमेन को खुश जो करना था। आखिर में यह तय हुआ कि 15 प्रकार के विकल्प है, आप जो चुनना चाहों चुन लो।

मैं उनके उलझाव में नही फंसा और मिटिंग समाप्त होते ही एक डिलर के यहां गया। मुझें 10 आर.ओ. लेने थे, वहां से वाजिब कीमत पर खरीद लिया। तीन जगह से आर.ओ. की कीमत फोन से पूछ ली। जो कीमत तय हुई, उसका टेंडर स्वीकार कर लिया।

जो व्यक्ति उलझा हुआ रहेगा, संशय में रहेगा वो बीलिनियर के रूप में कारपोरेशन को नही सम्भाल पायेगा। **भगवान कृष्ण** ने गीता में कहा है—

अज्ञश्चाश्रद्दधानश्च संशयात्मा विनश्यति ।
नायं लोकोऽस्ति न परो न सुखं संशयात्मनः॥

**कबीरदास जी** ने लिखा है कि सबसे बड़े दो ही रोग है, संशय और शोक। यह जिसको लग जाते है, वो काम नही करता। उद्योगों में उद्योगपतियों को निर्णय लेने होते है, विश्वास करना होता है। यदि वो शोक व संशय से ग्रसित रहेंगे तो समय पर निर्णय नही ले पायेंगे। शंका की लंका को तो यथाशीघ्र जला देना ही चाहिए।

## बीलिनियर बनने वाले व्यक्ति हेतु आवश्यक बातें

1.  सबसे पहले क्या चाहता है ? इस लक्ष्य को तय करें। क्योंकि यहीं से फोकस अफर्ट्स शुरू होंगे।

2.  अपना आकलन करें और कौनसी चीजे करना पसंद है ? उसे तय करें और उसके अनुसार लक्ष्यों को तय करें।

3.  **VDAD Formula** का प्रयोग करें। यहां 'वी' का तात्पर्य है 'विजन', 'डी' का तात्पर्य है 'डिसिजन', 'ए' का तात्पर्य है 'डिसिजन' व दूसरे 'वी' का तात्पर्य है 'डिजायर'। वीडीएडी फार्मूला भविष्य में क्या किया जाना है, उसका ब्ल्यू प्रिंट बनाना है, जिसे कि विजन कहा है। फिर ब्ल्यू प्रिंट बनाने के बाद कार्य करने का डिसिजन लेना जरूरी है, यानी कि संकल्प लेना। क्योंकि जो व्यक्ति संकल्प लेकर काम नही करते है, उनके ब्ल्यू प्रिंट धरे रह जाते है। जो बिना संकल्प के एक्शन्स लेते है, उनके एक्शन्स में दम नही होता और उन एक्शन्स के बाद में दुबारा काम करने की इच्छा नही होता। अतः संकल्प के साथ मेसिव एक्शंस किये जाये ताकि परफोरमेन्स बढ़े ताकि और

अधिक ऊंची व बड़ी इच्छा विकसित हो ताकि और अधिक बड़ा लक्ष्य तय हो सके व उसका एक बड़ा ब्ल्यू प्रिंट बन सके और यह एक साईकिल बन जाये।

अब समय आ गया है कि बीलिनियर बनने वाले लोगों को मिलट्री के सीनियर ऑफिसर्स की तरह मिटिंगे करके मिशन बनाकर काम करना होगा। मिलट्री में क्या होता है कि प्रतिदिन प्रातःकाल 10 बजे सीनियर्स ऑफिसर्स इकट्ठे होते है और अपने यूनिट के जूनियर ऑफिसर्स को बुलाते है और कार्य तय कर लेते है।

मिलट्री ऑफिसर्स की फितरत में आ जाता है कि तत्काल अपने साथी ऑफिसर्स को बुलाया और जिस किसी मुद्दे पर मिटिंग की और तत्काल निर्णय किया। यानी मिलकर निर्णय करते है। हर सीनियर ऑफिसर का एक कोर ग्रुप होता है, जिसमें विचार विमर्श करके तत्काल निर्णय किये जाते है।

## बीलिनियर बनने वाले व्यक्ति को दो प्रकार के ग्रुप अवश्य रखने चाहिए

1.  मास्टर माइंड ग्रुप।

2.  कोर ग्रुप।

**मास्टर माइंट ग्रुपः–** बड़े ऑर्गेनाईजेशन में एक व्यक्ति को सभी मुद्दो की समझ नही होती। अतः बीलिनियर बनने वाले व्यक्ति को ऐसे लोगों को सलाहकार रखने चाहिए जो अपने–अपने क्षेत्र में मास्टर हो। ऐसे सलाहकारों का एक ग्रुप बना लेना चाहिए। इसे ही मास्टर माइंड ग्रुप कहते है। मास्टर माइंड ग्रुप के सदस्यों में दो बातें अवश्य होनी चाहिए। पहली तो यह कि मास्टर माइंड सदस्य आपकी प्रगति में रूची रखे। दूसरा प्रत्येक मास्टर माइंड सदस्य को कोई ना कोई आर्थिक लाभ देने का प्रावधान देना चाहिए।

क्योंकि बिना आर्थिक लाभ के कोई व्यक्ति अपना समय देना पसंद नही करेगा। हॉ आर्थिक लाभ के बजाय यदि अन्य किसी प्रकार के लाभ, जैसे विदेश यात्रा या अवार्ड वगरह दिया जाना भी शामिल कर सकते है। लेकिन नियमित आर्थिक लाभ देना सबसे उपर्युक्त होगा।

मास्टर माइंड ग्रुप की हर महिने मिटिंग की जानी उचित होगी ताकि मास्टर माइंड के डिस्कसन से उत्तम विकल्प प्राप्त हो सकेंगे।

**कोर ग्रुपः–** यह वो ग्रुप है जिसमें एक ऑफिसर अपने विश्वसनीय लोगों से बात करता है और उनके काम लेता है।

मेरे कहने का आशय यह है कि टूगेदरनेस की भावना के साथ काम करने की आदत उस हर व्यक्ति को डाल लेनी चाहिये जो बिलेनियर बनना चाहता है।

उलझने की प्रवृति के बजाय हर मुद्दे पर अपने आपको क्लियर करें और क्लियरिटी के साथ अपने लक्ष्यों को पूरा करें।

## NOTES (जो बातें आपके ह्रदय को छू गई है)

1. _______________________________________

2. _______________________________________

3. _______________________________________

4. _______________________________________

5. _______________________________________

6. _______________________________________

7. _______________________________________

8. _______________________________________

9. _______________________________

10. _______________________________

11. _______________________________

12. _______________________________

13. _______________________________

14. _______________________________

15. _______________________________

16. _______________________________

17. _______________________________

18. _______________________________

19. _______________________________

20. _______________________________

21. _______________________________

22. _______________________________

23. _______________________________

24. _______________________________

25. _______________________________

**NOTES** (जो निर्णय आपने अपने जीवन में लेने हेतु तय किये है)

26. _______________________________

27. _______________________________

28. _______________________________________

29. _______________________________________

30 _______________________________________

31. _______________________________________

32. _______________________________________

33. _______________________________________

34. _______________________________________

35. _______________________________________

36. _______________________________________

37. _______________________________________

38. _______________________________________

39. _______________________________________

40. _______________________________________

41. _______________________________________

42. _______________________________________

43. _______________________________________

44. _______________________________________

45. _______________________________________

46. _______________________________________

47. _______________________________________

48. _______________________________________

49. _______________________________________________

50. _______________________________________________

# MISSION BILLIONAIRE
## (To Achieve 12 Riches as Described by Napoleon Hill)
## Motivation & Activation Mantra

## अध्याय – 36
# अर्जुन, कृष्ण और एक ब्राह्मण की एक कहानी

<hr>

**(सोच महत्वपूर्ण है, सोच बदेलगी तो सितारे बदलेंगे)**

महाभारत काल की बात है। **अर्जुन** रथ चला रहे थे, **कृष्ण** पीछे बैठे हुए थे। कहीं कानन वनों में घूमने निकले हुए थे। कृष्ण और अर्जुन में मित्रता थी। उस समय तक अर्जुन श्रीकृष्ण के शिष्य नही बने थे। एक जगह एक गांव में उन्होनें रथ को रोका तो देखा कि एक ब्राह्मण घर–घर जाकर भीक्षा मांग रहा था।

अर्जुन बोला मेरे मित्र कृष्ण यह मेरा क्षेत्र है। बड़े भईया युधिष्ठिर ने मुझें मुझें यहां का राजा घोषित कर रखा है। इसलिए मेरे राज्य में कोई ब्राह्मण घर–घर जाकर भीक्षा मांगे, यह शोभा नही देता है। मैं ब्राह्मण को बुलाकर कुछ धन दे देता हूँ। अर्जुन बोला कि हे ब्राह्मण आप घर–घर जाकर क्यों भीक्षा मांग रहे हो ? अब आपके गर्दिश के दिन गये, क्योंकि में इस क्षेत्र का राजा मैं अर्जुन हूं तथा यह द्वारिकाधीश श्रीकृष्ण है।

ब्राह्मण बोला नमन् हो दोनो विभूतियों को। अर्जुन ने एक थैली में स्वर्ण मुद्राएं डाली और उसे पकड़ा दी और कहा कि जाओं मजे करों। ब्राह्मण स्वर्ण मुद्राओं की थैली लेकर थोड़ी दूर गया कि एक डाकू आकर उस थैली को छीन ले गया। ब्राह्मण अपने घर गया और अपनी पत्नी से बोला कि आज तो भाग्य चेता भी, अर्जुन ने स्वर्ण मुद्राएं दी, लेकिन डाकू उन्हें छीन कर ले गया। पत्नी बोली कि कोई बात नही और अपने काम में लग गई।

दूसरे दिन ब्राह्मण फिर भीक्षा मांगने के लिए घर–घर जा रहा था कि इतने में कृष्ण और अर्जुन का रथ उसी गांव में आ गया। अर्जुन ने देखा और सोचा कि यह ब्राह्मण फिर भीक्षा क्यों मांग रहा है ? हमने तो कल इसे काफी स्वर्ण मुद्राएं दे दी थी।

ब्राह्मण को आवाज देकर बुलाया। ब्राह्मण अर्जुन को देखते ही रोने लगा और अपनी बीती बताई कि सारी स्वर्ण मुद्राए एक डाकू लूट कर ले गया। अर्जुन ने कहा कि यह तो बहुत बुरा हुआ। अर्जुन ने एक बेशकीमती मोती ब्राह्मण को दिया और बोला कि इससे आपकी न केवल गरीबी दूर होगी बल्कि तुम बीलिनियर बन जावोगें।

ब्राह्मण खुश हुआ, अर्जुन को आर्शीवाद देने लगा और सीधा अपने घर गया। उसकी पत्नी नदी से पानी लाने गई हुई थी। घर में एक पुराना मटका रखा हुआ था। उसी में उसने उस बेशकीमती मोती को रख दिया और खाट पर आराम से सो गया। पत्नी नदी से पानी लेकर मटके को लेकर चली तो अचानक मटका फूट गया। अतः उसने सोचा कि घर पर पुराना मटका रखा हुआ है, उसे लाकर भर लेती हूं। इसलिए वो घर आई तो उसका पति सो रहा था। उसने पुराना मटका उठाया और नदी पर पानी भरने चल दी।

ज्योंहि उसने नदी में मटका डाला तो कुछ मछलियां मटके के अंदर चली गई। उसने मछलियों को मटके से बाहर निकाला तो मछलियों के साथ वो बेशकीमती मोती भी निकल गया। पत्नी पानी भरकर अपने घर गई तो उसका पति बोला कि पुराना मटका कहां गया ? पत्नी बोली कि नदी पर पानी भरते समय मटका फूट गया, इसलिए मैं पुराना मटका लेकर चली गई। पति बोला कि इसमें तो बेशकीमती मोती रखा था। पत्नी बोली कि इसमें तो कुछ नही था। मैनें इसे अच्छी तरह धोया था। पति बोला कि तुमने तो सब गुड़गोबर कर दिया। बेशकीमती मोती था। अपना तो भाग्य ही खराब है।

ब्राह्मण फिर दूसरे दिन भीक्षा लेने के लिए घर–घर जाने लगा। किसी कार्य से अर्जुन और कृष्ण फिर उस गांव में आये तो उन्होनें देखा कि यह ब्राह्मण तो फिर भीक्षा मांग रहा है। उसने आवाज देकर उसे बुलाया और पूछा कि ब्राह्मण देवता अब क्या हुआ ? वो बेशकीमती मोती तो तुम्हे बीलिनियर बना देता। ब्राह्मण रूआंसा होकर बोला कि वो बेशकीमती मोती तो नदी के पानी में गया। अर्जुन ने भगवान कृष्ण से कहा कि हे प्रभु यह क्या चक्कर है ? मैनें इस ब्राह्मण को दो बार धन दिया, लेकिन यह सब क्या हुआ ? अब आप ही कुछ करें क्योंकि मुझसे इसकी गरीबी–दीनहीनता देखी नही जाती।

भगवान कृष्ण ने कहा कि मेरे पास तो अभी दो पैसे का ताम्बे का सिक्का है, चलो इसे दे देता हूं। उन्होनें दो पैसे का ताम्बे का सिक्का ब्राह्मण को दे दिया। ब्राह्मण मन में सोचा कि अर्जुन कितना अच्छा था जिसने काफी धन दिया

लेकिन द्वारिकाधीश ने तो केवल दो पैसे का ताम्बे का सिक्का ही दिया। फिर भी ब्राह्मण ने वो सिक्का अपने पास रख लिया।

ब्राह्मण के पास दो पैसे का ताम्बे का सिक्का था। रास्ते में एक व्यक्ति मछलियों का प्लेनिटोरियम बेच रहा था। उसमें मछलियां तैर रही थी। वो मछुआरा गरीब था, इसलिए उसने ब्राह्मण से अनुनय–विनय किया कि आप खरीद लो ना, मेरे बच्चों को खाने को मिल जायेगा। मैं इसे दो पैसे में दे रहा हूँ। ब्राह्मण को उस पर दया आ गई। उसने दो पैसे देकर वो प्लेनेटोरियम खरीद लिया।

पास में ही एक आराम करने का स्थान था। वहां पर प्लेनिटोरियम को रखा और उसे खोल कर मछलियों को हिलाने लगा। इतने में उसे वही बेशकीमती मोती नजर आया। उसने तत्काल उसे अपनी जेब में डाला। इतने में वहा पुलिस वाले आ गये। उन्होनें पूछा कि कौन हो तुम ? वो चुप रहा। इतने में ही पुलिस वाले ने वहा खड़े दूसरे व्यक्ति से पूछा कि तुम कौन हो ? वो व्यक्ति घबरा गया उसने सोचा कि इस ब्राह्मण ने पुलिस वालों से मेरी शिकायत कर दी है। वो वही व्यक्ति था जिसने ब्राह्मण से स्वर्ण मुद्राएं लूटी थी। उसने ब्राह्मण से कहा कि यह मुद्राएं ले लो, लेकिन मेरी शिकायत वापिस ले लो तथा लूटी हुई मुद्राए वापिस लौटा दी। ब्राह्मण को तो अपना धन मिल गया। वो तो बीलिनियर बन गया।

ब्राह्मण ने नगर में सोने–चांदी का सामान बेचने का एक शोरूम खोल लिया। उसी नगर में कृष्ण और अर्जुन फिर घूमते हुए आये। अर्जुन की तीखी और पारखी नजरों ने उस व्यक्ति को पहचान लिया कि यह तो वही ब्राह्मण है। ब्राह्मण ने भी उन्हें देख लिया। वो भागकर आया और कृष्ण के पांव में पड़ गया और बोला कि आपकी कृपा से मैं मालामाल हो गया।

ब्राह्मण तो चला गया लेकिन अर्जुन से नही रहा गया। अर्जुन ने कृष्ण से पूछा कि यह सब क्या है ? मैनें तो उसे काफी धन दिया

तब भी वो गरीब रहा लेकिन आपने तो उसे ताम्बे का एक सिक्का ही दिया तब वो मालामाल हो गया?

कृष्ण ने उत्तर दिया कि मैनें उसे एक सिक्का दिया और उसके अच्छे भाव बने। उसने उस सिक्के से मछुआरें की मदद की। जब सही भावों से कोई मदद करता है, तो परमात्मा उसके बूरे कर्मो को काट देता है और सद्कर्मो को बढ़ा देता है। इसलिए वो गरीब से बीलिनियर बन गया।

यह कहानी यह नसीहत देती है कि अगर सोच सही रखोगे तो सितारे बदल जायेंगे। मामूली आदमी भी विजन के साथ कडी मेहनत करेगा तो बीलिनियर बन जायेगा।

इस कहानी की नसीहत को आध्यात्मिक बुद्धिमता को बढ़ाने के क्रम में भी उपयोग की जा सकती है। ईश्वर पर भरोसा करना, ईश्वर से कनेक्शन रखना, ईश्वर में श्रद्धा रखना ही सच्चे मायने में आध्यात्मिकता है। अतः जो सच्चे मायने मे आध्यात्मिक शक्तियों को साथ लेकर, विजन के साथ अपने व्यापार को चलायेगा, वो भविष्य में बीलिनियर बनेगा।

**स्टीफन आर कोवी** जो कि अमेरिकन राष्ट्रपतियों को प्रशिक्षण देते थे। उन्होनें आध्यात्मिक बुद्धिमता से किस तरह से व्यक्ति आर्थिक रूप से समृद्ध हो सकता है व बीलिनियर बन सकता है। इसका जिक्र उन्होनें अपनी पुस्तक **'7 हेबिट ऑफ हाईली पीपुल व 8th हेबिट'** में किया है। 

मैं भी इससे पूरी तरह सहमत हूं और मेरा अनुभव भी इसी निष्कर्ष पर पहुंचता है। इंसान का दिखाई देने वाला शरीर चार प्रकार की बुद्धिमताओं को प्रकट करता है। जिनमें आध्यात्मिक बुद्धिमता ही मुख्य है। यदि अन्य तीन बुद्धिमताएं यथा– शारीरिक

बुद्धिमता, मानसिक बुद्धिमता व भावनात्मक बुद्धिमता। यदि आध्यात्मिक बुद्धिमता के नेतृत्व में चले तो व्यक्ति न केवल समृद्ध होगा बल्कि प्रफुल्लित व प्रसन्नचित भी रहेगा। आध्यात्मिक विश्वास हेतु एक कहानी और यहां पर बतलाना उचित होगा।

## एक राजा, दो भीखारी

एक राजा बड़ा प्रतापी था। उसका राजकोष भी स्वर्ण मुद्राओं से भरा हुआ था। राजा बड़ा धार्मिक था। रोजाना प्रातःकाल मंदिर में जाता। मंदिर से दर्शन करता। आते वक्त सीढ़ियों पर बैठता। ज्योंही वो  सीढ़ियों पर बैठता तो एक भीखारी उसके बाई तरफ आकर बैठ जाता और वो कुछ कहने लगता। इतने में ही दूसरा भीखारी आता, वो दाई तरफ बैठ जाता। वो भी कुछ कहने लगता।

बांई तरफ का भीखारी कहता कि हे राजन आपको भगवान ने बहुत कुछ दिया है। मुझें कुछ भीख दीजिए। राजा हंस कर टाल देता।

दाई तरफ बैठा हुआ भीखारी परमात्मा से प्रार्थना करता कि आपने राजा को बहुत कुछ दिया है। मुझें बहुत खुशी है। कुछ मुझें भी दीजिए। राजा उसको भी हंस कर टाल देता और आगे बढ़ जाता। यह घटना लगभग रोजाना घटती। दोनो अपनी बात कहते और राजा हंसकर टाल देता।

एक दिन राजा ने सोचा कि यह दाई तरफ का भीखारी तो परमात्मा से मांगता है, इसे परमात्मा देगा, अपनी कोई जिम्मेदारी नही है। लेकिन बांई तरफ का भीखारी तो मुझसें मांगता है, तो मुझें इसे कुछ ना कुछ देना ही चाहिए।

राजा उस दिन दरबार में जल्दी पहुंच गया और अपने मंत्री को बुलाकर यह बात बताई। राजा ने उससे कहा कि एक भीखारी तो

परमात्मा से मांगता है लेकिन दूसरा भीखारी तो मुझसें मांगता है। इसलिए मुझें उसे कुछ ना कुछ देना चाहिए।

मंत्री ने कहा राजन आप कहते हो, वही होगा। अभी व्यवस्था कर देते है। आपके बांई तरफ बैठने वाले भीखारी को अभी बीलिनियर बना देते है। फिर बोला कि मैं कल शानदार 2 लीटर दूध की खीर बनवाता हूं। दूध के बर्तन के नीचे महंगी स्वर्ण अशर्फिया रख दूंगा। फिर उस भीखारी के लिए भिजवा दूंगा कि महाराज ने तुम्हारे लिए भेजी है।

योजनानुसार मंत्री ने बांई तरफ वाले भीखारी और दाई तरफ वाले भीखारी जो पास–पास ही बैठे थे। वो खीर का पात्र बांई तरफ बैठने वाले भीखारी को दिया और कहा कि यह महाराज ने तुम्हारे लिए भेजी है। उसके पास थाली थी। थाली के अंदर उसने खीर के बर्तन से खीर उस थाली में डाली और खाने लगा। खीर थी भी बड़ी स्वादिष्ट। खीर का बर्तन आधा खाली हो गया और भीखारी का पेट भर गया। उसने सोचा कि अब क्या करना चाहिए ? इतने में

उसका अहम् जगा। उसने अपने पास वाले भीखारी से कहा कि तुम ईश्वर से मांगते रहते हो, लेकिन ईश्वर ने कब किसकी सुनी है। मैनें राजा से मांगा तो उसने खीर भेज दी। अब यह बची हुई खीर तुम खा लो। उसके बाद सभी लोग अपने–अपने घर चले गये।

दूसरे दिन फिर राजा मंदिर में दर्शन के लिए आया। वहीं सीढ़ियों पर बैठ गया। तभी वही भीखारी बांई तरफ आकर बैठ गया। राजा ने उससे कहा कि तुम यहां पर कैसे आये ? भीखारी ने कहा कि मुझें बहुत खुशी है। मैं आपको धन्यवाद देने के लिए आया हूँ। आपने कल जो खीर भिजवाई, वो बहुत स्वादिष्ट थी। लेकिन वो ज्यादा थी इसलिए मैनें बची हुई खीर अपने पास वाले भीखारी को

बर्तन सहित दे दी। राजा ने कहा कि यह तुमने क्या किया ? उस खीर के बर्तन में तो महंगी स्वर्ण मुद्राए रखी हुई थी।

दूसरे भीखारी का मालूम करवाया गया। वह तो बीलिनियर बन चुका था। उसने तत्काल ही सोना–चांदी बेचने का शोरूम खोल लिया।

यह कहानी यह नसीहत देती है कि आध्यात्मिक बुद्धिमता जब बढ़ती है तो वह परमात्मा से मांगने लगता है तथा अन्य लोगों से जो मिला हुआ है, उस पर खुशी जाहिर करने लगता है। परमात्मा की बुद्धिमता तो सर्वोच्य है। वो किसको किस तरह बीलिनियर बना दे। उसकी मसलहते वही जानता है।

अतः आध्यात्मिक बुद्धिमता परम शक्ति पर दृढ़ विश्वास करने का नाम है। जिनका स्वंय पर व परमात्मा पर दृढ़ विश्वास होता है। उनके रास्तें सदैव प्रगति की और खुलते जाते है।

अतः मेरा आप लोगों से विनम्र निवेदन है कि मेरे द्वारा बताई गई आध्यात्मिक बुद्धिमता बढ़ाने की तकनीको को सीखे व जीवन में अभ्यास करें ताकि आप बीलिनियर बन सके।

## NOTES (जो बातें आपके ह्दय को छू गई है)

1. ________________________________________

2. ________________________________________

3. ________________________________________

4. ________________________________________

5. ________________________________________

6. ________________________________________

7. ______________________________

8. ______________________________

9. ______________________________

10. ______________________________

11. ______________________________

12. ______________________________

13. ______________________________

14. ______________________________

15. ______________________________

16. ______________________________

17. ______________________________

18. ______________________________

19. ______________________________

20. ______________________________

21. ______________________________

22. ______________________________

23. ______________________________

24. ______________________________

25. ______________________________

**NOTES** (जो निर्णय आपने अपने जीवन में लेने हेतु तय किये है)

26. ______________________________________________
27. ______________________________________________
28. ______________________________________________
29. ______________________________________________
30. ______________________________________________
31. ______________________________________________
32. ______________________________________________
33. ______________________________________________
34. ______________________________________________
35. ______________________________________________
36. ______________________________________________
37. ______________________________________________
38. ______________________________________________
39. ______________________________________________
40. ______________________________________________
41. ______________________________________________
42. ______________________________________________
43. ______________________________________________
44. ______________________________________________
45. ______________________________________________
46. ______________________________________________

47. ______________________________________________

48. ______________________________________________

49. ______________________________________________

50. ______________________________________________

# MISSION BILLIONAIRE
## (To Achieve 12 Riches as Described by Napoleon Hill)
## Motivation & Activation Mantra

## अध्याय – 37
# क्या वाकई आप बीलिनियर बनना चाहते है ? एक कहानी

(थोड़ा रूके, गुणवत्ता पूर्ण बीज बोएं)

एक व्यक्ति जिसके बड़े सपने थे। वो विदेश में जाकर वृहद स्तर पर व्यापार करना चाहता था। उसने अपनी यह योजना अपने माता–पिता को कई बार बताई। लेकिन माता–पिता ने कहा कि बेटा बाहर जाना ठीक नही है, हम चाहते है कि तेरी शादी कर दे।

एक अच्छे सम्भ्रांत परिवार की सुंदर, सुशील लड़की देखी गई और बेटे की शादी कर दी गई। पता ही नही चला कि कब 2 साल निकल गये। लेकिन उस नौजवान व्यक्ति के दिलो दिमाग में विदेश जाकर बड़े स्तर पर व्यापार करने का जज्बा उफन ही रहा था।

उसने अपनी पत्नी से कहा कि मैं विदेश जाकर बहुत पैसा कमाना चाहता हूँ। तुम्हें सारी सुख सुविधाएं देना चाहता हूं, इसलिए तुम मुझें विदेश जाने दो। पत्नी ने कहा जैसी आपकी इच्छा, आप जो करेंगे अच्छा ही करेंगे, आपकी इच्छा में ही मेरी इच्छा है। पत्नी यद्यपि गर्भवती थी। फिर भी भारतीय नारी थी। उसने अपने पति की भावनाओं का मान रखा।

माता–पिता ने भी कहा कि अगर इतनी ही इच्छा है तो विदेश चले जाओं। पंडितजी को बुलाकर शुभ मुहुर्त निकलवाया गया और वह नौजवान व्यक्ति दुबई के लिए रवाना हो गया।

दुबई में उस व्यक्ति ने अपना कारोबार शुरू किया। धीरे–धीरे यूरोपीय देशों में भी उसका कारोबार फैल गया। कहानी थोड़ी पुराने समय की है, तब मोबाइल वगैरह नही चलते थे। इसलिए चिट्ठियों के सहारे ही वह अपना हालचाल अपनी पत्नी व माता–पिता को बता देता था।

उसने खूब पैसा कमाया। उसे अपना देश छोड़े हुए 16 साल हो गये थे। अतः उसकी इच्छा हुई कि पैसा तो बहुत कमा लिया, अब अपने देश वापिस चलते है।

उसने पानी के जहाज की टिकिट करवाई और रवाना हुआ। उसके सामने की सीट पर एक व्यक्ति बड़ा रूआंसे भाव से बैठा हुआ था। हिम्मत करके इस नौजवान ने उससे पूछा कि क्या बात है ? आप मुझें बड़े व्यथित नजर आ रहे हो। उस व्यक्ति ने कहा कि क्या बताऊ ? मेरे पास में बहुत ऊंचे दर्जे की ज्ञान की बातें है। लेकिन इन देशों में कोई समझने वाला ही नही है। किसी ने मुझसें कोई बात खरीदी ही नही।

नौजवान ने सोचा कि इसका भी मन रखा जाए, यह भी खुश हो जाए, इसलिए इससे एक बात खरीद लेते है। वो बोला कि आप मुझें एक बात बतला दो, मैं आपको आपकी फीस दूंगा। उसने कहा कि मेरी फीस 5000 डॉलर है। नौजवान ने सोचा कि यह तो बहुत अधिक है। फिर सोचा कि मैनें इन देशों से इतना पैसा कमाया है तो कुछ व्यथित लोगों को भी देना चाहिए। बोला कि ठीक है, मैं पांच हजार डॉलर दूंगा, अब कोई ज्ञान की बात बताओं।

व्यथित व्यक्ति ने कहा कि मुख्य बात यह नही है कि पांच हजार डॉलर देने है। मुख्य बात यह है कि आप मेरी बात को आजमाओगे। नौजवान ने अच्छे खासे पैसे कमाये हुए थे। स्वाभिमान से भरा हुआ था। उसने कहा कि आपको पैसे भी दूंगा और आपकी बात को आजमाउंगा भी।

उस व्यथित व्यक्ति ने बताया कि कोई भी काम करने जाओं, उससे पहले दो मिनट विचारना कि जो काम कर रहे हो वो उच्च गुणवत्ता पूर्ण है कि नही। यदि आप पाओं कि उच्च गुणवत्ता पूर्ण है, तो तत्काल कर देना, नही तो मत करना, पर दो मिनट विचारना अवश्य। व्यथित व्यक्ति ने कहा कि पांच हजार डॉलर लाओं, बात खत्म।

## नौजवान व्यापारी की घर पर पहुंच

नौजवान व्यापारी अपने घर 16 साल बाद पहुंचा, अंधेरा हो गया था, लेकिन माता–पिता जग रहे थे। माता–पिता तो चीज ही ऐसे होते है कि 16 साल बाद उनका पुत्र आ रहा है तो उनकी आंखों में नींद कहा ? मां ने कहा बेटा मैं चाय बना देती हूं, फिर खाना बना देती हूं, तब तक हाथ–मुंह धो ले।

उस नौजवान व्यक्ति को शरारत सूझी कि पत्नी को सरप्राईज देते है और वो पत्नी के कमरे में चला गया। पत्नी गहरी नींद में सो रही थी। पास में उसके एक नौजवान लड़का सो रहा था। यह दृश्य देखते ही उसका खून खौल उठा। मैं 16 साल खटता रहा, पैसे इकट्ठे किये और पत्नी बेवफा निकली। इसलिए उसने अलमारी में रखी हुई पुरानी तलवार जिसके जंग लग चुका था। गुस्से में निकाला और पत्नी को कत्ल करने का इरादा किया।

खबरदार ! उस व्यथित व्यक्ति का चेहरा आंखे के सामने आया, उसने क्या कहा था, उच्च गुणवत्ता पूर्ण निर्णय है क्या ? वो विचारने लगा, उसके हाथ से तलवार गिर गई और पास में पड़ी एक लोहे की टंकी से टकराई जिसके कारण तेज आवाज हुई। उस आवाज से उसकी पत्नी जग गई।

पत्नी बोली। मेरे प्राणनाथ, आप आ गये। मैं सौभाग्यशाली हूं। 16 वर्ष तक मैनें कैसे आपके बिना समय काटा है ? मैं ही जानती हूं और अपने पति के चरण छू लिये। फिर बोली कि यह सोया हुआ जो है, वह आपका बेटा है। उसने बेटे को आवाज दी। वो उठा। उसकी मां ने कहा कि अपने पिताजी के पांव छुओं।

पत्नी बोली, ठीक से देखों यह लड़का नही लड़की है, तुम्हारी बेटी है। तुमने कहा था कि मेरे बेटी हो, तो उसे बेटे की तरह ही पालना। अतः मैनें उसे बेटे की तरह ही पाला है।

पति बहुत खुश हुआ, अपनी बेटी को पाकर, अपनी पत्नी को पाकर। तभी उसके दिमाग में आया कि पांच हजार डॉलर कोई ज्यादा कीमत नही रही। उस व्यथित व्यक्ति की बात से मैं बहुत बड़े अपराध को करने से बच गया। अच्छे शब्दों में कहूं तो बरबाद होने से बच गया। मुझें पांच हजार डॉलर की जगह लाखों मिल गये।

यह कहानी हमें यह नसीहत देती है कि जब भी कोई निर्णय करें, तो उनकी गुणवत्ता को अवश्य देखें कि वो निम्न गुणवत्ता पूर्ण है, औसत गुणवत्ता पूर्ण है या उच्च गुणवत्ता पूर्ण है। इसके लिए कम से कम दो मिनट चिंतन करें।

**खुशी की बात है कि आपने बीलिनियर होने का संकल्प लिया है। मैं आपको तीन बातें बतना चाहूंगा।**

1. आप अपना मिशन तय कर ले। जो उच्चतम मिशन हो, उसे बना ले और लिख ले।

2. अब अपन मिशन के अनुसार निम्न व औसत निर्णयों के स्थान पर उच्च निर्णय करें।

3. किसी भी निर्णय को करने से पहले दो मिनट विचारे कि मैं जो निर्णय करने जा रहा हूं या मैं जो काम करने जा रहा हूं, क्या वह निम्न कोटी का है, औसत कोटी का है या उच्च कोटी का है।

सभी काम तो उच्च कोटी के नही होंगे, सभी निर्णय उच्च कोटी के नही होंगे। क्योंकि इंसान मनोरंजन भी चाहता है, हल्की–फुल्कि बातें भी चाहता है। लेकिन जो भी कार्य करें वो निम्न कोटी का ना हो।

**आपकी च्योईस/आपका पक्ष ही आपको कदम दर कदम बीलिनियर बनाने की ओर ले जायेगा।**

आप यदि निर्णय लेने से पूर्व दो मिनट विचारेंगे और अपना पक्ष तय कर लेंगे कि मुझें तो उच्च निर्णय ही करने है। किसी कारण से उच्च नही कर पाऊ तो औसत निर्णय करूंगा लेकिन निम्न निर्णय कभी भी स्वीकार नही करूंगा।

## कौन है भला वो, जो आपको उच्च निर्णय लेने से रोकता है ?

देखों मित्रों, शारीरिक रूप से लोगों में अधिक फर्क नही होता। लेकिन जो फर्क होता है, वो उनकी मानसिक स्थितियों में होता है, उनकी मान्यताओं में होता है, उनके विश्वासों में होता है।

एक मनोवैज्ञानिक तथ्य है कि कोई भी व्यक्ति चाहे स्त्री हो या पुरूष, उसके मन में निरंतर विचार आते रहते है। वो एक मिनट भी बिना विचार किये रूक नही सकता। यह विचार उसे यंत्रवत चलाते रहते है। आदमी अकेला होता है, तो भी उसके दिमाग में विचार आते रहते है और वो अंदर ही अंदर कोई ना कोई संवाद होता रहता है।

मैं इस प्रक्रिया को स्वःसंवाद कहना चाहूंगा। बस इस स्वःसंवाद की जो स्वचालित प्रक्रिया है, इसको रोकना होगा अथवा इसे बदलना होगा। बस यह दो ही तरीके है, जिनसे आप उच्च निर्णय आसानी से ले पावोगें। लेकिन यदि आप अपने आपको शरीर समझते रहें, तो फिर वही निर्णय होंगे जो शरीर चाहेगा। हर शरीर आराम चाहता है। हर शरीर स्वादिष्ट खाना चाहता है व अन्य भोग–विलास चाहता है। लेकिन तुम शरीर नही हो ? शरीर तुम्हारा है। बस शरीर तुम्हारा है, अगर इस बात को जैहन में उतार लोगे तो मैं आपको एक प्रक्रिया बता सकता हूं, जिससे आप अपने स्वःसंवादों को बंद कर दोगे अथवा वही स्वःसंवाद होंगे जो आप चाहोगे।

यही छोटी सी विधि बीज का काम करेगी, आपको बीलिनियर बनाने में। प्रक्रिया को मैं समझा ही देता हूं। बहुत सरल है, पर है बहुत प्रभावकारी।

**प्रक्रियाः—**

आरामदायक कुर्सी पर आराम से बैठ जाइयें, बस मेरूदण्ड सीधा रहे और आंखे बंद कर ले। बंद आंखों से अपने शरीर को देखें। सबसे पहले दो गहरी सांस ले और छोड़ दे। फिर अपने सिर के सबसे ऊपरी हिस्से को देखें और उसकी धड़कन महसूस करें। फिर अपनी बंद आंखो से ही अपनी आंखो को देखें, फिर अपने चेहरे को देखें, फिर अपने गले को देखें, फिर अपने सीने को देखें, फिर अपने पेट को देखें, अपने हाथों को देखें, पांवो को देखें, पांवो की अंगूलियों को देखें, पीठ को देखें, अपने पीछे के हिस्से को देखें। फिर पूरे शरीर को एक बार पुनः देखें। आप यह पायेंगे कि शरीर आप नही है, बल्कि आप शरीर को देखनें वाले है, दृष्टा है, साक्षी है।

यह क्रिया सरल है, लेकिन हो सकता है कि अभ्यास नही होने के कारण थोड़ी जटिल लगे। लेकिन यदि आप 15—20 मिनट प्रतिदिन मात्र 3 महिने के लिये अभ्यास करेंगे, तो वाकई में आप अपने शरीर को देखने वाले दृष्टा बन जायेंगे।

अब आप अपनी बंद आंखो से ही आती—जाती श्वास को देखें और महसूस करें कि श्वास सामान्य तरीके से ही आ रही और जा रही है। यानी कि आप श्वास भी नही है, आप दृष्टा है।

## आप अपने मन में उठने वालें विचारों का अवलोकन करें

जब आप आंख बंद करके बैठे, कोई काम नही हो, तब आपका मन जो है वो कोई ना कोई विचार लेकर आयेगा। आप विचारों को आने दे, दृष्टा बनकर देखे, जो विचार जाये जाने दे, विचारों के साथ बहें नही, उन्हें रोके नही, सिर्फ दृष्टा बनकर देखें, चौकीदार की तरह।

जैसे किसी हवेली में चौकीदार बैठा दिया जाता है, तब अंजान व अनाधिकृत आदमी हवेली में घूसता नही है। इसी तरह जब आप

चौकीदार बनकर बैठ जावोंगे तब आपके मन में विचार आने की सम्भावना नही है।

मात्र तीन महिने के अभ्यास से आप यह पायेंगे कि आपका स्वःसंवाद बंद हो गया। बस जो लोग ध्यानादि करते है, वो यही गलती कर जाते है। क्योंकि जब आपके मन में विचार उठने बंद हो जाते है, तो आस–पड़ौस के माहोल के विचार आपके अंदर आने लगते है।

यही वो मनोवैज्ञानिक कारण है, जिस कारण लम्बी–लम्बी अवधि तक साधना करने वाले संत–महात्मा भी अपने रास्ते से भटक जाते है।

अतः आप सावधान हो जाइये ? और अपनी और से अपने मिशन के अनुसार विचारों को प्रेषित करना आरम्भ करें। अब आप मालिक है। आप जो विचार चाहेंगे, वहीं विचार आयेगा। यह अभ्यास करवाइये, अपने मन को।

जैसे कई लोग कुत्ते के छोटे पिल्ले को ले आते है। फिर उसे दूध पीलाते है, गेंद फेंकते है और वहीं दूध की कटोरी रखते है तो वो दूध पीने के बहाने भागता है। फिर वो कोई मांस का टूकड़ा रखते है, उसके पास गेंद को रखते है तो वो मांस का टूकड़ा खाने जाता है। वो बार–बार पिल्ले को भगाते है और कभी पंजे ऊंचे करवाते है, नमस्कार करवाते है। वो पिल्ला मांस के लालच में अथवा दूध–ब्रेड के लालच में सब कुछ करता है। लेकिन बाद में मालिक दूध या मांस नही देता, सिर्फ गेंद फेंकता है। पिल्ले के अंदर दूध, बिस्कुट, मांस के साथ बॉल का सिन्क्रोनाईजेशन हो जाता है। अतः अब दूध और मांस की जरूरत नही है। आप बॉल फेंकोगे तो वो बॉल पकड़ लेगा और बॉल को पकड़ लायेगा।

# स्वःनियंत्रण

स्वःसंवादों पर अब आपका नियंत्रण होने लग जायेगा। अब जो चाहोगें वही विचार आयेगा। जैसे की बंदर को बार–बार नमस्कार करना सीखाओंगे तो वो नमस्कार करना सीख लेता है। वैसे ही आपके मन को जो कि एक तरह का बंदर है, उसको बार–बार विचार दोगे और विशेष किस्म की क्रियाएं करने को प्रेरित करोंगे तो आपका मन पालतू हो जायेगा यानी प्रशिक्षित।

## प्रशिक्षित मन और अप्रशिक्षित मन

सामान्य व्यक्ति का मन बिना लगाम के घोड़े की तरह भागता रहता है लेकिन जब घोड़े को लगाम लगा दी जाती है, उसे प्रशिक्षण दे दिया जाता है, तो घोड़ा भी काबू में आ जाता है। इसी तरह जब मन को भी प्रशिक्षित कर लिया जाता है, तो वो वही विचार देता है, जो आप चाहते हो।

इस प्रशिक्षित मन में एकाग्रता की स्थिति आ जाती है और यह बहुत शक्तिशाली हो जाता है। यह बड़े–बड़े काम करने की स्थिति में आ जाता है। इस प्रशिक्षित मन के लिए किसी भी सामान्य व्यक्ति को बीलिनियर बनाना कोई बड़ी बात नही है।

## अपने को सुधारो और स्वःसंवाद बदलो

मनोवैज्ञानिकों ने दो प्रकार के मस्तिष्क बताऐं है, एक चेतन मस्तिष्क, दूसरा अचेतन मस्तिष्क। चेतन मस्तिष्क तो वो है जिससे सामान्यतः हम तर्कसंगत व विवेकशील कार्य करते है। लेकिन इससे 10 गुणा बड़ा मस्तिष्क है, अवचेतन मस्तिष्क। उसमें हमारे अभ्यास से पैटर्न बनते है। जिसको योग की भाषा में संस्कार कहा जाता है। आम भाषा में आदतें भी कह सकते है। एक काम को जब कई बार किया जाता है, तो वो आदत बन जाती है। शुरू में तो आदमी आदत बनाता है, बाद में आदतें आदमी को निर्देशित करती है। हर

इंसान के 80 प्रतिशत कार्य आदतन ही होते है। अतः इन आदतों का बदलना भी जरूरी है। पर यह आदतें अधिकांशतः स्वःसंवाद व स्वकृत्य से ही बनी है।

मनोवैज्ञानिकों ने इस अचेतन मस्तिष्क की पुनर्रचना हेतु एक तरीका बतलाया है, जो सरल है लेकिन प्रभावकारी है।

## वो मैं आपकों बतलाना चाहूंगाः–

आप अपनी जिंदगी में क्या चाहते है ? उनको एक कागज में लिख ले। बस ध्यान यह रहे कि जो बांते लिखी है, उनमें आपस में विरोधाभास ना हो। यदि विरोधाभास हो, तो उन बातों को हटा दे। बस इन बांतो को रोजाना प्रातःकाल उठते ही दर्पण के आगे तेज आवाज में बोले।

बिल्कुल आप सही ख्याल है, एक दिन बोलने से कुछ नही होगा, दो दिन बोलने से भी कुछ नही होगा, लेकिन अगर आपने 90 दिन लगातार बोले, 180 दिन लगातार बोले अथवा 270 दिन लगातार बोले, तो जो आप में परिवर्तन होगा, क्रान्ति होगी उसे देख कर आप ही नही बल्कि आपके ईर्द गिर्द रहने वालों लोग भी अचम्भित हो जायेंगे।

कारण स्पष्ट है कि बार–बार नित्य लम्बी अवधि तक बोलने से वो विचार आपके सबकोन्सियस में चले जायेंगे। जो आपके सबकोन्सियस में चले जायेंगे आपके उन संकल्पो को आपका सबकोन्सियस माइंड सुपर कोन्सियस माइंड (परमात्मा) को प्रेषित कर देगा और सुपर कोन्सियस माइंउ उन संकल्पो को आपके जीवन में प्रकट कर देगा। इस पर तर्क न करें, अभ्यास करना आरम्भ करें व बीलिनियर बनने की ओर कदम दर कदम बढ़ते चले।

ॐ असंशयं महाबाहो मनो दुर्निग्रहं चलम् ।
अभ्यासेन तु कौन्तेय वैराग्येण च गृह्यते ॥

## NOTES (जो बातें आपके हृदय को छू गई है)

1. ______________________________________________
2. ______________________________________________
3. ______________________________________________
4. ______________________________________________
5. ______________________________________________
6. ______________________________________________
7. ______________________________________________
8. ______________________________________________
9. ______________________________________________
10. _____________________________________________
11. _____________________________________________

12. _______________________________________

13. _______________________________________

14. _______________________________________

15. _______________________________________

16. _______________________________________

17. _______________________________________

18. _______________________________________

19. _______________________________________

20. _______________________________________

21. _______________________________________

22. _______________________________________

23. _______________________________________

24. _______________________________________

25. _______________________________________

## NOTES (जो निर्णय आपने अपने जीवन में लेने हेतु तय किये है)

26. _______________________________________

27. _______________________________________

28. _______________________________________

29. _______________________________________

30 _______________________________________

31. ______________________________________________

32. ______________________________________________

33. ______________________________________________

34. ______________________________________________

35. ______________________________________________

36. ______________________________________________

37. ______________________________________________

38. ______________________________________________

39. ______________________________________________

40. ______________________________________________

41. ______________________________________________

42. ______________________________________________

43. ______________________________________________

44. ______________________________________________

45. ______________________________________________

46. ______________________________________________

47. ______________________________________________

48. ______________________________________________

49. ______________________________________________

50. ______________________________________________

## अध्याय – 38
# एक सेठ की हवेली में लगी आग –
# एक कहानी

(प्राथमिकता समझदारी से तय करे, तभी बीलिनियर बनेंगे)

एक मालदार सेठ थे। स्वभाव के भी बड़े अच्छे थे। अपने बेटे से बहुत प्यार करते थे। बेटे को बार–बार कहते रहते थे कि तू ही है मेरा राजदुलारा, तू ही मेरा नाम करेगा रोशन। बच्चा भी यह सुनकर खुश होता। बार–बार अपने पापा को कहता कि फिर गाना सुनाओं, फिर गाना सुनाओं।

सेठ ने सोचा कि लड़का बार–बार यही गाना सुनना चाहता है, तो क्या करें ? बात कुछ पुराने वर्षो की है, तब रेड़ियो, टेप आदि

नही थे। तब लोग तोता पालते थे और उसे कुछ सीखा देते थे, वो तोता बोलता था।

सेठ ने भी एक सुंदर पहाड़ी तोता खरीदा और उसे बोलना सीखाया। उसके लिए एक प्रशिक्षक रखा जो उसके बेटे के बारे में अच्छी–अच्छी बातें तोते को सीखा दी। तोता भी अच्छी नस्ल का था, इसलिए सब कुछ जल्दी ही सीख गया।

तोता बोलता, तू है मेरा बेटा राजदुलारा। सुनकर सेठ भी खुश होता और बच्चा भी। दोनों ही तोते की बड़ी तारीफ करते।

सदा दिन एक जैसे नही रहते। एक दिन एक दुर्घटना घटी और हवेली के तहखाने में आग लग गई। आग इतनी जोर से लपटे लेने लगी कि सब कुछ जलने लगा।

सेठ ने अपने सभी नौकरों को बुलाया और कहा कि मूल्यवान सामान फटाफट हवेली में निकाल लो। सेठ ने सबसे पहले तिजोरी निकलवाई जिसमें नोट थे, गहने थे। फिर कीमती कपड़े मंगवाये। फिर याद आया कि ईटालियन सोफा तो अंदर ही है। सेठ ने ईटालियन सोफा निकलवाने के लिए नौकरो को कहा लेकिन तब तक आग काफी फैल चुकी थी। अब तो नौकर भी अंदर जाने से घबरा रहे थे। उसने तुरंत फायरबिग्रेड को बुलाया गया।

फायर ब्रिगेड वालो ने कहा कि जो खास–खास सामान है, वो बता दो, हम हवेली से बाहर निकाल कर ले आयेंगे। सेठ ने कहा कि बाकि तो सब निकल गया, बस मेरा एक तोता अंदर रह गया है। तोता पिंजरे में बंद है, उसे ले आओं। आग के कारण तोता घबरा गया, लेकिन फायर ब्रिगेड वाले उसे बचा कर ले आये। फायर ब्रिगेड वालों ने आग बुझाने के लिए पानी डाला। लेकिन आग तेजी से फैलती ही गई।

अचानक सेठ को याद आया, अरे मेरा बेटा तो कमरे में सोया हुआ था। वो तो आया ही नही। उन्होनें फायर ब्रिगेड वालों से कहा

कि मेरे बेटे को तत्काल निकाल कर लाईये। लेकिन वो कमरा तो पूरा जल चुका था, जिसमें बेटा सोया हुआ था। फायर ब्रिगेड वालों ने पूरी मेहनत की, पुलिस ने भी पूरा सहयोग किया और सेठ के बेटे का जला हुआ शरीर बाहर निकाल लाये।

बस उद्योगपति व्यापारी यहीं भूल कर जाते है। जो सबसे महत्वपूर्ण आईटम है, वो ध्यान में नही रहते। जिस बेटे के लिए सारी वसीयत करने जा रहा था, वो बेटा ही जल गया। बहुत रूआंसा हो रहा था, बहुत दुःखी हुआ। चूंकि तोता पिंजरे में आ गया था, उसे कुछ हरी मिर्ची खिला दी गई थी, पानी पीला दिया गया था तो तोते के अंदर जोश आ गया और तोता बोल पड़ा। तू है मेरा बेटा राजदुलारा, जग में रोशन मेरा नाम करेगा। सेठ को बहुत बुरा लगा लेकिन तोते के तो यह बात रटी हुई थी। वह तो बार–बार यही बोले जा रहा था।

सेठ को गुस्सा आया। उसने कहा कि तोते को दूर ले जाओं। जिस तोते की तारीफ करते नही थकते थे, उसी तोते को परे छुड़वा दिया। जिस बेटे के लिए सारी सम्पत्ति इकट्ठी की थी, वो बेटा ही उन्हें याद नही रहा।

यह कहानी हमे यह नसीहत देती है कि क्या चीज महत्वपूर्ण है? और कौनसी चीज गैर महत्वपूर्ण है ? इसकी प्राथमिकता सूची हमारे दिमाग में रहनी चाहिए ताकि हम बीलिनियर बनने के लिए विवेकशील निर्णय ले सके।

**स्टीफन आर कोवी** अपनी पुस्तक '7 हेबिट्स ऑफ हाईली इफेक्टिव' में इस बात को बड़ा प्रभावकारी तरीके से बतलाते है। उन्होनें इसे तीसरी आदत में रखा है।

दिनभर में एक व्यापारी के द्वारा जो कार्य किये जाते है, उनकी एक मेट्रिक्स तैयार की जानी चाहिए

ताकि उन सभी कामों को चार भागों में बांटा जा सके। बीलिनियर बनने वाले व्यक्ति का समय बहुत कीमती है। उसके प्रयत्न और भी ज्यादा कीमती है। अतः वो सही जगह लगने चाहिए। अगर दिनभर के कार्य देखें तो चार प्रकार के कार्य एक व्यापारी द्वारा किये जाते हैं।

1. **अत्यंत जरूरी व महत्वपूर्णः–** यह वो कार्य है जो तत्काल करने की जरूरत है और व्यापारी के मिशन स्टेटमेन्ट के अनुसार बहुत जरूरी है। यदि इन कार्यो को तत्काल नही किया जायेगा तो व्यापारी को बड़ा घाटा हो सकता है और वो अपने मिशन को पाने में असफल हो सकता है, जैसा कि फैक्टी का बिजली का बिल। यदि यह समय पर जमा नही होगा तो कनेक्शन कट सकता है और फैक्ट्री का काम रूक सकता है। इसलिए यह तत्काल भी है और महत्वपूर्ण भी है।

2. **तत्काल नही, लेकिन महत्वपूर्णः–** यह वे कार्य है जो तत्काल करने की जरूरत नही, लेकिन महत्वपूर्ण है। जैसे कम्पनी हेतु बजट बनाना, कम्पनी के लिए प्लानिंग करना, कम्पनी के स्टॉफ को रिक्रूट करना। यदि इनको तत्काल नही किया जाए तो भी चलेगा।

3. **वे कार्य जो तत्काल है, लेकिन महत्वपूर्ण नहीः–** यह ऐसे कार्य है, जो तत्काल किये जाते है, जैसे कि अनेक टेलीफोन आते है, जिनको  अटेंड करना जरूरी भी नही होता, वो भी अटेंड किये जाते है। इन कामों का कोई विशेष महत्व नही है।

4. **न तो तत्काल है और न ही महत्वपूर्ण हैः–** कम्पनी की लम्बी चौड़ी सूचनाएं तैयार करना, जो तत्काल भी नही है और महत्वपूर्ण भी नही है। फिर भी लोग करते रहते है तथा बहुत अधिक समय इस पर लगाया जाता है। स्टेटिक्स

तैयार की जाती है, जिसे देखा ही नही जाता। टेबिल्स बनाई जाती है, जिन्हें पढ़ा ही नही जाता। सामान को इस कमरे से उस कमरे में रखना।

क्रम संख्या 3 व 4 के काम महत्वपूर्ण नही है, लेकिन क्रम संख्या 1 व 2 के कार्य महत्वपूर्ण है। क्रम संख्या 1 के तो वो कार्य है जो तत्काल भी है और महत्वपूर्ण भी है। परिस्थिति जन्य है, अतः वो आपसे जबरदस्ती करवा लिये जायेंगे। आप एक रिएक्टिव व्यक्ति की तरह उनको करोगे।

लेकिन क्रम संख्या 2 के कार्य तत्काल तो नही है, लेकिन अत्यधिक महत्वपूर्ण है। यह काम आपको प्रोएक्टिवली चला कर करने होंगे। यही वो काम है जिन पर कम्पनी की दीर्घकालीन प्रगति निर्भर करती है। यही वो कार्य है जो कम्पनी की प्रतिष्ठा को बनाते है। यही वो कार्य है जो कम्पनी को विश्वस्तरीय बनाते है। यही वो कार्य है जो आपको बीलिनियर बनाते है।

लेकिन चुनौती पूर्ण यह है कि यह काम आपको पहल करके करने होंगे। इनका आयोजन करना होगा, अभ्यास करना होगा। जैसे कि स्टॉफ को प्रशिक्षित करना, कम्पनी के प्रोडक्ट की मार्केट रिसर्च करना, कस्टमर्स की रूची व बदलते स्वाद का अध्ययन करना। कम्पनी की लम्बी अवधि की योजना बनाना। नई मशीनें डालना और स्टॉफ का रिक्रूटमेन्ट करना।

इस क्रम संख्या 2 के कार्यो हेतु समय व प्रयत्न अतिरिक्त देने होते है। इसके लिए क्रम संख्या 3 की और 4 की गतिविधियों को कम किया जाना चाहिए क्योंकि वो कार्य कम्पनी के लिए महत्वपूर्ण नही है।

बीलिनियर बनने वाले व्यक्ति को भी अपने कारोबार में कौन—कौन सी गतिविधियों दीर्घकालिक लाभ की है ? कारोबार की प्रतिष्ठा बढ़ाने वाली है, कारोबार को स्थाई मजबूती देने वाली है,

को प्राथिमकता के साथ करना चाहिए और समय प्रयत्नों हेतु एक उचित अनुपात रखना चाहिए कि जो कार्य तत्काल व महत्वपूर्ण है, वो तो करने ही पड़ेंगे। उसमें बीलिनियर बनने वाले व्यक्ति को ज्यादा दिमाग लगाने की जरूरत नही है।

दीर्घकाल की प्रगति हेतु जिन कार्यों के लिए समय और प्रयास लगाने है, उनके लिए समय क्रम संख्या 3 की गतिविधि को कम करके व क्रम संख्या 4 की कुछ गतिविधियों को ना कहकर प्राप्त किया जावें।

धीरे–धीरे समय लगाने व प्रयत्न करने से क्रम संख्या 2 की गतिविधियां अतिरिक्त परिणाम देने लग जायेगी। इस कारण से क्रम संख्या 1 की गतिविधियों का दबाव भी कम हो जायेगा। अतः इस क्वाडरेन्ट से भी समय निकाला जा सकेगा।

एक सामान्य व्यक्ति और सफल व्यक्ति में मुख्य अंतर यही होता है। सामान्य व्यक्ति अर्जेन्ट वर्क फोकस्ड़ होता है जबक बीलिनियर बनने वाला व्यक्ति अजेन्ट एवं महत्वपूर्ण दोनों कार्यों के लिए विवेकशील समय का आवंटन करता है।

अधिकांश व्यापारियों की क्या गति है ? इसके बारे में मैं एक कहानी सुनाना चाहूंगा।

एक होनहार लड़का था जो जिंदगी में कुछ बड़ा कार्य करना चाहता था। अतः उसने अपने आस–पास के लोगों से सलाह ली, लेकिन कोई उसे उचित सलाह नही दे पाया।

एक वृद्ध व्यक्ति ने कहा कि तुम इन लोगों से क्यों राय लेते हो ? एक व्यक्ति सफल है, जो कि पहाड़ी पर रहता है। लम्बा–चौड़ा मकान है, उसका। तुम उसके पास जाओं और उससे सफलता का राज पूछो।

लड़का तो जिज्ञासु था। उसे तो बड़ा बनने की लालसा थी। इसलिए वो तत्काल ही पैदल पहाड़ी पर चला गया। वो व्यक्ति जो बहुमूल्य सलाह दिया करता था वो अपने स्थान पर बैठा था। अनेक लोग उससे सलाह लेकर जा रहे थे। तीन घंटे तक लड़का बैठा रहा, तब जाकर उसका नम्बर आया। लड़के ने पूछा कि मैं बड़ा बनना चाहता हूँ, मुझें आपकी सलाह चाहिए।

सलाहकार ने कहा कि ऐसी भी क्या जल्दी है ? अभी तो तुम छोटे हो। लड़के ने कहा कि अच्छे कार्य की शुरूआत जितनी जल्दी कर दी जाए, अच्छा है। यह समझदारी वाला उत्तर सुनकर सलाहकार खुश हुआ। उसने लड़के से कहा कि मैनें इतना बड़ा महल बना रखा है। तुम इस महल के एक–एक कमरे को देखों और आनंद लो। लड़का खुश हो गया कि मुझें इतना बड़ा महल देखने को कहा जा रहा है। तभी सलाहकार ने एक शर्त लगा दी कि मैं तुम्हें एक छोटी चम्मच देता हूं। वो तेल से भरी हुई है। बस तुम्हे पूरे महल में घूमना है, आनंद लेना है लेकिन ये तेल की बूंदे नही गिरनी चाहिए या चम्मच से तेल बिखरना नही चाहिए।

वो लड़का तेल से भरी चम्मच को लेकर गया और पूरे महल में घूमा लेकिन उसका सारा ध्यान तेल की चम्मच पर ही रहा कि कही तेल बिखर नही जाये। जब वापिस आया तो सलाहकार ने पूछा कि क्या–क्या देख आये ? पहले कक्ष में क्या देखा ? दूसरे कक्ष में क्या देखा ? अंतिम कक्ष में क्या देखा ? वो बोला कि मैं तो कुछ भी नही देख पाया, मेरा पूरा ध्यान तेल बिखर नही जाये, इसी पर रहा।

फिर सलाहकार ने कहा कि अब तेल की चम्मच यही छोड़ जाओं और जाओं महल में घूमकर आवों। तब वो महल में गया, महल में घूमा, चित्रकारी देखी, भवन निर्माण कला देखी, वो बेहद खुश हुआ। जब वो लौट कर आया तो सलाहकार को प्रत्येक कक्ष का वर्णन सुनाया।

बस यही बात बीलीनियर बनने वाले व्यक्ति को समझनी है कि किस तरह से उन कामों में उलझे रहते है और उनको तेल भरी चम्मच की तरह लिये घूमते रहते है। ये वो कार्य है जो तत्काल है। जब तक इन तत्काल कार्यो को कम नही करोगे और हो सके तो एक अलग सेल बना दे जो इन तत्काल कार्यो को करते रहे।

जो क्रम संख्या 2 के कार्य है, उनको करवाने व निगरानी रखने की जिम्मेदारी बीलिनियर अपने पास रखे।

जब बीलिनियर अपने कारोबार को बढ़ाता है तो उसे खुद में और कारोबार में फर्क समझ लेना चाहिए। यानी खुद का अलग अस्तित्व है और कारोबार का अलग अस्तित्व है। दोनों को मिक्स नही करें। क्योंकि दोनों के कार्यकलापों व लक्षणों में दिन—रात का फर्क होता है।

## Differences between Individual and Enterprise

1. इंडिविजुअल स्वयं सभी कार्य करना चाहता है जबकि एन्टरप्राइज में कार्य करने हेतु सिस्टम बनाना होगा।

2. इंडिविजुअल प्रशिक्षण लेना और देना नही चाहता, जबकि एन्टरप्राइज को अपने कर्मचारियों को लगातार समय—समय पर प्रशिक्षण देना होता है।

3. इंडिविजुअल बड़ा सोचना नही चाहता, जबकि एन्टरप्राइज को बड़ा सोचना होता है। तभी वो लम्बी अवधि तक कार्य कर सकेगा।

4. इंडिविजुअल काम को डिलिगेट नही करना चाहता, जबकि एन्टरप्राइज में काम को कर्मचारियों के बीच बांटना जरूरी है।

5. इंडिविजुअल को अपने शहर व स्थान से मोह हो जाता है, जबकि एन्टरप्राइज को दूसरे शहरों में जाकर भी अपनी शाखाएं खोलनी पड़ती है।

6. इंडिविजुअल दूसरों पर विश्वास नही करना चाहता। चैक साईन खुद ही करना चाहता है। पैसे का लेन–देन खुद ही करना चाहता है, जबकि एन्टरप्राइज में यह कार्य अन्य कर्मचारियों को देने पड़ते है।

7. इंडिविजुअल सरकारी टैक्सो को बचाना चाहता है या कम से कम देना चाहता है। जबकि एन्टरप्राइज को सभी तरह के टैक्स समय पर व सही मात्रा में देने होते है।

8. इंडिविजुअल बिना बजट के काम करना चाहता है, जबकि एन्टरप्राइज को अपना बजट बनाकर खर्चे नियंत्रित करने होते है।

9. इंडिविजुअल किसी कर्मचारी को ज्यादा वेतन देना नही चाहता, जबकि एन्टरप्राइज में लोगों की तकनीकी योग्यता, प्रशासनिक योग्यता के आधार पर बड़ी–बड़ी तनख्वाह देनी पड़ती है।

10. इंडिविजुअल नई टेक्नोलोजी को अपनाना नही चाहता, जबकि एन्टरप्राइज को नई टेक्नोलोजी स्वीकार करनी पड़ती है।

जब एन्टरप्राइज और इंडिविजुअल मिक्स हो जाते है, तो एन्टरप्राइज की परफोरमेन्स गिर जाती है। वहां पर सिस्टम काम नही करता बल्कि व्यक्ति विशेष तक व्यापार सिमट कर रह जाता है। सही कहा है कि गद्दी का प्यार छूटता नही है, अतः व्यक्ति चैक लेना–देना, पैसे आदि का लेन–देन स्वंय करता है। कई इंडिविजुअल तो डिलिवरी खुद करवाते है। कई इंडिविजुअल 10 **am** से लेकर **5 pm** तक पूरे दिन ऑफिस में बैठते है। यानी इंडिविजुअल एन्टरप्राइज में सिस्टम को डवलप नही होने देता।

मैं यहां यह कहना चाहता हूं कि ज्योंही कारोबार कुछ बढ़े, त्योंही बीलिनियर बनने वाले व्यक्ति को अपना कारोबार सिस्टम के हवाले कर देना चाहिये तथा स्वंय को ऑफिस में कम से कम बैठना चाहिये तथा जो भी सिस्टम में निर्णय लिये जाये, वो डाटा व तथ्यों

के आधार पर होने चाहिये। इंडिविजुअल की पसंदगी व नापसंदगी से कोई निर्णय नही होना चाहिए।

क्योंकि व्यापार की अलग-अलग स्टेजेज है। शुरू में व्यापार आरम्भ किया जाता है तब इंडिविजुअल ही मालिक है, वही कर्मचारी है। लेकिन जब व्यापार स्केलअप होता है, यानी कि कई गुना बढ़ता है, तब व्यक्ति को अपने विश्वसनीय लोगों के स्थान पर स्कील्ड लोगों को रखने की जरूरत होती है। यह स्किल्ड लोग ही सिस्टम को चला सकते है। सिस्टम को चलाना अनस्किल्ड व्यक्ति के बस की बात नही है। व्यापार में ज्योंही स्केलिंगअप की स्थिति आती है, त्योंही विश्वसनीय लोगों के बजाय, काबिल लोगों को व्यापार की कमान सौपनी पड़ती है। जो व्यापारी यह नही करेगा, उसका व्यापार एक छोटी-मोटी दुकान के रूप में सिकुड़ कर रह जायेगा।

बीलिनियर को सिस्टम डवलप करने के बाद व्यापार में काम करने की संस्कृति को विकसित करना होगा। ताकि व्यापारिक प्रतिष्ठान अपनी प्रतिष्ठा को अर्जित कर सके।

जैसे बैंकों में देखते है कि केशियर पैसे लेता है, जमा करता है, देता है, मैनेजर अपना काम करता है, मालिक कहीं और बैठते है। ऐसे ही बीलिनियर को अपने कारोबार को सिस्टम के हवाले करके खुद को दूर बैठ कर कारोबार को सम्भालना चाहिए। व्यापारिक जगत में इसे ही साक्षी भाव व दृष्टा भाव का व्यवहारिक रूप कहा जाता है।

## NOTES (जो बातें आपके हृदय को छू गई है)

1. _______________________________________________

2. _______________________________________________

3. _______________________________________________

4. _______________________________________________

5. __________________________________________

6. __________________________________________

7. __________________________________________

8. __________________________________________

9. __________________________________________

10. _________________________________________

11. _________________________________________

12. _________________________________________

13. _________________________________________

14. _________________________________________

15. _________________________________________

16. _________________________________________

17. _________________________________________

18. _________________________________________

19. _________________________________________

20. _________________________________________

21. _________________________________________

22. _________________________________________

23. अरबपति होना हर भारतीय का हक है। _________

24. _________________________________________

25. _________________________________________

**NOTES** (जो निर्णय आपने अपने जीवन में लेने हेतु तय किये है)

26. _______________________________________________

27. _______________________________________________

28. _______________________________________________

29. _______________________________________________

30 _______________________________________________

31. _______________________________________________

32. _______________________________________________

33. _______________________________________________

34. _______________________________________________

35. _______________________________________________

36. _______________________________________________

37. _______________________________________________

38. _______________________________________________

39. _______________________________________________

40. _______________________________________________

41. _______________________________________________

42. _______________________________________________

43. _______________________________________________

44. _______________________________________________

45. ___________________________________________

46. ___________________________________________

47. ___________________________________________

48. ___________________________________________

49. ___________________________________________

50. ___________________________________________

## अध्याय – 39

# फ्रेंक बटलर ने 20 लाख रूपये की एक इंश्योरेन्स बेची – एक कहानी

(जो कुछ प्रोजेक्ट अच्छी तरह यथा समय में पूरे हो जाते है, उनकी समीक्षा करें व सबक ले)

फ्रेंक बटलर नाम के एक अमेरिकी व्यक्ति थे। जिन्होनें बॉस्केटबाल में अपना केरियर बनाना चाहा लेकिन कोई खास सफलता नही मिली। फिर वो अपने कोच से मिले। कोच ने कहा बटलर तुम बॉस्केटबाल के कोर्ट में ऐसे खेलते हो जैसे कि 50 वर्ष का आदमी हो। यदि जोश में नही आ सकते, तो हम आपको टीम में नही रख सकते और उसे टीम से निकाल दिया। बटलर को यह बात बहुत अखरी कि ऐसे बेइज्जत करके टीम से निकाला गया।

बटलर का एक मित्र एक दिन उनसे मिला और बोला कि आप कहो तो मैं एक दूसरी बॉस्केटबाल की टीम के कोच से बात करू। लेकिन वो ज्यादा पैसा नही देगी। बटलर ने कहा कि मैं तो खाली बैठा हूँ।

बटलर उस कम मेहनताना देने वाली टीम के लिए भी खेला।

## बटलर ने खाई कसम

बटलर ने कसम खाई कि ढीलेपन का जो आरोप मुझ पर लगा है, उसे मुझें दूर फेंक देना है। अतः वो कम मेहनताना देने वाली टीम के खेल में जब उतरा तो ऐसे जाकर उछल कर गिरा कि सब देखते रह गये। फिर वो बॉस्केटबाल को इस तरह फेंकता कि लोग सोचते कि यह तो करंट की तरह फेंकता है। वो उछलता तो लोगों को ऐसा लगता कि वह हमारे ऊपर आकर गिरेगा। लोगों ने कहा कि बटलर तो बिजली है, बिजली। सौभाग्य से परिणाम यह रहा कि वो टीम जीत गई और दूसरे दिन अखबारों में लिखा कि बटलर तो बिजली है। उसके जोश के कारण ही यह टीम जीती है।

बटलर अपनी पुस्तक 'असफलता से सेल्स में सफल कैसे हुआ' में लिखते है कि मैनें और कोई नई टेक्निक नही सीखी थी, बस जोश के साथ उछलना आरम्भ किया।

पर उसे लम्बी अवधि तक सफलता नही मिल पाई। कारण कि एक खेल में वो जोर से उछला तो उसकी रीढ़ की हड्डी में चटक आ गई और डॉक्टर्स ने उसे बॉस्केटबाल खेलने से मना कर दिया।

## बटलर ने इंश्योरेन्स बेचना आरम्भ किया

फ्रेंक बटलर ने इंश्योरेन्स बेचने का काम आरम्भ किया। साल भर तक बेचते रहे लेकिन कोई खास मामला नही बैठा। कोई उनसे इंश्योरेन्स नही खरीदता। कई तो उन्हें देखते ही अपने घर का दरवाजा बंद कर लेते। वो फोन करता तो क्लाइंट फोन ही काट देता।

उसका तो गुजारा ही नही चल रहा था। आखिर उसने इंश्योरेन्स का बिजनस छोड़ने का मानस बना लिया। लेकिन वो इंश्योरेन्स ऑफिस में कुछ अपने कागजात आदि लेने गया। वहां पर

वहां कागजो को ढूंढ ही रहा था कि हॉल में श्रोता बैठ गये और एक व्यक्ति ने इंश्योरन्स पर भाषण देना आरम्भ कर दिया। बटलर ने अब वहां से निकलना शालीनता के खिलाफ समझा।

वक्ता ने श्रोताओं को फ्रेंक बटलर के बॉस्केटबाल के जोश–जुनून का उदाहरण दिया। उन्हें नही मालूम था कि फ्रेंक बटलर स्वंय उस हाल में बैठे है। जब मिटिंग खत्म हो गई तो बटलर अपने घर आया और वो विचारने लगा कि यदि बटलर के जोश–जुनून को लोगों के लिए प्रेरणा हेतु इस्तेमाल किया जाता है, तो क्यों नही मैं बटलर एक बार फिर उस जोश–जुनून को इंश्योरेन्स के क्षेत्र में काम में लेकर देखू।

## जोश–जुनून से 20 लाख के इंश्योरेन्स एक ही समय में बेची

फ्रेंक बटलर ने रात को एक व्यक्ति से फोन करके समय मांगा। उस व्यक्ति ने समय दे दिया कि आ जाओं, इंश्योरेन्स के बारे में बतला देना। बटलर सारी रात इंश्योरेन्स के बारे में सोचता रहा। वो कमरे में उछलकूद करता रहा कि मुझें इस तरह से टेबिल पर मुक्का मारना है, ऐसे उछलना है।

प्रातः 10 बजते ही उस व्यक्ति के ऑफिस में बटलर पहुंच गये और गर्मजोशी से उससे हाथ मिलाया और आत्मीयता से उससे मिले कि वो आदमी तो गदगद हो गया। फिर उसने इंश्योरेन्स की टॉक दी। एक बार तो जोश–जोश के साथ बटलर ने टेबिल पर मुक्का मार डाला और उसे लगा कि अब यह व्यक्ति कहेगा कि मेरे ऑफिस से बाहर निकल जाइये। आप कही पागल तो नही हो गये ? लेकिन उस व्यक्ति ने यह नही कहा। उस व्यक्ति ने कहा कि लाईये फार्म दीजिए, मैं साईन कर दू, कितने का चैक देना है, बताईये। इस तरह 20 लाख की इंश्योरेन्स एक ही बार में बिक गई।

बटलर ने कहते है कि मुझें इंश्योरेन्स की कोई ज्यादा जानकारी नही थी। कुछ भी नही किया था। बस एक ही जानकारी डाली थी और वो था 'जोश' और मैं अमेरिका के इतिहास में सबसे बड़ी पॉलिसी बेचने वाला सिद्ध हुआ।

यह जोश इतना फर्क पैदा करता है, यह बात फ्रेंक बटलर ने डेल कार्निगी के वर्कशॉप में सीखी थी। जब डेल कार्निगी के वर्कशॉप में फ्रेंक बटलर भाषण देने की कला सीख रहे थे, तो उन्होंने देखा कि जब डेल कार्निगी भाषण देने की कला सीखा रहे थे तो इतने जोश में आ जाते थे कि कई बार तो कुर्सी को उठाकर नीचे फेंक देते थे।

डेल कार्निगी कहते है कि जोश ही है जो फर्क डालता है और सफलता दिलाता है। यदि तुम्हारे अंदर जोश नही है तो जोश का नाटक करो, उछलो, टेबिल पर मुक्का मारों, जोर से चिल्लाओं और चीखों।

डेल कार्निगी यह भी कहते है कि कोई व्यक्ति अपनी स्क्रिप्ट में कोई परिवर्तन नही करें, अपने ज्ञान में भी कोई परिवर्तन नही करे। बस एक ही परिवर्तन करें कि अपने में जोश ले आये तो उसकी परफोरमेन्स 10 गुना बढ़ जाती है। यानी कि उसकी आमदनी भी 10 गुना बढ़ जाती है। बटलर ने यही किया था।

बटलर अपनी पुस्तक 'असफलता से सेल्स में सफल कैसे हुआ' में एक बात लिखते है कि जब मैं किसी सेल्स में जोरदार सफलता प्राप्त करता था तो घर आकर कॉपी–पेंसिल लेकर बैठता था और लिखता था–

1. ऐसी कौन–कौन सी बातें हुई, जिनके कारण यह सेल सफल हुई ?

2. क्या **जोश** के कारण सफल हुई ?

3. क्या मेरे इंश्योरेन्स के ज्ञान के कारण सफल हुई ?

4. क्या क्लाइंट को इंश्योरेन्स लेनी ही थी, मैं तो निमित रहा ?

5. क्या टैक्स में छूट मिलेगी, इसलिए मेरी इंश्योरेन्स बिकी ?

मैं इस प्रकार से अपनी बेहतरीन सेल्स की समीक्षा करता था। उससे मुझें पता चल जाता कि कुछ अच्छी बातें हुई है। मैं उनको भविष्य में अगली सेल के लिए नज़ीर के रूप में रखता।

यदि कुछ नेगेटिव बातें हुई तो मैं वो दुबारा नही हो, इसलिए डॉयरी में लिखता।

इस तरह से मेरी इंश्योरेन्स बेचने की प्रतिभा में नेगेटिविटिज हटती गई व पोजिटिविटी बढ़ती गई और मैं एक हाईस्किल्ड प्रोफेशल सेल्समैन बन गया।

## नसीहत

बटलर की सत्यकथा यह बतलाती है कि बीलिनियर बनने वाले व्यक्ति को भी अपने हर सफल प्रोजेक्ट की समीक्षा करनी चाहिए कि वो किन कारणों से सफल हुआ। यदि कोई नेगेटिव बात रही तो वो क्या रही ? ताकि भविष्य में ध्यान रखा जा सके।

## गणित के सवाल हल करने का तरीका आपकी जिंदगी की समस्या को हल करने का तरीका बन सकता है।

गणित में कुछ बातें दी हुई होती है, जिन्हें Given कहा जाता है। कुछ गणित के नियम होते है, जिनकी पालना करनी पड़ती है। कुछ सूत्र होते है, जिनके प्रयोग करने से गणित की समस्या का हल निकल आता है।

$A + 7 - 68 = 12$   A का मान ज्ञात करें।

यह गणितीय समीकरण है, इसमें दिया हुआ है। उसका उपयोग करना है व गणित के नियमों से पक्षांतर करना है।

$$A = 12 - 7 + 68$$
$$= 73$$

यानी गणित की इस समीकरण से A का मान निकल आया यानी समाधान निकल आया। इसको करने में किसी भी विद्यार्थी को या बड़े आदमी को कोई भावनात्मक दर्द नही होता।

लेकिन 12 की जगह बेटा बीमार हो और 7 की जगह बेटी की शादी करनी हो, 68 की जगह कर्जा उतारना हो, A का अर्थ है – समाधान चाहिए। यह जिंदगी की समीकरण है।

इसमें परिस्थितियां बेटी की शादी के रूप में, बेटे की बीमारी के रूप में व कर्ज के रूप में दी गई है। हम गणित के सवाल में तो Given को Accept करते है, लेकिन जिंदगी की Given परिस्थितियों को स्वीकार नही करते। खेल के अंदर जो भी परिस्थिति हो, जो भी नियम हो, हम स्वीकार करते है। लेकिन हम जिंदगी को न तो खेल की भावना से खेलते है और न ही गणितीय तरीके से समाधान करते है।

बस इसी कारण दुखी हो जाते है, परेशान हो जाते है। जबकि जिंदगी की विभिन्न प्रकार की परिस्थितियां आपको खेल के नियमों की तरह मिली है। यदि हम उन्हें स्वीकार कर ले तो समाधान तत्काल निकल आता है।

जिंदगी की गणित का भी एक नियम है Accept the people and circumstances as they are. Don't judge. Don't compare. But use the rules of the life and solve the problem.

1. **Life is a game play it.**

2. **Life is a challenge accept it.**

3. **Life is a chance avail it.**

जो लोग परिस्थितियों को गणित की तरह दी हुई स्वीकार नही करते और हर परिस्थिति में दुःख–सुख देखने लगते है और स्वंय निर्धारित नियमों के तहत कुछ भी सृजन नही करते और Complain करते है कि Given गलत है। जबकि Given पर तो अपना कोई बस ही नही है, जो मिला है, उसे स्वीकार करना है।

बीलिनियर बनाने वाले व्यक्ति को अनेक प्रकार की कंडिशन्स मिलेगी। उनका प्रयोग करते हुए तथा स्थाापित नियमों की पालना करते हुए अपनी बुद्धि, अनुभव तथा सहयोगियों के मार्गदर्शन से समाधानों का सृजन करना होगा।

हम Given को नही बदल सकते है, न ही Given दुःख देते है। दुःख देते है हमारी मान्यताएं, दुःख देते है हमारे Interpretation परिस्थितियां तो हमारे लिए आंकड़ो की तरह है। आंकड़े मौन होते है, उन्हें भाषा तो निर्वचन करने वाले व्यक्ति देते है।

अगर सिद्धांतो के अनुसार जिंदगी को जीना आरम्भ किया जाए तो अनेक प्रकार की दिक्कते जिंदगी से भी दूर हो जायेगी और व्यापार से भी। क्योंकि मान्यताएं जीवन में लम्बी टिकती नही है। एक उदाहरण दू कि यह मान्यता है कि छोटे भाई को बड़े भाई का आदर करना चाहिए और बड़े भाई को कोई सलाह नही देनी चाहिए, बल्कि सलाह लेनी चाहिए। यह सदियों से चली आ रही मान्यता है कि बुजुर्गो से सलाह लेनी चाहिए। बुजुर्गो का सम्मान करना चाहिए। उनकी बात का खंडन नही करना चाहिए।

लेकिन सिद्धांत अलग बात कहते है कि यदि एक कारपेन्टर से टेबल बनवानी है तो कारपेन्टर से सलाह लेना तो उचित है, लेकिन किसी घर के बुजुर्ग से टेबल के बारे में सलाह लेना सिद्धांतो के

अनुरूप सही नही है। सिद्धांत कहते है कि जो ज्ञानी है, जो उस विषय में अनुभव रखता है, उससे सलाह लेनी चाहिए। इसका अर्थ यह हुआ कि जवान लोग भी अगर किसी क्षेत्र के विशेषज्ञ है तो बुजुर्गो को सलाह दे सकते है, बड़े भाई को छोटा भाई सलाह दे सकता है। बुजुर्गो व बड़े भाई को भी सलाह स्वीकार कर लेनी चाहिए। लेकिन मान्यताएं बीच में आ जाती है और यही वजह है कि बुजुर्गो और जवानों के बीच में टकराव होते रहते है।

**श्रीराम आचार्य** जिन्होनें **शान्ति कुंज** की स्थापना की व **गायत्री मंत्र** का प्रचार–प्रसार किया। वो इस बात को बड़ी शक्तिशाली तरीके से कहते है कि परम्पराओं व मान्यताओं के स्थान पर विवेक को महत्व दे।

यदि छोटा भाई विवेकशील है तो उससे बड़े भाई को सलाह लेने में कोई एतराज नही होनी चाहिए। ऐसे ही बुजुर्गो को भी नये खून से सलाह लेनी स्वीकारनी चाहिए। उम्र का महत्व है, वो आदर आदि देने के लिए।

इसलिए बीलेनियर बनने वाले व्यक्ति को सदैव नौजवानों से सलाह लेनी चाहिए यदि वो किसी क्षेत्र विशेष के विशेषज्ञ है तो। क्योंकि आज के समय में सामान्य व्यक्ति से बीलिनियर बनना है तो विशेषज्ञों की सलाह लेनी जरूरी है और विशेषज्ञों को अपनी टीम में रखना जरूरी है। एक मास्टर माइंड ग्रुप को सलाह हेतु सदैव रखना चाहिए। जैसे अकबर अपने दरबार में 9 रत्न रखता था।

जो भी प्रोजेक्ट बीलिनियर पूरा करें, तो उसकी समीक्षा अवश्य की जानी चाहिए। कौन–कौन से अच्छे कार्य किये जिनके कारण यह प्रोजेक्ट पूरा हुआ ? उनको लिपिबद्ध किया जाना चाहिए ताकि भविष्य में सार्थक व प्रभावी निर्णय लेने में उन्हे काम में लिया जा सके।

# Principles are bigger than people and circumstances.

421

## NOTES (जो बातें आपके हृदय को छू गई है)

1. ______________________________________________

2. ______________________________________________

3. ______________________________________________

4. ______________________________________________

5. ______________________________________________

6. ______________________________________________

7. ______________________________________________

8. ______________________________________________

9. ______________________________________________

10. _____________________________________________

11. _____________________________________________

12. _____________________________________________

13. _____________________________________________

14. _____________________________________________

15. _____________________________________________

16. _____________________________________________

17. _____________________________________________

18. __________________________________________

19. __________________________________________

20 __________________________________________

21. __________________________________________

22. __________________________________________

23. __________________________________________

24. __________________________________________

25. __________________________________________

## NOTES (जो निर्णय आपने अपने जीवन में लेने हेतु तय किये है)

26. __________________________________________

27. __________________________________________

28. __________________________________________

29. __________________________________________

30 __________________________________________

31. __________________________________________

32. __________________________________________

33. __________________________________________

34. __________________________________________

35. __________________________________________

36. __________________________________________

37. _______________________________________________

38. _______________________________________________

39. _______________________________________________

40. _______________________________________________

41. _______________________________________________

42. _______________________________________________

43. _______________________________________________

44. _______________________________________________

45. _______________________________________________

46. _______________________________________________

47. _______________________________________________

48. _______________________________________________

49. _______________________________________________

50. _______________________________________________

# MISSION BILLIONAIRE
### (To Achieve 12 Riches as Described by Napoleon Hill)
### Motivation & Activation Mantra

## अध्याय – 40
## एक बूढ़े आम के वृक्ष की कहानी – एक कहानी

***

(कुछ गतिविधियां दृश्य जगत में होती है, तो कुछ अदृश्य जगत में। बीलिनियर बनने वाले व्यक्ति को दोनों के सिद्धांतो को समझना व काम में लेना चाहिए)

एक बूढ़ा घना आम का पेड़ था। बहुत पक्षी उस पर बैठते थे। लेकिन जब पतझड़ आती तो सारे पत्ते गिर जाते। फिर बसंत आती तो वापिस कोंपले फूटती। फिर हरा–भरा छायादार वृक्ष बन जाता। इतना

ही नही गर्मियों के मौसम में न जाने कहां से उसके आम लगने लगते। इतने मीठे आम लगते कि लोग तारीफ करते नही थकते।

जब तक गर्मी नही आती, तब न तो कोई आम लगता और न ही उनकी डालियों में कोई मीठास। फिर ना जाने गर्मियों के आते ही आम लगने लग जाते और कहां से इतना मीठास आ जाता।

एक बार जिस बूढ़े व्यक्ति ने उस वृक्ष को लगाया था, उससे पूछा कि इन आमों में मीठास कहां से आता है। उस बूढ़े व्यक्ति ने कहा कि तुम आम खाने से मतलब रखों।

## जितना आम का वृक्ष जमीन के ऊपर था उतनी ही उसकी जमीन के अंदर गहरी जड़े थी

जाहिराना बात है कि आम के बूढ़े वृक्ष के दो भाग है। एक तो जमीन के ऊपर है जो सबको दिखाई देता है, जिसे दृश्य भाग कहते है। दूसरा वो भाग है जो जड़े जमीन के अंदर है, उसे अदृश्य कह सकते है।

इस फलदार वृक्ष के लिए दृश्य और अदृश्य दोनों ही जरूरी है।

## दृश्य भाग के कार्य

हरी–हरी पत्तियों से भरा हुआ आम का वृक्ष। लम्बी–लम्बी डालियां, मोटा लम्बा तना। सबका अपना–अपना महत्व। तना पेड़ को खड़े रहने में मदद करता। ड़ालियां उसको फैलाएं रखती व हरी पत्तियां सूर्य के प्रकाश में पेड़ के लिए फोटोसिन्थेसिस क्रिया द्वारा भोजन तैयार करती है तथा ड़ालियों व तनों के जरिये जमीन तक पहुंचाती।

## अदृश्य भाग के प्रमुख कार्य

जमीन के नीचे लम्बी–लम्बी जड़े पेड़ को मजबूती से खड़ा रखती तथा पेड़ के लिए पानी खींच कर लाती व अन्य खनिज पदार्थ भी खींच कर लाती।

अदृश्य और दृश्य दोनों ही भागों के समन्वय व

सहयोग से पेड़ फलता– फूलता और हमें गर्मियों में भरपूर आम देता।

इसी तरह से इंसान का बाह्य स्वरूप जो दिखाई देता है, वो पेड़ के तने, पत्ते व डालियों की तरह है तथा मन, बुद्धि जो अंदर है, वो पेड़ के जड़ो की तरह है, वो अदृश्य है।

जिस तरह से इंसान है, उसी तरह से सभी संगठन दृश्य व अदृश्य भागों के बने हुए होते है।

इंसान का दृश्य शरीर कार्य करता है। उस कारण से अंदर का शरीर और ज्यादा क्रियाशील हो जाता है। जब अंदर के शरीर को ध्यान आदि के जरिये मजबूत बनाया जाता है तो वो अधिक गहराई से इंसान के लिए रत्न खोज लाता है।

जितना गहरा ध्यान, उतना ही बड़ा एक्शन। जितना बड़ा एक्शन, उतना ही गहरा ज्ञान। इंसानी जीवन में यह समीकरण चलती रहती हैं। **Deeper is the Meditation, Louder will be Action. Louder will be Action more deeper will be meditation.**

दृश्य जगत और अदृश्य जगत दोनों के अलग–अलग सिद्धांत है। भगवान कृष्ण ने गीता में कहा है कि–

कर्मण्येवाधिकारस्ते मा फलेषु कदाचन ।
मा कर्मफलहेतुर्भुर्मा ते संगोऽस्त्वकर्मणि ॥

इंसान को कर्म करने की च्योईस दी गई है। कौनसा काम वो करें या नही करें ? इसे वो तय कर सकता है। लेकिन जो फल मिले उसे मात्र स्वीकार करना भर होता है। क्योंकि फल इंसान के हाथ में नही है। फल की च्योईस इंसान के हाथ में नही है। वो कई प्रकार के सिद्धांतो द्वारा तय होती है। लेकिन कर्म करने की च्योईस पूरी तरह इंसान को है। अतः बीज ड़ालना किसी भी कार्य को करने

के लिए इंसान के हाथ में है। अतः उसे बीज ड़ालते रहना चाहिए। अगर वो बीज (कर्म) नही ड़ालेगा तो प्रकृति उसके द्वारा भूतकाल में ड़ाले गये बीजों (कर्मो) के परम्यूटेशन एण्ड कोम्बिनेशन के आधार पर उसके भविष्य के लिए प्रकृति बीज ड़ाल देगी और यह कार्य अदृश्य में होगा जो दिखाई नही देगा, लेकिन परिणाम सामने आयेंगे जो दृश्य जगत में होंगे।

दृश्य जगत में बीज ड़ालना इंसान के हाथ में है। बीज ड़ालने के बाद किस तरह से प्रोसेसिंग होती है, यह इंसान के हाथ में नही है। जिस तरह से एक मां के पेट में गर्भ धारण होने के बाद बच्चा किस तरह से बनता है, जब तक वो बाहर नही आ जाता, सारा कार्य अदृश्य रूप से होता है।

अतः बीलिनियर बनने वाले व्यक्ति को दृश्य जगत में भी दृश्य जगत के सिद्धांतो के अनुसार काम करना है और अदृश्य जगत में भी जो वो चाहता है, वैसा घटे, इसलिए बीज ड़ालते रहना है।

## स्वःसंवाद

इंसान हर वक्त कुछ ना कुछ विचारता रहता है। सबसे ज्यादा बातें भी इंसान अपने आपसे ही करता है। यह विचार ही बीज का काम करते है और यह अदृश्य जगत में फलते-फूलते रहते है। परमात्मा की प्रोसेसिंग यूनिट में निर्माण होता रहता है और बाद में अदृश्य जगत में दिखाई देते है। इंसान ताज्जुब करता है कि मेरी जिंदगी में यह घटना कैसे घटित हुई ? क्यों घटित हुई ? मैनें तो ऐसा सोचा ही नही था।

## You are the creator of your destiny
### (आप अपने भविष्य के स्वंय निर्माता है)

किसी भी घटना के घटने में इंसान का कितना रोल है और प्रकृति का कितना रोल है, इस पर विचारना जरूरी है।

भगवान कृष्ण ने गीता के 18वें अध्याय में कहा है कि—

**इति, ते ज्ञानम् आख्यातम् ग ुह्यात् गुह्यतरम् मया,**
**विमृश्य, एतत् अशेषेण यथा, इच्छसि, तथा, क ुरु।।63।।**

अनुवादरू (इति) इस प्रकार (गुह्यात्) गोपनीयसे (गुह्यतरम्) अति गोपनीय (ज्ञानम्) ज्ञान (मया) मैंने (ते) तुझसे (आख्यातम्) कह दिया (एतत्) इस रहस्यययुक्त ज्ञानको (अशेषेण) पूर्णतया (विमृश्य) भलीभाँति विचारकर (यथा) जैसे (इच्छसि) चाहता है (तथा) वैसे ही (कुरु) कर। (63)

**भगवान कृष्ण** ने **अर्जुन** से कहा है कि तुझे सभी बातें बता दी है। इसलिए अब तू विचार कर, फिर जैसा चाहे वैसा निर्णय/कर्म कर। **भगवान कृष्ण** ने कर्म करने की च्योईस पर कोई प्रतिबंध नही लगाया है। भगवान किसी से नाराज भी हो जाते है, तो भी कर्म करने की च्योईस के अधिकार को वो उससे नही छीनते।

किसी भी संगठन को विकसित करने के लिए बीलिनियर बनने वाले व्यक्ति को निम्न बातों का ध्यान रखना चाहिए।

1. **लक्ष्य तय करना:–** अपने लक्ष्यों को स्पष्ट रूप से तय करें। 25 साल बाद क्या करना है? 20 साल बाद क्या करना है? 15 साल बाद क्या करना ह? 5 साल बाद क्या करना है? और इस वर्ष क्या करना है? यानी बीलिनियर बनने वाले व्यक्ति को 25 सालों में क्या काम किये जाने है? उसका स्पेक्ट्रम रहना चाहिये। इसे ही मिशन स्टेटमेन्ट कहते है।

2. **योजना बनाना:–** बीलिनियर बनने वाले व्यक्ति को लक्ष्यों को पूरा करने के क्रम में एक योजना तैयार करनी चाहिए।

योजनाबद्ध तरीके से किये गये कार्य ही सफलता प्रदान करते है। जब तक कोई योजना सूझ ना पड़े तब तक अपने लक्ष्यों को प्रतिदिन तीन बार दोहराना चाहिए। Positive Affirmations सबकोन्सियस में बार—बार उच्चारण करने से ही जाते है। ज्योंही सबकोन्सियस आपके लक्ष्यों को स्वीकार कर लेगा, आपको कोई ना कोई समुचित योजना बतला देगा।

3. **मेसिव एक्शन लेनाः**— जब लक्ष्य तय हो गये, विजन तैयार हो गई, योजना बन गई। उसके बाद कोई संदेह नही रहना चाहिए। भगवान कृष्ण ने गीता में कहा है —

**अज्ञश्चाश्रद्दधानश्च संशयात्मा विनश्यति।**
**नायं लोकोऽस्ति न परो न सुखं संशयात्मनः॥ 40॥**

जब तक युद्ध आरम्भ नही हुआ। उससे पहले तक जितने भी प्रश्न थे, **कृष्ण** ने **अर्जुन** से सुने लेकिन ज्योंही युद्ध आरम्भ हुआ फिर कोई प्रश्न नही, कोई संदेह नही।

इसी तरह से जब बीलिनियर लक्ष्य तय कर ले, योजना बना ले तो फिर उसके क्रियान्वयन हेतु मेसिव एक्शन ले। साल भर पहले कोई बड़े परिणाम की उम्मीद ना करे, लेकिन एक्शंस लेता रहे, बीज बोता रहे।

कई बीलिनियर बनने वाले व्यक्ति बच्चों की तरह करते है, जैसे बच्चा आम की गुठली जमीन में बोता है। दूसरे दिन देखता है कि पेड़ उगा या नही उगा, फिर वापिस बो देता है, फिर तीसरे दिन देखता है। ऐसे ही यदि वो रोजाना देखेगा तो कभी भी आम का पेड़ नही उगेगा।

हर वस्तु अथवा प्रोजेक्ट का एक गेस्टेशन पीरियड़ होता है। उसे पहले वस्तु या प्रोजेक्ट पूरे नही बनते। जैसे एक बच्चा पूरा बनने में 9 महिने लेता है। फसल पकने में अपना निर्धारित समय लेती है। लेकिन यदि हर महिने प्रोजेक्ट को देखा जाए कि इसने कुछ लाभ दिया या नही दिया तो फिर प्रोजेक्ट कभी पूरा नही हो पायेगा।

सामान्यतः जो लोग व्यापार करते है, उनसे बीलिनियर बनने वाला व्यक्ति पूछ सकता है कि अमुक कार्य का गेस्टेशन क्या है ? गेस्टेशन पीरियड़ को ध्यान में रखकर ही प्रोजेक्ट को आरम्भ किया जाना चाहिए।

## हमारी अपनी

फेज—1 — हमारी कम्पनी **टीम 360** ने सन् 2012 में कोचिंग करने का कार्य आरम्भ किया। चूंकि कम्पनी के सी.ई.ओ. कई प्रशासनिक पदों पर रह चुके थे। इसलिए उन्हें मालूम था कि कोचिंग के कार्य को 
जमने में दो वर्ष का गेस्टेशन पीरियड़ होता है। पहली साल हमने आर.ए.एस. व जूनियर अकाउंटेन्ट की प्रतियोगी परीक्षाओं हेतु कोचिंग कराई। प्रतियोगियों ने साल भर बाद परीक्षाएं दी। लेकिन पेपर्स आऊट हो गये और परीक्षाएं रद्द हो गई। प्रतियोगी छात्रों ने कोचिंग में आना बंद कर दिया। बड़ी चुनोती पूर्ण स्थिति हो गई।

फेज—2 — यह आया कि हम डी.एम.आई.टी., मिड़ब्रेन को विदेशों से लेकर आये और हमने स्कूलों में इस कार्य को करना आरम्भ किया। पूरी टीम के साथ बड़ी मेहनत, लगन और संकल्प के साथ काम किया। 200 स्कूलों में सेमिनार आयोजित किये। हमारे अत्यधिक प्रयासों के बावजूद भी हम आर्थिक मोर्चे पर ज्यादा मजबूत नही हो पाये। 30 लाख से अधिक का सालाना टर्न ओवर ही नही बन

पाता। यद्यपि प्रतिष्ठा बहुत मिली। समाज सेवा का भी पर्याप्त मौका मिला।

**फेज–3 –** टीम 360 ने विचारा कि आर्थिक मुद्दे पर कैसे मजबूत बनाया जाये? और इस कार्य को कैसे पूरे देश में फैलाया जाये ? अतः Authorized Centre (फ्रेन्चाईजी) देने का काम किया गया। इस कदम ने हमें आर्थिक दृष्टि से मजबूत बनाया और हमारी फ्रेन्चाईजीज को भी लाखों रूपये महिने की आमदनी होने लगी। हमने 700 से अधिक फ्रेन्चाईजियां दी। कुछ फ्रेन्चाईजियां तो विदेशों में भी दी गई। लेकिन कोरोना की मार से टीम 360 के इस प्रोग्राम को भी अनेक चुनोतियां मिलने लगी।

**फेज–4 –** टीम 360 ने विदेशों में कार्य करने हेतु प्रोग्राम बनाया है तथा कार्यक्रम को और अधिक मजबूती देने के लिए कार्य से सम्बंधित माइंड सेट, स्किल सेट, टूल सेट से सम्बंधित 12 पुस्तके लिखवाई है, जो कि शीघ्र ही प्रकाशित की जा रही है। एक पुस्तक तो प्रकाशित होकर आ गई है। चार पुस्तके प्रेस में छपने के लिए दी है व शेष पुस्तकों को भी जल्दी ही छपने के लिए प्रेस में दे दी जायेगी।

टीम 360 का चरणबद्ध विकास यहां पर इसलिए बताया गया है, ताकि बीलिनियर बनने वाला व्यक्ति भी इसी प्रकार से चरणबद्ध योजना बनाकर लम्बी अवधि का प्लान बनाये और कदम दर कदम सफलता की ओर साबित कदम रखे।

आपका हर एक्शन एक परिणाम देगा। परिणाम पर आपकी कोई च्योईस नही है। उसे आपको मात्र स्वीकार करना होगा। जैसे कि लकड़ी की छड़ी के सिरे को उठाते हो, तो दूसरा सिरा भी साथ आता है। अतः एक्शन्स को विचार पूर्वक करें क्योंकि हरेक एक्शन अपने साथ कोई ना कोई परिणाम लेकर आयेगा।

अगर आपने कोई गलत एक्शन लिया तो प्रकृति माफ नही करेगी, गलत परिणाम देगी। इसलिए वही एक्शन्स लिये जाने यथेष्ठ होंगे जो आपके मिशन स्टेटमेंट में लिखे गये लक्ष्यों को पूरा करने में सहयोगी हो।

किसी भी कम्पनी में कोई व्यक्ति सी.ई.ओ. की पोस्ट पर हो तो उसकी जिम्मेदारी बनती है कि वो मिशन स्टेटमेन्ट के अनुसार अपने स्टॉफ से कार्य करवाये। मनमर्जी कार्य करना कम्पनी के लिए घातक सिद्ध हो सकता है। अतः योजनाबद्ध, विवेकशील एक्शन्स लेने की पूरी जिम्मेदारी चीफ एक्जिक्यूटिव ऑफिसर की होती है। बीलिनियर बनने वाला व्यक्ति भी अपनी कम्पनी का सी.ई.ओ. होता है, चाहे उसका पदनाम कोई हो।

इस सम्बंध में **स्टीफन आर कोवी** की एक शक्तिशाली बात मैं आपको बतलाना चाहूंगा कि पहले संगठन को इन्डिपेन्डेन्ट बनाये फिर संगठन को इंटर इन्डिपेन्डेन्ट बनाये। **इसका अर्थ यह है कि पहले अपने संगठन को सभी आयामों में सक्षम बना ले ताकि वो आत्म निर्भर बनकर सफलता प्राप्त कर सके।** लेकिन इसके बाद एक ऊंची 

स्थिति है, वो यह है कि ऐसे आत्मनिर्भर संगठन किसी अन्य बड़े संगठन के साथ कोलाबोरेट करें और बड़ी उपलब्धियां प्राप्त करें

## NOTES (जो बातें आपके ह्रदय को छू गई है)

1. _______________________________________________

2. _______________________________________________

3. _______________________________________________

4. _______________________________________________

5. ______________________________________

6. ______________________________________

7. ______________________________________

8. ______________________________________

9. ______________________________________

10. ______________________________________

11. ______________________________________

12. ______________________________________

13. ______________________________________

14. ______________________________________

15. ______________________________________

16. ______________________________________

17. ______________________________________

18. ______________________________________

19. ______________________________________

20. ______________________________________

21. ______________________________________

22. ______________________________________

23. ______________________________________

24. ______________________________________

25. ______________________________________

# NOTES (जो निर्णय आपने अपने जीवन में लेने हेतु तय किये है)

26. _______________________________________

27. _______________________________________

28. _______________________________________

29. _______________________________________

30. _______________________________________

31. _______________________________________

32. _______________________________________

33. _______________________________________

34. _______________________________________

35. _______________________________________

36. _______________________________________

37. _______________________________________

38. _______________________________________

39. _______________________________________

40. _______________________________________

41. _______________________________________

42. _______________________________________

43. _______________________________________

44. _______________________________________

45. _______________________________________________

46. _______________________________________________

47. _______________________________________________

48. _______________________________________________

49. _______________________________________________

50. _______________________________________________

# MANIFESTATION OF DIVINITY

## MEMBERS OF TEAM 360 GROUP

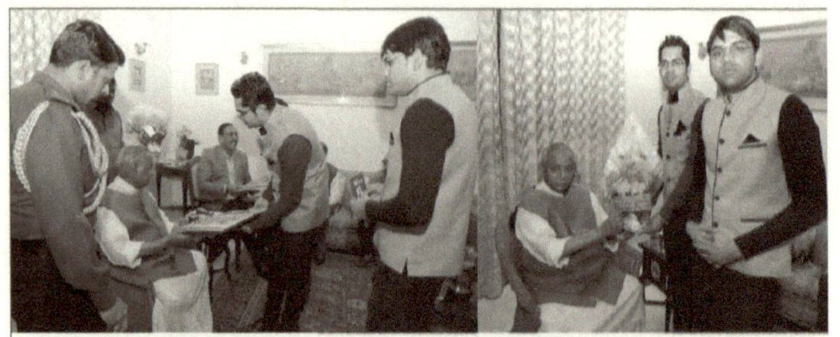

**HON'BLE GOVERNOR OF RAJASTHAN & FORMER CHIEF MINISTER U.P SHRI. KALYAN SINGH JI INVITED SHRI VINEET & VIPUL SHARMA OF TEAM 360 TO DISCUSS THEIR INNOVATIVE PROJECTS.**

## Receiving Gold Star Award in USA

# IITERAVALLI SCHOOL, PATNA

**Address by Vipul Sir**

**Core Group of Team 360**

**Franchisee Training Ceremony**

**TV Channels पर Support**

# टीम 360 ग्रुप का मिशन व उसकी उपलब्धियाँ

1. गत 10 वर्षों से छात्राओं की आंतरिक प्रतिभाओं को विकसित करने व उनको केरियर गाइडेन्स देने के क्रम में डी.एम.आई.टी., मिडब्रेन एक्टिवेशन व एडवांस वर्कशॉप्स का आयोजन किया जा रहा है।

2. 2 लाख से अधिक छात्राओं/व्यक्तियों को डी.एम.आई.टी. व मिडब्रेन के कन्सेप्ट से परिचित कराया गया।

3. 300 से अधिक प्रतिष्ठित स्कूलों के अंदर डी.एम.आई.टी. व मिडब्रेन एक्टिवेशन के वर्कशॉप्स आयोजित किये गये। वर्कशॉप्स के परिणाम अत्यंत उत्साहवर्धक रहे है।

4. 1350 से अधिक विडियोज, डी.एम.आई.टी. व मिडब्रेन आदि से सम्बंधित यूट्यूब चैनल पर ड़ाले गये है ताकि आम आदमी इन कन्सेप्ट्स का लाभ उठा सके।

5. टीम 360 ग्रुप के **चेयरमैन व सी.ई.ओ.** को डेटोना बीच (औरलेण्डो, यू.एस.ए.) में **'गोल्ड स्टार अवार्ड'** से सम्मानित किया गया है।

6. सी.ओ. क्लब, दुबई द्वारा टीम 360 के **चेयरमैन व सी.ई.ओ. व डॉयरेक्टर्स विनीत शर्मा व विपुल शर्मा** को भी **'बुर्ज सी. ओ. अवार्ड'** से सम्मानित करने हेतु नामांकित किया गया है।

7. 5 शानदार, सुसज्जित टीम 360 ग्रुप के ऑफिसेज है।

8. टीम 360 ग्रुप द्वारा 700 से अधिक ऑथोराईजेशन सेन्टर्स दिये गये है, जिनमे से कुछ विदेशों में भी है।

9. टीम 360 ग्रुप द्वारा 8 पुस्तकें **'माईंड सेट चेंज, स्किल सेट चेंज व टूलसेट चेंज'** हेतु लिखवाई गई है व प्रकाशित करवाई गई है ताकि आम आदमी को टीम 360 के प्रोजेक्ट का लाभ मिल सके। इसके अलावा 4 पुस्तकें इसी साल और प्रकाशित करवाई जा रही है। डी.एम.आई.टी. व मिडब्रेन विषयों पर एकमात्र टीम 360 ग्रुप ने ही लोगों के हितार्थ पुस्तकें प्रकाशित करवाई है।

10. टीम 360 ग्रुप अपने ऑथोराईजेशन सेन्टर्स की मदद करने हेतु जाना जाता है और यह इसकी यू.एस.पी. भी रही है।

11. टीम 360 ग्रुप 2012 में **360 Degree Change Transformation Pvt. Ltd.** की निजी कम्पनी से आरम्भ हुआ और अब एक विशाल ग्रुप बन गया है तथा **Team 360 Global Abundance Ltd.** नामक पब्लिक कम्पनी का रजिस्ट्रेशन करवा कर कार्य आरम्भ कर दिया गया है।

12. टीम 360 के कार्यों की अनेक आई.ए.एस., आई.पी.एस. अधिकारियों द्वारा सराहना की गई है। अनेक मंत्रियों द्वारा भी प्रसंशा की गई है। प्रतिष्ठित स्कूल प्रधानों द्वारा भी टीम 360 के कार्यों को देश में शिक्षा व्यवस्था हेतु एक नवीन क्रान्ति बतलाई है।

13. टीम 360 ग्रुप के कार्यक्रम ई.टी.वी., डी. न्यूज टी.वी. व दूरदर्शन आदि पर अनेक बार प्रकाशित हुए है।

## मिशन

डी.एम.आई.टी. एवं मिडब्रेन का लाभ भारतवर्ष के प्रत्येक बच्चे को मिले। चूंकि मिडब्रेन को मीलिनियर्स ब्रेन कहा है। अतः बच्चों में आर्थिक चेतना का जागरण आरम्भ से ही हो। टीम 360 का मिशन है कि हर भारतीय को हक है कि वो आर्थिक रूप से सम्पन्न बने। भारत कभी सोने की चिड़िया कहलाता रहा है। यहां पर दूध–दही

की नदियां बहती रही है। अतः इस देश में आर्थिक सम्भावनाओं व संसाधनों की कोई कमी नही है तथा यहां के लोग भी पर्याप्त परीश्रमी है। लेकिन उचित विजन का अभाव है।

अतः टीम 360 ने 'अरबपति बनने का हर भारतीय का हक है। अब समय आ गया है, इसे प्राप्त करों' का आन्दोलन आरम्भ कर रखा है तथा इस विषय पर एक पुस्तक भी प्रकाशित करवाई गई है ताकि अरबपति बनने का मॉडल आम आदमी की जानकारी में आ सके।

(डी.डी. शर्मा)

चेयरमैन एवं सी.ई.ओ.

टीम 360 ग्रुप

## खण्ड – 4

# PROGRAM ORGANISED BY TEAM 360 GROUP TO MAKE YOU A MILLIONAIRE

1. To provide authorization centres for DMIT, Midbrain, Advance Courses (QSR, ESP, Photographic Memory, Dynamic Memory, Brain Engineering and Training for Intensive Marketing)

   Two days full time training is given to every authorization centre.

   After care support is also given.

2. To change your mindset, skill set and toolset – 12 very effective books are published now available to sale.

3. To make you professional – New Mindset Development Program.

   It is very effective six day online (3 hours each day) followed by monthly webnire for 6 months.

   Program includes theoretical easy demonstrations and practical training both.

4. To make you master trainer for New Mindset Development Program:-

   a) It is very effective 15 days online program (3 hours each day)

b) Toolkits are also provided.

c) Theoretical simple demonstrations and practical training.

5. Authorization centre for New Mindset Development Program:-

a) 15 days online (3 hours a day) followed by monthly webnire for 6 months.

b) Easy demonstrations and simple techniques and complete practical training.

c) Intensive marketing training<sup>ʊ</sup>

## You may contact:-

| | |
|---|---|
| **Vineet Sharma** | **Vipul Sharma** |
| **Director** | **Director** |
| **Mob.: 8209022168** | **Mob.: 8209998409** |
| **Anjali Ajadiwal** | **Anju Jangid** |
| **M.D.** | **Project Director** |
| **Mob.: 6377709370** | **Mob.: 6376779062** |

## खण्ड – 5

# FEEDBACK FORM

1. Anything touched your art and you like to share with us:-

...................................................................................................

...................................................................................................

...................................................................................................

...................................................................................................

...................................................................................................

2. Any suggestion to improve the book:-

...................................................................................................

...................................................................................................

...................................................................................................

...................................................................................................

...................................................................................................

After filling the Feedback Form you may Whatsapp on this number:-

Vineet Sharma

Director Team 360

Mob.: 8209022168

# NOTE

You may e-mail :- dds.ceo.team360@gmail.com